選んだらお店のカモ!

大人の経済学常識

トキオ・ナレッジ

宝島社

はじめに

「うな重はいつも竹」
「財布のなかはポイントカードでいっぱい」
「売り切れと聞くとほしくなる」

そんなことは、ないだろうか。

私たちは、お金を稼ぎ、何かを買って暮らしている。
世の中の動きも気になる。
不景気と聞けばクビにならないか気になるし、
インフレと聞けば物価が上がると不安になるし、
どこかの国がデフォルトしそうとなれば
ニュースにかじりつきになる。

経済とまったく関わりを持たずに生きている人はいないのだ。
（ジャングルの奥深く、現代社会と断絶している
部族でもなければ……だが）

経済学では長い間、国全体の、
ときに国をまたいでの経済が分析されてきた。
ここで決められたことが、
今の世の中をつくってきたと言っても過言ではないだろう。
そのときに用いられたのが「経済人」という概念である。
経済人とは、個人主義で、超合理的に物事を判断し、
自らの利益を追求するという仮想のモデルだ。

ただ、そうした完全に合理的で自制的、
利己的な人などいるのだろうか？

この「経済人」モデルで説明しきれなかった部分を補い、
現実に即した経済学を研究しようと生まれたのが
「行動経済学」なのである。

超合理的で利己的な経済人の代わりに、
行動経済学が分析するのは「感情で動く人」。
合理性や自制心より感情や非合理性を重視する。
「えっ、そんな非合理で自制心がないなんて、
まるで自分みたいじゃないか」
と思ったりした人もいるのでは？
実は、そうかもしれない。

行動経済学では、感情に流され、
常に合理的な選択をしているのではない人間を
「限定合理的」とし、研究の対象にしている。

人間は、非合理なものだ。
冒頭でご紹介したような
「うな重はいつも竹」なんてものはまさにそのとおり。

ただ、非合理といっても、行動経済学では
「気分によってランダムに行動する」といった行動傾向は
対象にしていない。合理性を持たない人は持たない人なりに、
一定の行動パターンがあり、それは予測可能なのだ。

行動経済学が扱う「予測可能な非合理性」は、
誰の心のなかにもある。
きっと、あなたのなかにも。
さあ、非合理な世界をみてみよう。

10月吉日　トキオ・ナレッジ

大人の経済学常識

CONTENTS

はじめに …… 002

第1章 お客のココロを操る行動経済学 019

私たちはカモられている！ KEYWORD 行動経済学 …… 020

盛り合わせを頼んだら店のカモ！ KEYWORD 多すぎる選択肢 …… 024

実は自由度が低い選択肢の多さ KEYWORD 多すぎる選択肢 …… 026
損をする苦しみはトクした喜びの2倍以上 KEYWORD 損失回避ほか …… 028
ソシャゲ廃人はこうして生まれる KEYWORD 同調効果ほか …… 032
ヒット商品は誰にでもつくれる KEYWORD プロスペクト理論 …… 036
女性誌がこぞって付録をつけたワケ KEYWORD プロスペクト理論 …… 038
化粧品広告が美人女優を使うカラクリ KEYWORD ハロー効果 …… 040
言葉ひとつで企業イメージが変わる KEYWORD フレーミング効果 …… 042
「無料《タダ》」は人の判断を狂わせる KEYWORD 無料の魔力 …… 046
ブッフェでもとを取るのはあきらめて KEYWORD 発想の無理 …… 048
うな重の「竹」は気分で選ばれる KEYWORD フレーミング効果 …… 050
スーパーのレジ前は行動経済学最前線 KEYWORD 参照点からの変化 …… 054
買い物の満足感は持続しない KEYWORD ウェーバー・フェヒナーの法則 …… 056

GIVE UP

高いモノ＝いいモノ、と人は考える KEYWORD 高価格の思い込み …… 078
見積もり金額は高めに設定が鉄則 KEYWORD アンカリング効果 …… 080
「大切なモノ」は他人にはゴミ同然！ KEYWORD 現状維持バイアスほか …… 082
流行の仕組みをビジネスに活かそう KEYWORD イノベーター理論 …… 086
「今」に流されると儲けは少ない KEYWORD 時間選好率ほか …… 088
社員の士気を高めるスローガン KEYWORD フレーミング効果 …… 092
イチローから学ぶ成功の哲学 KEYWORD 上昇選好ほか …… 094
無料《タダ》より高いものはない KEYWORD 無料サービス …… 098
高額商品の広告は購入した人のため KEYWORD 確証バイアス …… 100
会社は一番〝不合理〟な組織である KEYWORD ヒューリスティック …… 102
上司に企画を認めてもらう鉄板ルール KEYWORD ヒューリスティック …… 104
上司は後から文句を言うものである KEYWORD 後知恵バイアス …… 106

人事の不思議～人は人を評価できるのか　KEYWORD 自己投影効果ほか……108

仕事が楽しくなる正しいやる気の出し方　KEYWORD 内発的動機づけ……110

だから経費削減は失敗する　KEYWORD ヒューリスティック……112

世渡りの上手さ・適当さの使いどころ　KEYWORD 初頭効果……114

会社は「みんなで決めよう」でダメになる　KEYWORD 集団思考の罠……116

ネーミングは人を動かす力がある　KEYWORD ヒューリスティック……118

通販業者は「返品自由」でも困らない　KEYWORD 保有効果……120

感動ストーリー＝商品の価値ではない　KEYWORD ハロー効果……122

人は目の前の情報に流される　KEYWORD 連言錯誤……124

「値引き」アピールにだまされないコツ　KEYWORD アンカリング効果……126

一番目に発言し会議に勝つ！　KEYWORD アンカリング効果……128

第一印象を操作すれば優位に立てる　KEYWORD ハロー効果……130

第3章 ニュースがよくわかる! 経済理論 133

アベノミクスは「普通」の政策 KEYWORD 金融緩和ほか …… 134

新国立競技場は無用の長物になる!? KEYWORD サンクコスト …… 138

「平均年収以下」がなぜ7割もいるのか? KEYWORD 平均値ほか …… 140

「年金制度崩壊」は都市伝説 KEYWORD 数字のマジック …… 142

5→8→10、どんどん上がる消費税の謎 KEYWORD 社会保障 …… 144

借金大国・日本はなぜ破綻しないのか? KEYWORD 国債 …… 148

オレオレ詐欺は永遠になくならない!? KEYWORD データの一貫性幻想 …… 152

合理的な「選択」で生まれた少子化問題 KEYWORD 機会費用 …… 154

日本は総合的な経済力が落ちている KEYWORD GDP …… 158

景気のよし悪しは金利でわかる KEYWORD 高金利ほか …… 162

株価は景気の「兆し」を示す　KEYWORD 株式市場 …… 164
景気がよくなっても潤わないゲンジツ　KEYWORD 二極化 …… 166
自由貿易化に向かう世界経済　KEYWORD GATTほか …… 168
グローバル化で変わる日本の経済　KEYWORD フロンティア市場 …… 172
世界経済は「新しい3極体制」へ　KEYWORD BRICs …… 176

第4章 経済学でひもとく金欠の原因 179

合理的な判断を鈍らせるシステム＝借金　KEYWORD 異時点間の選択 …… 180
借りたお金ほど浪費しやすい　KEYWORD メンタル・アカウンティング …… 182
貧乏人ほど手数料を気にしない　KEYWORD ムダの正当化 …… 186

ポイントカードは貧乏カード　KEYWORD　メンタル・アカウンティング …… 188
通販の「買いたくさせるワナ」　KEYWORD　反転効果ほか …… 190
クレジットカードは判断を麻痺させる　KEYWORD　異時点間の選択 …… 194
リボ払いはやってはいけない　KEYWORD　ヒューリスティック …… 196
50円ケチって５００円を使う心の仕組み　KEYWORD　メンタル・アカウンティング …… 198
不安は人の感覚を麻痺させる　KEYWORD　不安に払うお金 …… 200
自分のお金をもらって喜ぶ不思議　KEYWORD　自分のお金 …… 202
退職金の前払いをしてはいけない！　KEYWORD　確定拠出年金ほか …… 204
意味不明な名前の金融商品はキケン　KEYWORD　ヒューリスティック …… 208
ＦＸからはじめよう、は大間違い！　KEYWORD　利用可能性ヒューリスティック …… 210
目先のトクに惑わされる毎月分配型投信　KEYWORD　現在思考バイアス …… 212
株は「売りたくなったとき」に見誤る　KEYWORD　損失回避 …… 214

投資は〝プロ〟に相談しない　KEYWORD ネーミングによる権威づけ……216
素人投資家はこうやって失敗する　KEYWORD 損失のダメージほか……218

第5章 日常に隠れている経済学の行動　223

人は自分中心で生きている！　KEYWORD 認知的不協和……224
「他人のため」は自分のため？　KEYWORD 合理的経済人……228
経済学で考えるあなたがやせない理由　KEYWORD 選好……232
早とちりは性格だけの問題じゃない　KEYWORD 利用可能性ヒューリスティック……234
経済学効果で日本一売れるクルマ　KEYWORD ハロー効果……236
つまらない映画でも最後まで観る謎　KEYWORD サンクコスト……238

そんなに保険ばかり入ってどうするの？
KEYWORD 確率荷重関数と確実性効果ほか …… 240
ワケあり商品の「ワケ」は気にしない
KEYWORD 後悔の回避 …… 244
伝統的なクジ引きはなぜ廃《すた》れない？
KEYWORD 確実性効果ほか …… 246
経済学の知識で合コンにも勝つ！
KEYWORD おとり効果 …… 250
結婚はコスパがいい？ 悪い？
KEYWORD 機会費用 …… 252
お見合い結婚は何人目で決める？
KEYWORD 最適停止問題 …… 254
女性より男性のほうが幸せは少ない!?
KEYWORD 主観的幸福感 …… 256
お金があれば人生は幸せになるか？
KEYWORD パラドックス …… 258
行動経済学からみる〝贈り物の極意〟
KEYWORD 自分では買わないほしいモノ …… 260
夏休みの宿題と糖尿病の意外な関係
KEYWORD 双曲割引 …… 262
人の直感は「ウソの確率論」だらけ
KEYWORD 利用可能性ヒューリスティック …… 266
確率論も吹っ飛ばす伝え方の妙
KEYWORD プライミング効果ほか …… 268

第6章
知っておいて損はないマクロ&ミクロ経済学 271

そもそも経済学とは何か？ KEYWORD 最適化行動 …… 272

20世紀の経済学の基礎「ケインズ経済学」 KEYWORD 雇用・利子および貨幣の一般理論 …… 276

国全体の大きな経済と身近な小さな経済 KEYWORD マクロ経済学ほか …… 278

マクロ経済学ってなんだろう KEYWORD 国民経済計算（SNA） …… 282

GDP（国内総生産）ってなんだろう KEYWORD フローとストック …… 284

家計の消費を考えてみよう KEYWORD 消費関数 …… 288

家計ではどのような消費行動？ KEYWORD 貯蓄と消費のバランスをライフサイクルで探る …… 290

インフレ、デフレって何？ KEYWORD インフレ供給曲線ほか …… 292

ミクロ経済学の基本 KEYWORD 限界コストほか …… 296

TAXI
COPY

経済学の格言

自分が損することがわかっている
選択をしてしまった経験は、
ほぼすべての人にある。
人には将来の利益よりも、
目の前にある利益を優先して
しまう傾向が備わっています。

明治大学情報コミュニケーション学部教授
友野典男

第1章

お客のココロを操る行動経済学

「買うはずじゃなかったモノを買ってしまった……」その背景にある〝買わせよう〟という思惑を学べば、カモられないようになれるかも？

私たちはカモられている！

なぜか「買いたい」気分に!?　そのカギを握る
行動経済学ってなんだろう？

KEY WORD
行動経済学

人間は意外とテキトーにモノを買っている

経済学では、人を経済合理性に従って動く存在と仮定して研究が行われる。あなたも、日常生活で何かを購入する際、さまざまなことを考えるはずだ。金額に対して質はどうなのか、自分にとって必要か否か――合理的な判断を行うために、インターネットで何時間もかけて検討することもあるだろう。しかし現実的には、たとえばコンビニで買うお菓子でも、ランチのときに選ぶメニューでも、無意識のうちに人は環境に影響され、非合理な判断や行動をしている。

この非合理な心理を分析し、実験を行うなどして解明する学問分野が「行動経済学」だ。

少子高齢化、モノ余りの時代と言われるなかで、企業はいかに自社の商品を買ってもらうかというマーケティングに血道をあげているが、その戦略を練る際にもこの行動経済学は大きく貢献している。行動経済学は、カモられたくない人にとって、身につけておきたい必須の知識なのである。

経済の雑学

行動経済学とは「人間行動学」でもある

行動経済学は経済活動を解き明かすものであるが、市場取引や雇用、税制、年金などの経済制度を分析し、最終的には人々が満足のゆく生活を送り、幸福であるためにはどうしたらよいかを考える「人間行動学」と言い換えられる。

行動経済学は今後、消えるかもしれない学問

戦後、経済学は「科学」として現実社会を説明する基礎を固めるため、「超合理性」という考え方を採用して研究が行われてきた。人はどのような状況においても、あらゆる情報を正しく把握し、常に正しく合理的な判断を行うというものである。これにより、マクロ経済学への科学的アプローチを可能にするなど、超合理性という概念の貢献度は計り知れない。

ただ、実際のところを振り返ってみると「なんとなく買った」「AやBのほうがすぐれているのは明白なのにCを買った」など、私たちの日常購買行動は非合理的なことだらけである。従来、超合理性で説明がついていたことも、現実世界にそぐわないものとなってきたのだ。

そこで行動経済学では、人間の非合理的な部分に着目し研究を行うなかで、従来の経済学では説明のできなかった部分を明らかにしようとしている。といっても経済学を凌《りょう》駕《が》しようとしているわけではなく、経済理論をより現実に即したものに修正していくために、行動経済学の理論を活かしていくことを目指している。

経済学に今、生じている問題が解決された折には、行動経済学は天分をまっとうし、消滅への道をたどる可能性もあるだろう。

現実社会をうまく説明するための「行動経済学」

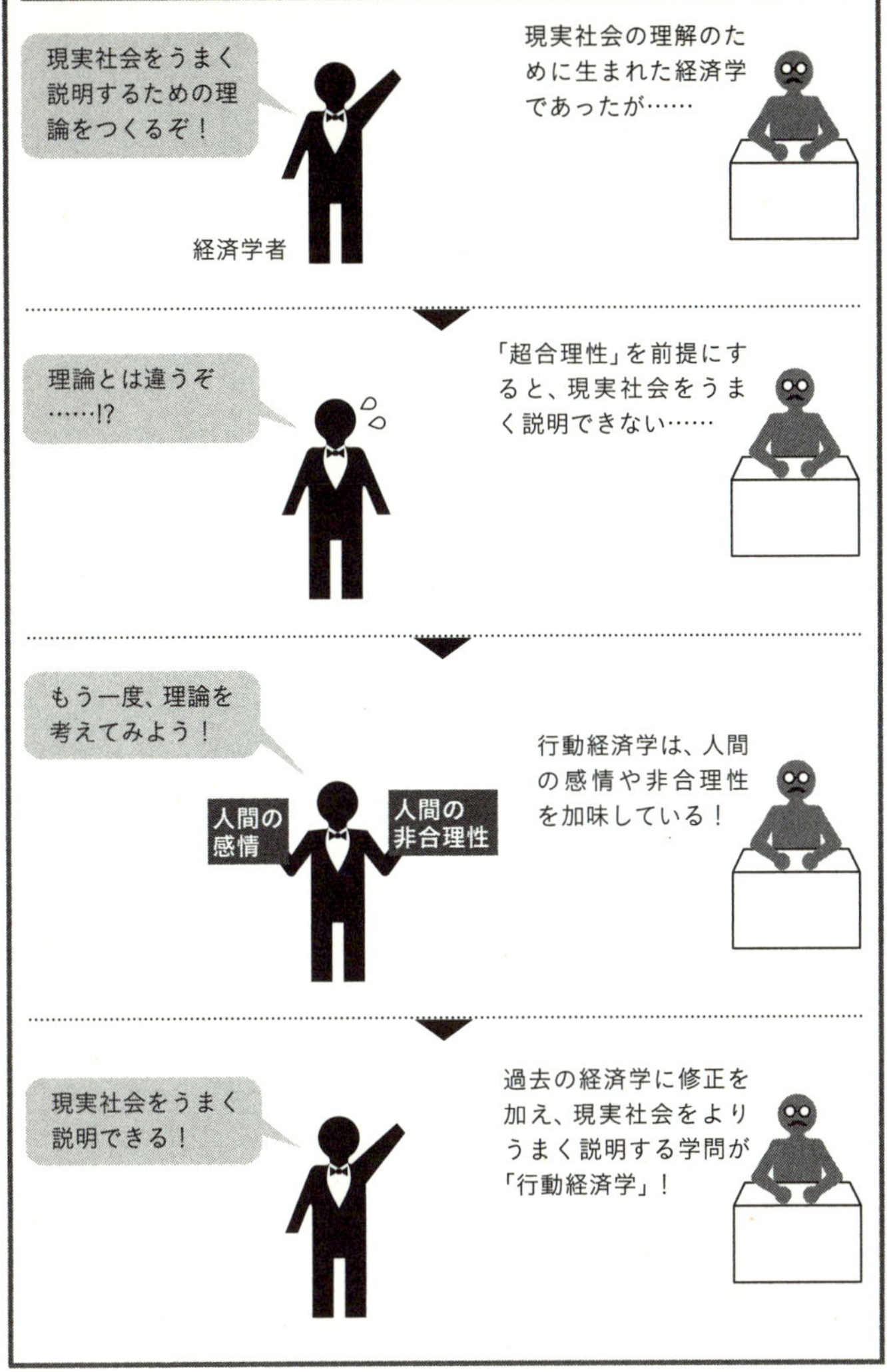

盛り合わせを頼んだら店のカモ！

多種多様の商品ラインナップに、イイように惑わされて、カモられているかもしれない

KEY WORD

多すぎる選択肢

「とりあえず盛り合わせ」のウラで働く行動経済学

大型スーパーやショッピングモールに出かけると、豊かにモノがある光景に胸が躍ることだろう。私にピッタリのモノが必ず見つかる――そんな感覚すら覚えるかもしれない。

しかし、『選択の科学』という本を著したシーナ・アイエンガー氏（コロンビア大学ビジネススクール教授）によれば、人間はあまりに多くの選択肢を目の前にすると、逆に選択ができなくなるという。

この理論は、飲み会のときを思い出すと想像しやすいかもしれない。壁一面を覆う焼き鳥メニュー、焼肉屋で牛のありとあらゆる部位がずらりと並んでいる場合もあるだろう。

迷ったあげく盛り合わせを頼む人、パッと盛り合わせを注文している人は多いだろう。盛り合わせメニューのなかには、古くなったり、売れ残ってしまった食材が含まれていることが多い。本来、ほしくなかった食材を、対価まで支払って食べるはめになっていることそのものが、客側にとっての損失なのだ。

経済の雑学

おトクな盛り合わせには別のキケンも!?

スーパーでよくある刺身の盛り合わせ。実はマグロはほかの刺身とセットになると「生鮮食品」から「加工食品」の扱いになり、消費期限を延長できる。他種類と組み合わせることで、視覚的に華やかさを演出して味の劣化が緩和される。

実は自由度が低い選択肢の多さ

目移りするほどの商品がある家電量販店。まだ店員の意見を聞いているの？

KEY WORD

多すぎる選択肢

家電量販店で商品が大量に陳列されている理由

家電量販店に行くと、エアコンでも冷蔵庫でも、あらゆる家電が大量に陳列されている。もちろん品揃えが多いほどたくさんの人のニーズに応えられるというのもあるだろうが、実は「顧客の選択眼を鈍らせる」という効果もある。

前ページでもふれたとおり、人は選択肢が多すぎる状態に陥ると、選択ができない状態になってしまうのだ。「もし、あれのほうがいいモノだったら……」などと、不安が頭をもたげる。

そういうときに人が取る行動は、自分よりも知識がありそうな人、つまり店員さんに聞

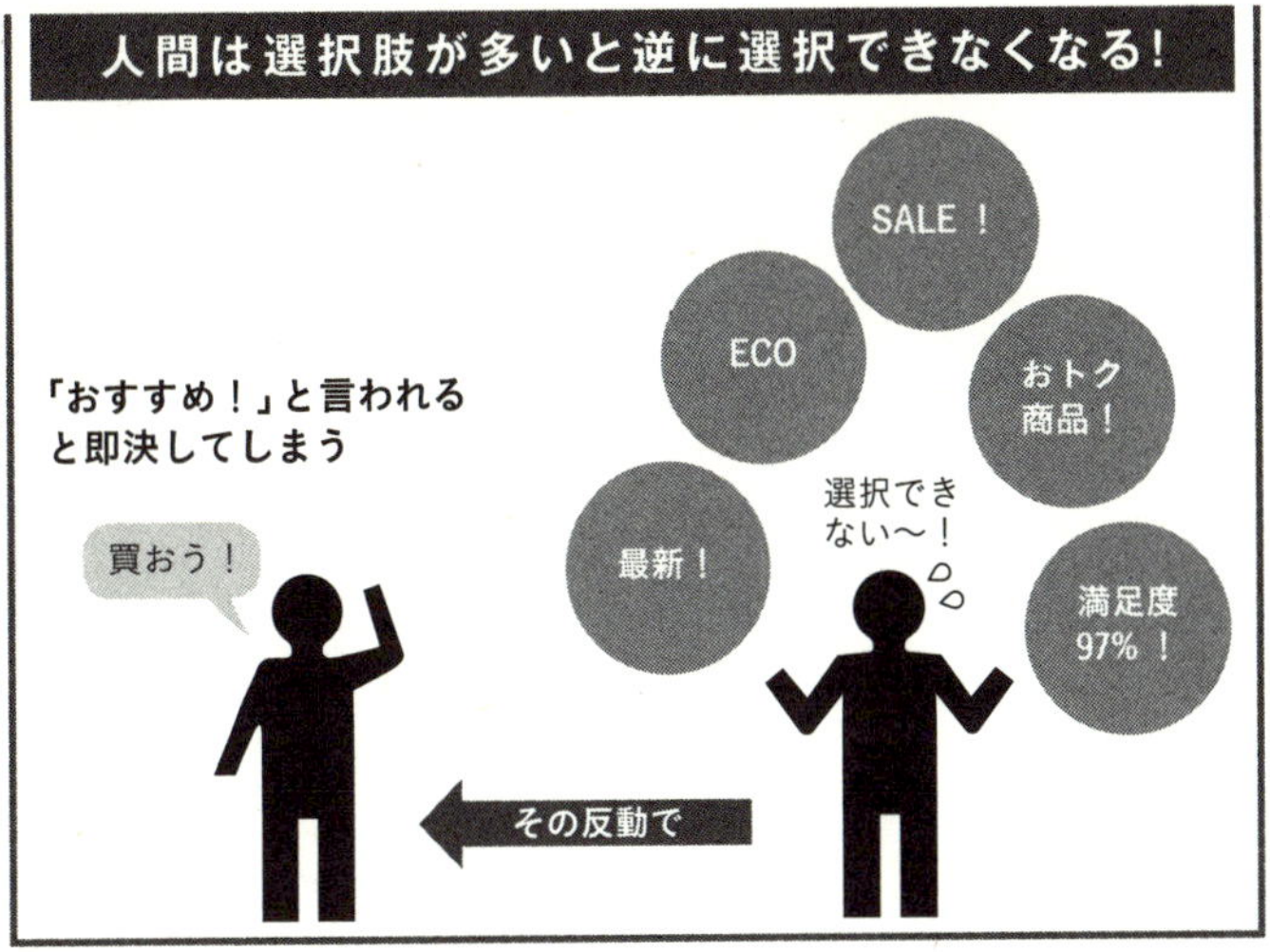

くというものだろう。これがまさに、行動経済学を踏まえた企業の作戦だ。

大手量販店の場合、説明を行うのはおもにメーカーから派遣されてきた人。パソコンを例にとっていえば、他社製品と比較しつつ、自社製品の売りどころをうまくアピールし、購入につなげるのだ。「私も使っているんですけど、とても便利で……」なんて言われると「家電量販店で働く、専門知識を持った人が選んだ素晴らしいもの」と勘違いしがちだが、要は大概がメーカーの社員なのである。

家電量販店にもメーカーにもオイシイ仕組みだが、敢えてその罠にはまる必要もないだろう。参考程度にとどめ、購入したいモノを検討するようにしたいものだ。

損をする苦しみはトクした喜びの2倍以上

「何がなんでも損をしたくない！」その人間の素直な願望が新たな損に……！

KEY WORD
プロスペクト理論
損失回避

「損をしたくない」という感情が非合理な行動を呼び起こす

お金の価値はそうそう揺らぐものではない。たとえば、今、目の前に１００万円があるとしよう。それがどのような経緯で手元にあるにせよ１００万円は目の前にあるし、１００万円として使うことができる。

だが、人の心はそうはいかない。１０２万円を持っていて２万円ギャンブルに負けた場合と、98万円持っていて２万円ギャンブルに勝ったときでは、同じ１００万円でも前者、つまり損と感じたほうが強い感情を持ちやすいのだ。お金の感覚が相対的な感覚で決定される、これを行動経済学ではプロスペクト理論という意思決定モデルの「参照点」という

「損!」の感情は「トク」より2～2.5倍!

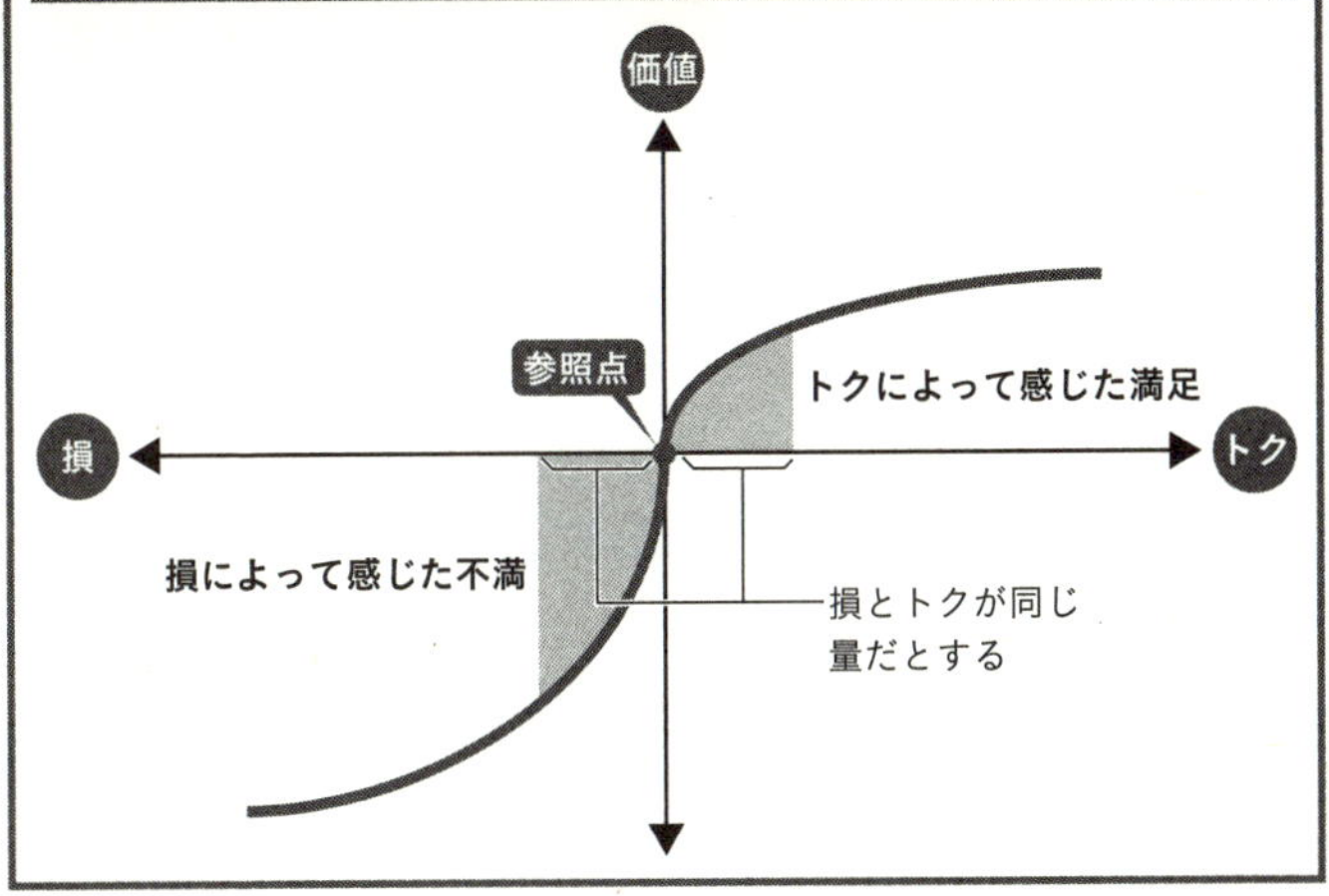

言葉で説明している。苦しみは喜びよりも、2倍～2・5倍大きく感じられるともされている。人が損をすることを強く嫌うことは「損失回避」という言葉で定義されている。この損失回避がはたらくため、ギャンブルにハマったり投資で大損したりという明らかに損な行動も、自ら選択してしまうのだ。

経済の雑学

初心者が株で失敗するのは「損」の見極め下手

株式投資に手を出した初心者によくあるパターンとして、損の見極めがある。上がったら「下がったらどうしよう」とすぐに売却し、下がったら「損をしたくない」とタイミングを逃す。結局、損に振り回されて大損をすることになる。

「損失回避」で人生のリスクを考える

前ページでは人が損失を激しく嫌い避けようとする「損失回避」という概念について述べた。これは、リスクを伴うことを選択するとき、常につきまとう。ここで、損失回避についてわかりやすい質問をあげてみよう。

Q1 どちらを選びますか?

A. 10万円が必ずもらえる宝くじ

B. 当たれば20万円がもらえるが、はずれなら0円の宝くじ

Q2 あなたは10万円の借金があります。どちらを選びますか?

A. 借金が5万円になる

B. くじ引きをし、当たりなら10万円全額が免除となるが、はずれなら免除なし

実験の結果、Q1の場合はAを選ぶ人がほとんどであった。しかし続けてQ2の質問をしたところ、Q1でAと答えた人のほとんどがギャンブル性の高いBを選択したという。

プロスペクト理論に従っていえば、人は利益を目の前にすると「利益を失う」という損失を回避し、損失が目の前にあると、損失そのものを回避しようとする。この仕組みを把握しておくと、投資や商談などリスクを伴うことに活用できるだろう。

損はインパクトが大きい！

5,000円の馬券を買う

↓

１万円をゲット！

そのお金で5,000円の馬券を買い
全額スッてしまう！

5,000円の損　　**5,000円の儲け**

5,000円の儲けで5,000円をスッたことになるから、
実質は±0になるはずだが……

↓

実際は5,000円の損のほうを大きくとらえてしまう

なぜ人は損失に敏感なのか？

古代に食べ物を貯蔵する喜び＝利益よりも、飢え死にする恐怖＝損失がうわまわったからという説もある

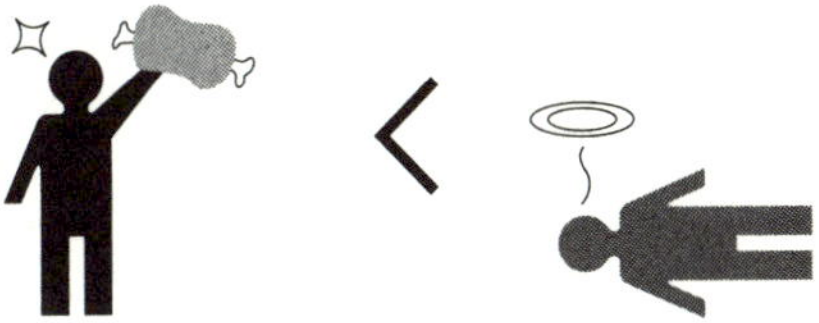

ソシャゲ廃人はこうして生まれる

まるで行動経済学の見本市！
ソーシャルゲームの構造をひもといてみよう

KEY WORD
同調効果、希少性の原理
サンクコスト、保有効果

カン違いや愛着が人をゲームに向かわせる

電車に乗ると、あっちを向いてもこっちを向いても、みんながスマートフォンに向かっている時代となった。メールを確認したり、コミュニケーションを取ったりするなか、とりわけ多いのがゲームをする人だ。

スマートフォンで行われるゲームはさまざまだが、中でも売上やダウンロード数を伸ばしているのがソーシャルゲームと呼ばれるものである。対戦したり、結果を競い合ったりと、友達とコミュニケーションしながら楽しむものが多いのが特徴だ。ついハマッて長時間プレイをしてしまう人も少なくないが、行動経済学的に見ると〝ハマる仕掛け〟がさま

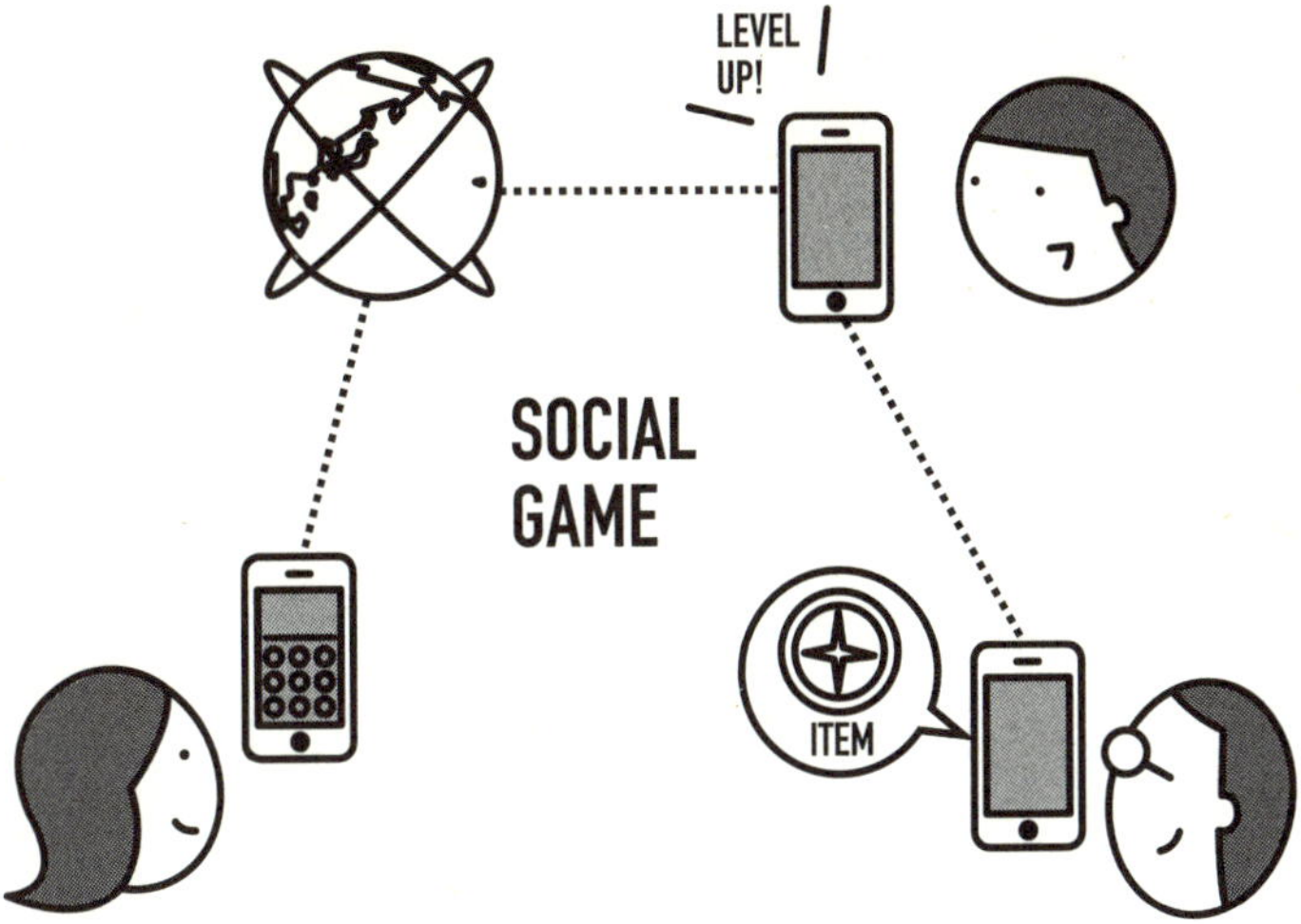

ざまにこらされている。

まず、友達とつながっていること。自分ひとりで楽しむゲームであれば飽きたらやめてしまうところ、友達がレベルを上げてきたり、競い合っているのをみるとついやってしまう。「同調効果」がはたらきやすい仕掛けなのだ。

また、さまざまなアイテムを集めて楽しんだり、レベルを上げることができたりするのもソーシャルゲームの特徴で、レアなアイテムが次々に投入される。中には課金だけでは不十分で、カードを複数揃えるなどハードルが高いものも珍しくない。これは「希少性の原理」で、レアものはどうしてもほしくなってしまう心理を煽《あお》ったものだ。

気づいたときにはもう遅い！ サンクコストのワナ

レアアイテムがなかなかゲットできない、レベルがなかなか上がらない……ソーシャルゲームをするなかではあれやこれやと障壁が生まれる。実生活上で睡眠不足になるなど支障をきたす人も多い。それでもやめられないのは「サンクコスト」によるものだ。

サンクコストとは、すでに使ってしまって回収することが不可能なコストを指す言葉だ。コストというのはお金に限らず、労力や時間を指すこともある。簡単にいえば「こんなにお金をかけたのに、今更やめられるか！」という心理である。つぎ込んだお金はあきらめてさっぱりやめればいいのに、損をしたくないと言いながら余計に使う。おかしな話である。

それに加えて、ずっと使っているものに愛着がわき、価値のあるもののように思えてくる「保有効果」もはたらいて、やればやるほどハマっていくということになるわけだ。

経済の雑学

ゲームにハマる仕組みをゲーミフィケーションに

遊びや競争といったゲームが持つ仕組みを、教育やマーケティング、人事などに役立てていこうというゲーミフィケーションの取り組みが盛んだ。楽しみながら自分の活動が数値化され、ポイントもたまるメリットがある。

ソーシャルゲームに隠れた行動経済学

同調効果

周りの人と同じ行動をしていると安心し、逆に自分が正しいと思っても他の人が異なる行動をしている場合には不安になるといった集団心理。

→ 仲間意識が生まれてゲームから抜け出せない！

希少性の原理

手に入りにくいものほど貴重なものだと考える傾向のこと。入手可能だったものが入手困難になると、その対象をより高く評価し、以前にも増して欲するようになる。

→ レアアイテムが次々とほしくなる！

サンクコスト

人が行動した結果、その際に生じたコストが、後の意思決定に影響すること。埋没費用とも言われる。

→ 使ってしまった膨大な費用が惜しくてやめられない！

保有効果

自分が所有するものに高い価値を感じ、手放すことに抵抗を感じさせる効果のこと。

→ ゲームに愛着がわきすぐれたものだと思い込む！

ヒット商品は誰にでもつくれる

ヒット商品を生み出すことは不可能ではない！「変化」に反応する人の性質に注目せよ

KEY WORD
プロスペクト理論

プロスペクト理論を使えばヒット商品がみえてくる

ヒット商品はバクチのようなもの、当たるか当たらないかは運しだい——などと言ってしまうのはいささか乱暴だが、モノが売れるかどうかを予測するのは非常に難しい。だが、「プロスペクト理論」を援用することで、ヒットするかどうか分析はしやすくなるだろう。念のため、プロスペクト理論においては「人は価値判断をする際、絶対量ではなく変化によって満足の度合いが決まる」ということである。キーワードは「変化」だ。

まず、基準となる現状は「参照点」と呼び、ここが変化をはかるすべての基準となる。参考点（現状）から、月額費用が500円安

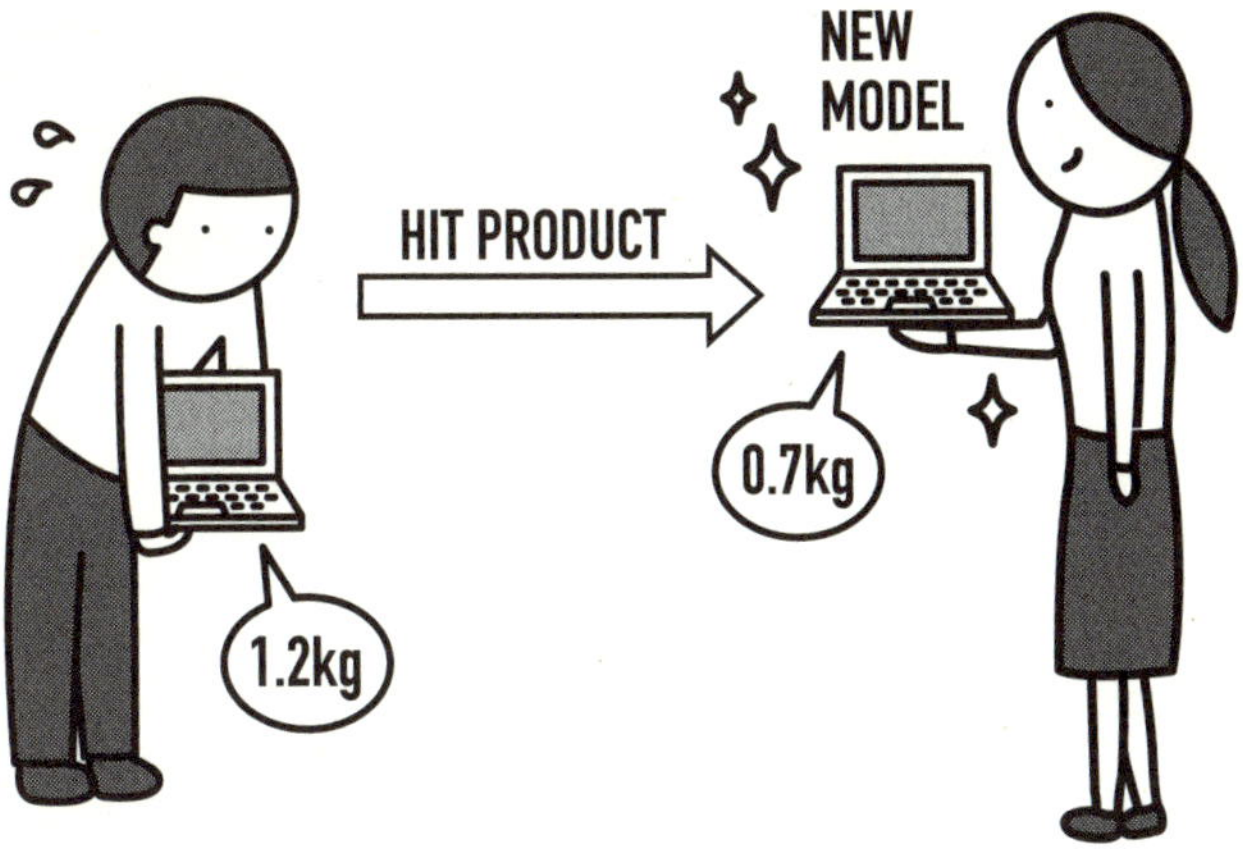

くなった。ＰＣが５００ｇ軽くなった。月々数千円のサービスに対抗して、無料のサービスが出た。この変化を喜ぶ人が多ければ多いほど、ヒット商品となるわけである。これを「参照点依存性」と呼ぶ。また、トクする度合いの値が小さいほうが、大きな価値変化をもたらす。これを「感応度逓減制」と呼ぶ。

経済の雑学

不況が生んだ ヒット商品の数々

不況という流れのなかでヒット商品をみてみると、経営努力による大幅なコストカットという「変化」によりヒットを生んだ図式がみえてくる。ファストファッション、LCC、LINE。バブル期であれば、今ほど評価はされなかったはずだ。

女性誌がこぞって付録をつけたワケ

低価格の雑誌にブランド物のバッグも!?
豪華付録が流行りだした理由をひもとく

KEY WORD
プロスペクト理論

雑誌が売れない時代に
アイデア勝ちで部数を伸ばす

　かつては時代の代名詞とも言える隆盛を誇った雑誌が次々と廃刊・休刊に追い込まれる出版業界。ネット上に無料コンテンツがあふれる今、質の高い情報といった強みはあれど、見通しは明るくない。

　そんななかで、近年ヒットを飛ばしたのが付録つきの本。雑誌に人気ブランドのポーチやバッグをつけたり、付録つきのムック本をつくることで、まさに〝バカ売れ〟となった。契機は２００１年の日本雑誌協会による規制緩和と２００７年の景品表示法変更。これにより付録の自由度が高まり、たとえブランドのロゴをつけても赤字にならない付録をつけ

付録つき雑誌の読者からみた魅力

雑誌本体のついでに
ついてくる
おトク感！
通常とは違う商品が
ついてくる
限定感！
有名ブランド名が
冠されている
ブランド感！
週刊○○
ほしい！

ることが可能になったのだ。ブランドにとっても、全国1万店以上の書店でアピールできるメリットは大きい。

このヒットは「不況」という環境も大きな要因である。たとえ付録でも、バブル時代なら消費者は「付録」ではなく「本物」を求め、興味を示す人は少なかっただろう。

経済の雑学

付録つき雑誌ブームも永遠ではない

実は、付録つき雑誌のブームはすでに縮小している。他誌も次々と追随し、付録が珍しくなくなった結果、買う側の喜びが薄くなり、反応が鈍化したのだ。プロスペクト理論でいう「変化」がしだいに当たり前になると、モノは売れなくなる。

化粧品広告が美人女優を使うカラクリ

CMに出るタレントは人気者の証！
「注目される」だけではない行動経済学の仕組み

KEY WORD
ハロー効果

美人女優がCMに出れば買いたくなる!?

CMでは次から次へとそのときどきの〝旬の顔〟が登場する。その人が出ることで注目度を上げることができる……というだけではない。行動経済学の視点からみれば、タレントによる「ハロー効果」をねらっているのだ。

ハロー効果とは、アメリカの心理学者・ソーンダイクが提唱した概念である。神様の後ろに後光が差している図を想像してほしい。この後光に当たる部分がハローで、その特徴に引きずられて実際のモノのイメージが歪《ゆが》められることを指す。たとえば年齢を感じさせない女優が化粧品のCMに出る。すると女性は「若さを保てるかも」と感じる、これがハ

ロー効果なのである。広告主は高学歴タレントの知性という後光や、スポーツ選手の忍耐力や不屈の精神という後光を利用して、自社の製品をよくみせようとしているのだ。

ただし、ハロー効果はいい方向にだけはたらくわけではない。タレントによってはマイナスにはたらく。安易に使うのは危険なのだ。

経済の雑学

身近なところにも
ハロー効果の影響がある

有名大学出身、有名企業出身といった経歴もハロー効果として使える。これを逆手にとってビジネスや恋愛に活かす人もいるが、中身が伴っていないと逆に評価を下げてしまう。ハロー効果を利用するのも決して楽ではない。

言葉ひとつで企業イメージが変わる

同じ意味なのに、違って聞こえる人間の心理の不・思・議！

KEY WORD フレーミング効果

人間はかくも簡単にだまされる「フレーミング効果」

あまり縁起のいい話ではないが、あなたが病気になって、治療方針について話し合っていると想定してほしい。「手術をした場合、生存率は90％です」と言われるのと、「手術をした場合、死亡率は10％です」と言われるのとでは、受ける印象が大きく変わってくるだろう。それにより、薬物療法を検討するなど、その後の行動も変わるかもしれない。

もちろん、現実的には医師はもっと配慮のある言い方をするはずだが、このように論理的には同じことを言っているにもかかわらず、人の判断や行動は言葉の選び方ひとつで変わってしまう。これはさまざまな実験で証明

同じことなのに違ってみえる「フレーミング効果」

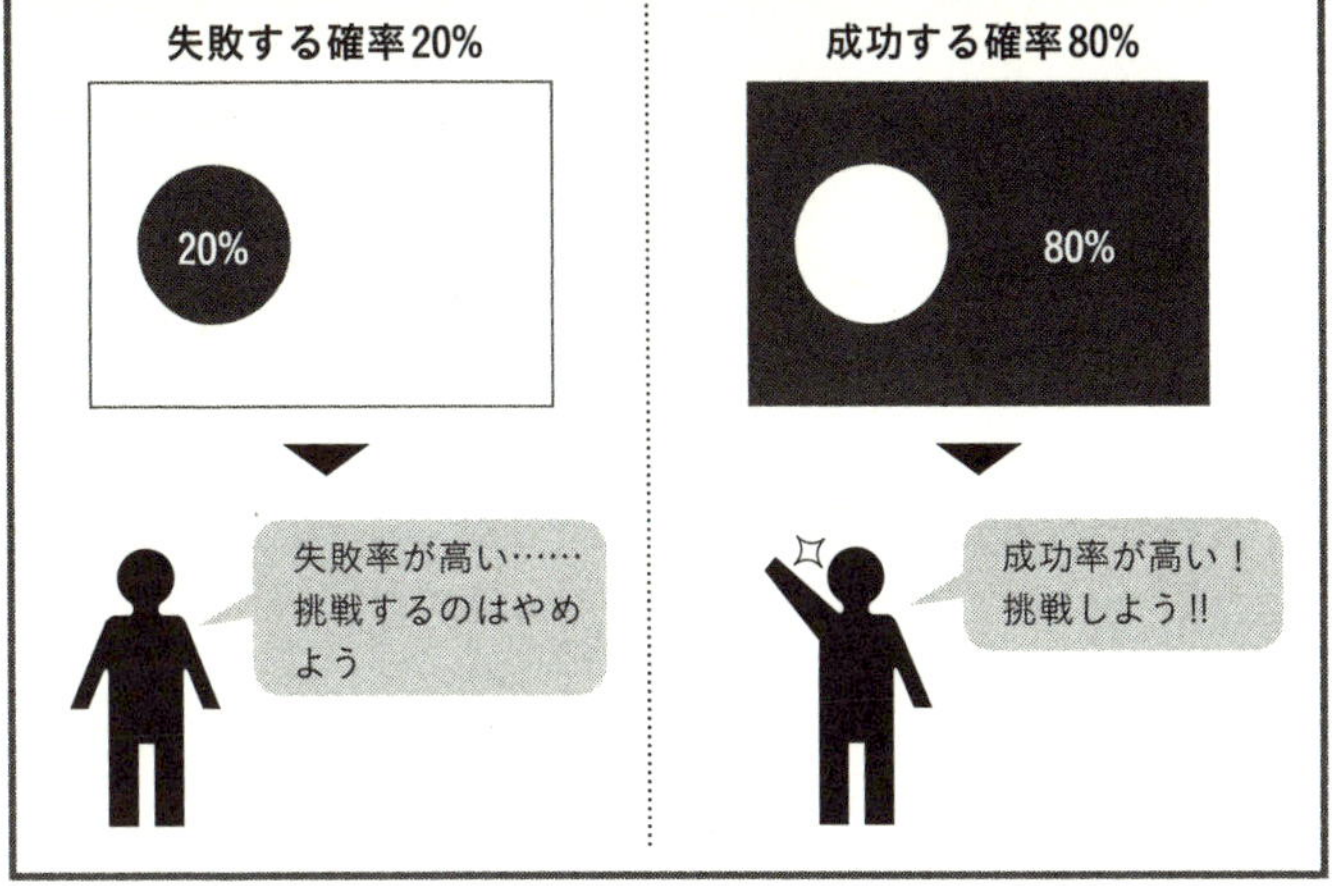
失敗する確率20%
20%
失敗率が高い……
挑戦するのはやめよう
成功する確率80%
80%
成功率が高い！
挑戦しよう!!

されており「フレーミング効果」と呼ばれている。

　フレーミングとはその名のとおり「枠」を意味する言葉である。人は普段から、無意識のうちに自分の枠のなかでの判断や行動でフレームを使っているが、前述のように2つの違ったフレームを与えられると、まったく同じ内容をみたとしても、違った判断や選択をすることがある。冷静に考えればわかりそうなものだが、人間、そんなに冷静になれるものだろうか。フレームは意識されないものであるから、気づかずに「意図せざる選択」をしている人もいるかもしれない。

　このフレーミングを意図的に利用しているのが、企業のマーケティング活動である。

ブランドコンセプトにフレーミング効果を活かす

企業にとって、自社ブランドの認知拡大は非常に重要な課題である。そのために自社の強み、自社が提供できる価値、社員はかくあるべきといった要素を分析し、ブランドコンセプトが策定される。それをもとに製品のロゴマークやパッケージデザイン、名称などをつくり、宣伝活動を行うことでブランドを確立していくのだ。成功すれば同業他社の製品とは差別化をはかることができ、自社の優位性を打ち出していけるようになる。

中でもフレーミング効果が発揮されるのがブランドスローガンだ。たとえばお酢を中心とした調味料をおもに展開するミツカンでは２００４年から「やがて、いのちに変わるもの。」というブランドスローガンを使用している。食品という、他社と差別化しにくいものを「いのちに変わるもの」というフレームで表現することによって、ミツカンが提供する食品の安全・安心、健康への意識といった価値が伝えられている。

一方、マヨネーズでおなじみ、同じく調味料などの食品をメインで扱うキユーピーでは「Ｆｏｏｄ，ｆｏｒ ａｇｅｓ ０－１００」というスローガンを使用している。「０－１００」とは赤ちゃんからお年寄りまでを表現しているそうだ。「それぞれの世代に『おいしさ』『健康』『安心』をお届けし、また独

自の技術に裏打ちされた個性的な事業展開を進め、大ヒット商品もさることながら、永く愛されるロングセラー商品をめざす」とある。時間に軸を置いたフレーミングと言えるかもしれない。このように、企業のブランドスローガンは、フレーミング効果の好例にあふれている。

経済の雑学

ブランドスローガンを考えてみよう

ブランドスローガンには、自社が提供するモノとその価値、どういった存在でありたいか、などを含める必要がある。自社ならではの独自性もほしい。これらを簡潔かつ印象に残る文章や言葉で伝えるのは、なかなか難しいのだ。

「無料《タダ》」は人の判断を狂わせる

タダより高いモノはない!?
企業はボランティアをしているわけではない

KEY WORD
無料の魔力

いらないものも買ってしまう「無料」のワナ

スーパーやショッピングモールでは、買い物の合計金額が一定以上になると駐車場の料金が無料になるところがある。それ以下だと1時間３００円などと設定されており、タダで駐車しようという不埒《ふらち》な輩《やから》を退けているわけだ。

さて、仮に無料になる金額が３０００円以上だとしよう。Ａさんがレジでお会計をしたところ、合計金額は２７００円だった。そこでレジ前に陳列してあった５００円の雑誌を追加で買い、駐車場代は無料になった。めでたしめでたし……ではない。

Ａさんはもともと、２７００円分の商品

無料に釣られて、ちょこちょこ浪費を重ねている
駐車場代を無料にした場合
買い物代2,700円
＋
追加の雑誌代500円
＝
計3,200円
実は200円も多く使っていた！
＞
駐車場代300円を使用した場合
駐車場代300円
＋
買い物代2,700円
＝
計3,000円

しかほしくはなかったはずである。雑誌も読みたいと思ったのは事実だろうが、本当に必要と思っているなら、最初から検討しているだろう。「無料」という欲望のスイッチが入ってしまうと、人はほしくなかったモノまでも買ってしまう。結局、本来の駐車場代３００円を払ったほうが出費が少ないのである。

経済の雑学

「無料」のワナは意外と多い

チェーン店などで配布されるコーヒー無料券。「コーヒーだけじゃ悪いから」とケーキを注文したり、「なんかいい店だな」と好印象を抱き、リピーターになる人は多い。タダほど怖いものはない、とはよく言ったものだ。

ブッフェでもとを取るのはあきらめて

ついつい無理をしてまで食べてしまう、過剰な満腹感を楽しむための代金と思ったほうがいい

KEY WORD

発想の無理

気持ちばかり焦るが食べた総量はそれなり

いろいろなメニューを好きにとって食べることができるランチブッフェ。ローストビーフやケーキなど目を引くメニューや、ホテルの味を比較的リーズナブルに楽しめたりと魅力も多く、食べ放題といううれしい言葉に釣られて、連日たくさんの人で賑わっている。誰もが一度は「もとを取ってやろう」と思ったことがあるのではないだろうか。

ランチブッフェの満足度はなぜ高いのか。さまざまな要素が考えられるが「価格設定」と「制限時間」は重要な要素である。多くの場合、通常その店で1人前のメニューを注文するときよりも、少し高めの金額が設定され

満足度が高くてもランチブッフェが潰れないカラクリ

一見、満足度が高いが……
こんなにたくさん食べられるかな～
実は食べても食べても、もとがとれない価格設定！
結局いくらトクしたんだろう……

ている。また、制限時間は1時間、90分などと制限されている。こういった状況下では、人は「この機会を逃すのは損だ」という心理が強まることがわかっている。そこでつい食べ過ぎてしまうというワケだ。胸焼けに苦しみながらも「これだけ食べたんだからおトクだったな」「同じ量を普通に食べたらもっと高いはず」と自分をナットクさせようとするのも、もとを取った気分になる理屈である。

当然ながら、お店側もきちんと採算が取れるコスト設定をしている。多少食べ過ぎる人がいるくらいでは、赤字にはならないのだ。もとを取りたいお客、儲けたいお店、両者の利害がうまく一致しているのがランチブッフェと言えるだろう。

うな重の「竹」は気分で選ばれる

豪華な食べ物の代表、うなぎ・幕の内弁当、寿司は気分で選ばれている!?

KEY WORD

フレーミング効果

日本でもアメリカでも〝真ん中〟は売れる

同じことを言っているにもかかわらず、表現方法で受け取り方も行動も変わる。これを行動経済学で「フレーミング効果」と呼ぶことはすでに述べた。この効果が飲食店でおなじみの古典的なメニュー構成にも応用されている。うなぎ屋の「松」「竹」「梅」だ。

うなぎ屋という場は、多くの庶民にとっては「ちょっと自分に贅沢《ぜいたく》を許してもいいかな」、というときに訪れる〝ハレ〟の場である。「夏だから精のつくものを」「商談がうまくいったからごほうびに」といったケースが考えられるだろうか。そうなると、せっかく来たのに「梅」はちょっと惜しい気がする。か

といって「松」は勇気がいる。間を取って「竹」で……となるわけだが、行動経済学からみれば「竹」と「梅」というフレーム（枠）があるからこそ、「竹」を選びやすくなったと考えることができる。

米国で行われた実験でも、非常にわかりやすい結果が現れた。実験ではカメラを用意し、性能などを踏まえてＡ、Ｂ、Ｃの順に価格を設定。１００人の人にまずＡとＢだけ見せると、購入意思は半々に分かれたという。次にＡ、Ｂ、Ｃを見せると、Ａは22％、Ｂは57％、Ｃは21％となった。もし「松」のうな重がもっと売れてほしいと思うなら、より高額なメニューを新設し、「松」の価格を今の「竹」の位置に持ってくればいいのである。

コーヒーは
グランデを頼むとおトク？

フレーミング効果がはたらいていると、価格の絶対値よりも相対的な比較で不合理な判断をしてしまうこともある。たとえば「松」「竹」「梅」で竹を選びがち、というものだ。では、逆に相対値ではなく絶対値で比較をしてみると、イメージ以上にかなりおトクだという例を紹介しよう。

コーヒーチェーンの「ショート」「トール」「グランデ」といったサイズ展開。それぞれ数十円プラスするごとにサイズが大きくなっていくが、どのチェーンもショートサイズに１００円程度プラスすれば、２倍の量のグランデが飲める設定になっている。相対的な比較やイメージのみに左右されずにじっくり検討すればトク、というのもは案外多いかもしれない。

コーヒーチェーンにとっては、もっともコストが多くかかっているのは人件費と場所代である。かたや、ショートがグランデになっても原価や人件費はほとんど変わらない。微々たるものと言ってしまえば叱られるかもしれないが、ショートをグランデにした場合にかかるコストは、差額よりもずっと低いことに変わりはないのだ。店側にとっても、グランデは歓迎といったところだろう。もちろんおトクだからといって、飲みきれない量を買うことはないのだが。

迷ったときは「真ん中」を選んでしまう

人間は迷ったときには「真ん中」を選ぶ

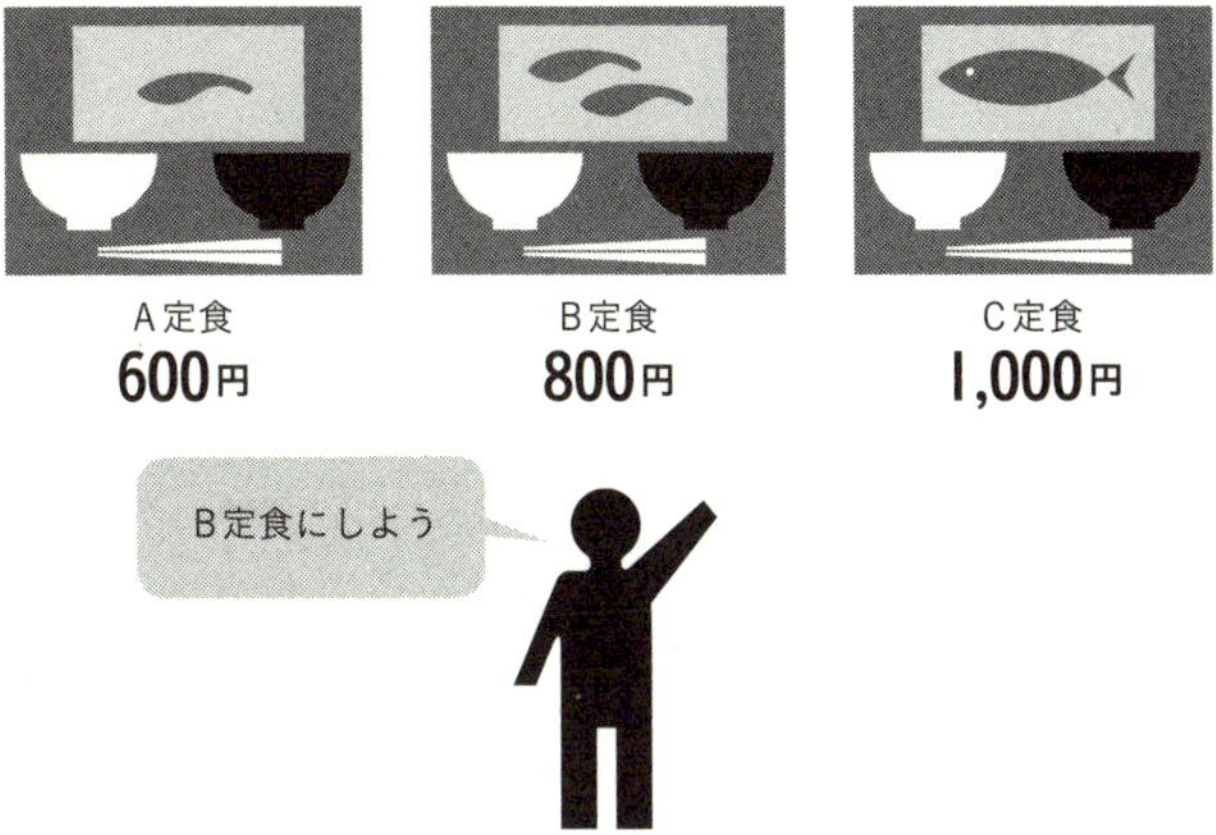
A定食
600円
B定食
800円
C定食
1,000円
B定食にしよう

「真ん中」心理で、売りたいモノを意図的に操作も可能！

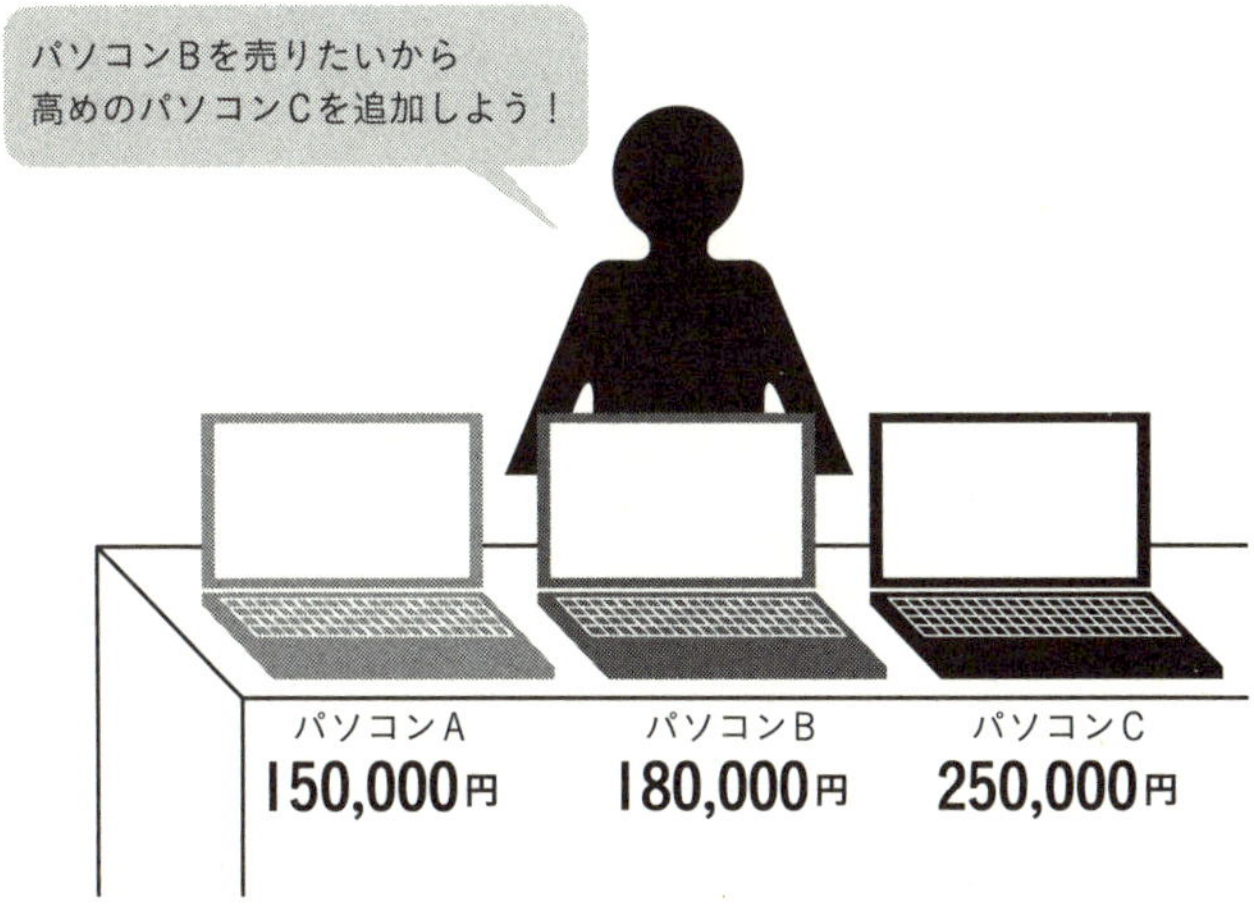
パソコンBを売りたいから
高めのパソコンCを追加しよう！
パソコンA
150,000円
パソコンB
180,000円
パソコンC
250,000円

スーパーのレジ前は行動経済学最前線

ガムに電池、お菓子……etc.
レジ前にはついで買い商品が待っている！

KEY WORD

参照点からの変化

レジ前にいる人は判断力が鈍っている

スーパーのレジに並んでいるとき、レジ前に陳列されている商品をカゴに入れたことはあるだろうか。実は、レジ前の商品はただ漫然と置かれているわけではない。ちょっと思い出してみていただきたい。大型商品や高額商品ではなく、ガムやお菓子、電池など「小さいモノ」「１００～２００円程度の商品」が多いはずだ。

行動経済学の観点から見ると、プロスペクト理論の「参照点」という考え方があてはまる。まだ何も買っていないとき（参照点は０円）であれば、「この１００円のガムはいるのか？」と検討する気持ちがはたらくが、す

100円、200円の少額は「損」に感じにくい

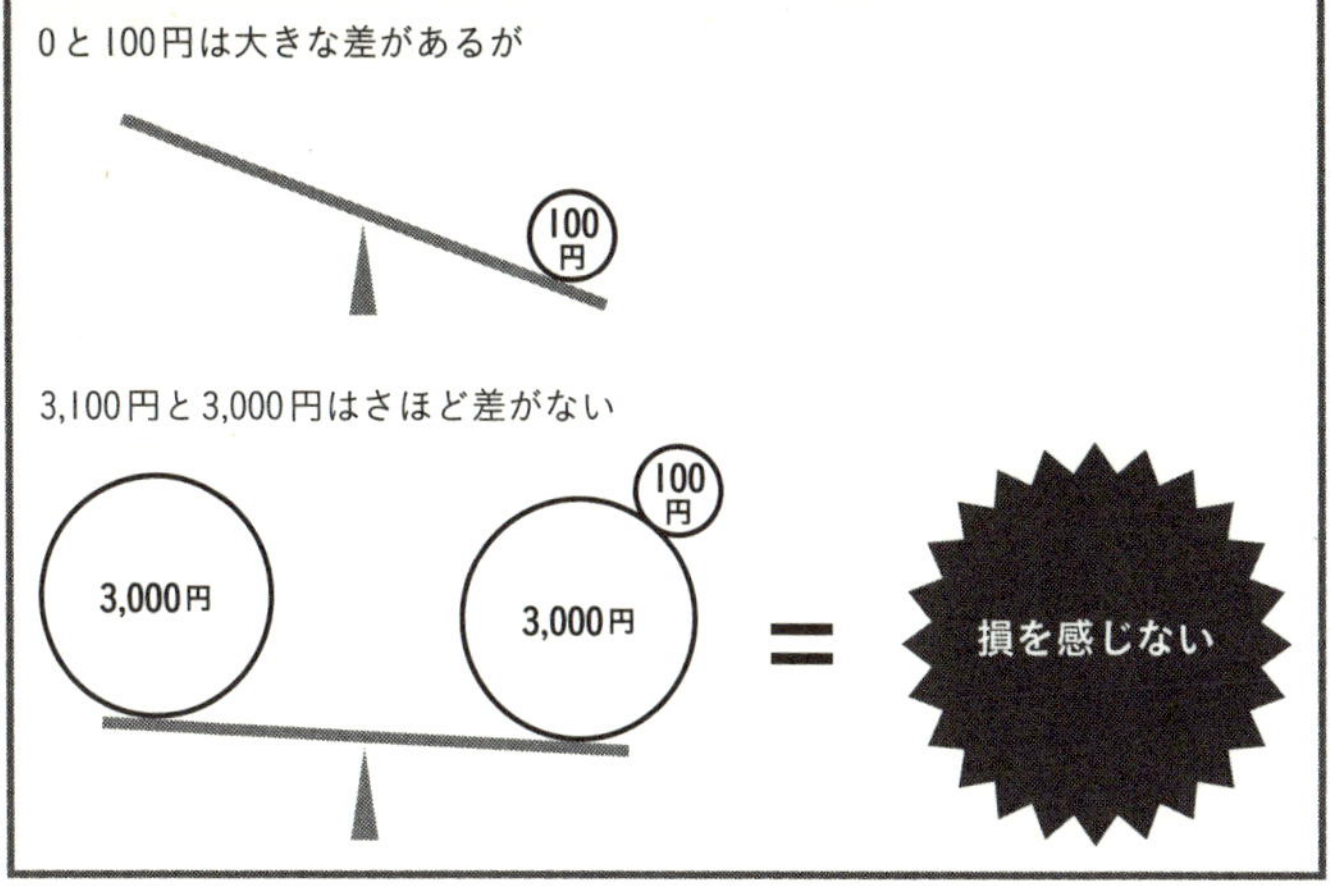
0と100円は大きな差があるが
100円
3,100円と3,000円はさほど差がない
3,000円
3,000円
100円
＝
損を感じない

でに３０００円ほどの商品がカゴに入っている状態（参照点は３０００円）では、１００円増えても大して変わらない、という心理がはたらく。結果、あまり抵抗を感じることなく〝ついで買い〟してしまうのだ。高額商品や大型商品ではこうはいかない。ついでと思うには障害となりうる条件が多いためだ。

経済の雑学

「参照点からの変化」は高額商品でもはたらく

スーパーでの買い物程度ならさほど財布に響かないが、高額商品でも「参照点からの変化」で感覚は鈍る。車に高額なオプション装備をつけたり、住宅新築時に大型テレビをポンと買ったりする場合が、そのいい例だろう。

買い物の満足感は持続しない

ショッピングの満足感は一時的。
買い物体験の質を高めるにはどうすべきか？

KEY WORD
ウェーバー・フェヒナーの法則

買い物の興奮が冷めるのは意外と早い

ほしかったモノを手に入れると、人は満足感を得る。しかし、その満足感は永遠ではない。憧れだったバッグを買っても、自分のモノとして毎日使っているうちに、手に入れたときの感動は薄れてくるはずだ。

これは心理学で「ウェーバー・フェヒナーの法則」と呼ばれる現象で、人は刺激に接しているとしだいに慣れが生じ、刺激を刺激と感じなくなっていくというものだ。憧れのバッグであっても、それが「ありふれたモノ」になっては刺激は得られない。それがまた、次の買い物へと人を駆り立てるのだ。「物欲」と言い換えてもいいかもしれない。

こうした物欲をおさえたい場合、プロスペクト理論を応用するといいだろう。喜びはしだいに減っていくが、減少速度は買ったものがひとつであろうと3つであろうと変わらない。であれば一気買いは避け、一度に買うのはひとつまでにしておくと、満足感を味わう回数を増やすことができるのだ。

経済の雑学

おもちゃにすぐ飽きる子どもにはどうするか

モノから得られる喜びはすぐに飽きる。それに対して、体験から得た喜びは消えにくい。子どもにはおもちゃを与えるだけでなく、遊園地やハイキングなど、体験を与えていくと、子どもにとって喜び豊かな毎日となるだろう。

人は「おとり」に釣られて買い物をする

あなたの選択は正しい？「モノがいいから」と
商品を買っているわけではないかも

KEY WORD
おとり効果

冷静に考えたらおかしい決断がたくさん

こんな話がある。とあるカップルが新婚旅行を検討するため、旅行代理店を訪れた。ローマ7日間とパリ7日間で検討していたが、どちらのプランも同じ金額で、ホテルや食事も同程度。決めかねているカップルに、旅行代理店の担当者が「そういえば、ローマは先週から朝食つきになったんですよ。お値段はそのままで」と言ったところ、2人はローマに決めたという。こうやって、直接の争点となっていることとは関係のないことでも、劣っている選択肢をつくることで本来売りたいモノをよくみせる、これを行動経済学では「おとり効果」という。

人間は比べやすいものにミスリードされている

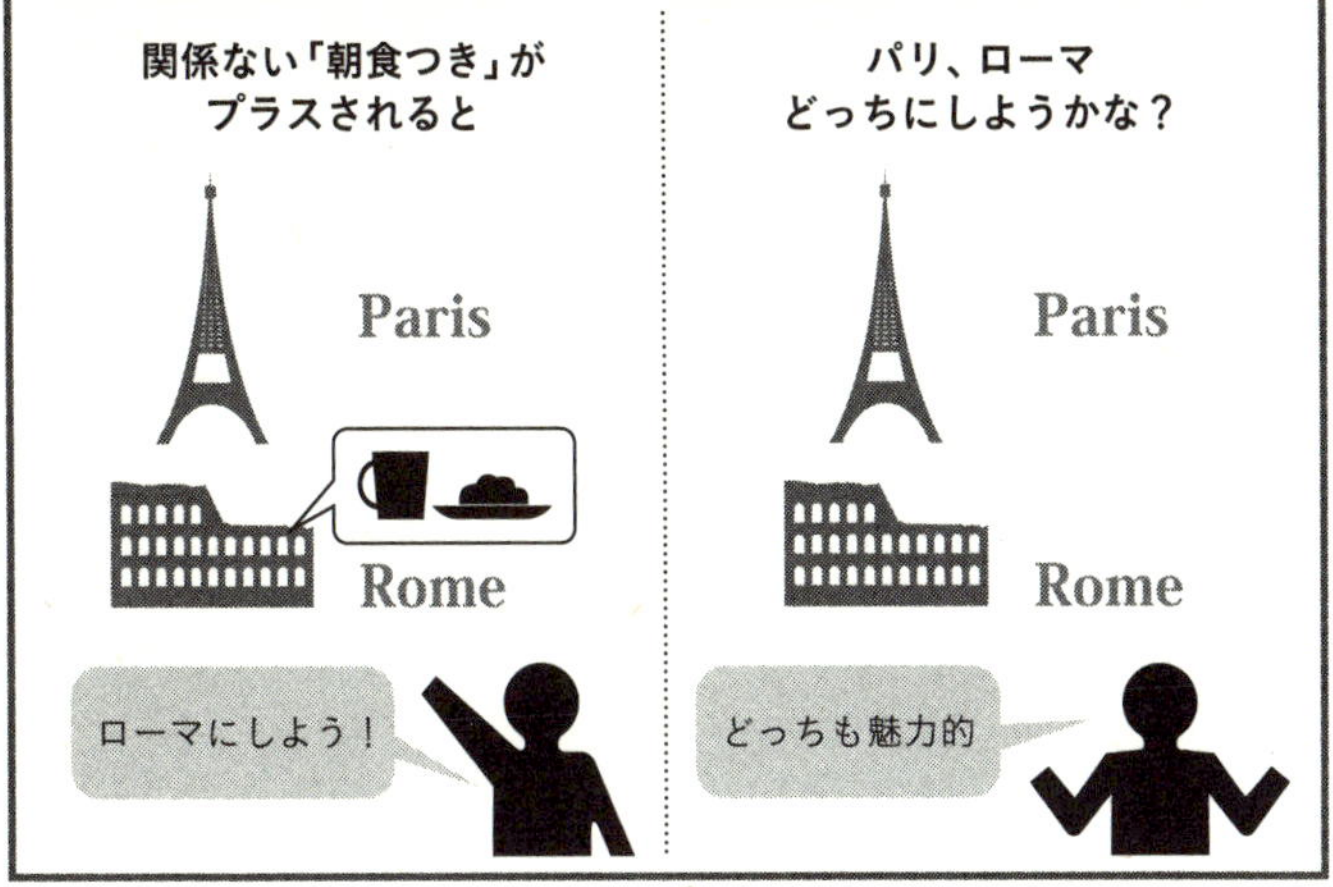
関係ない「朝食つき」が
プラスされると
Paris
Rome
ローマにしよう！
パリ、ローマ
どっちにしようかな？
Paris
Rome
どっちも魅力的

たとえばある日用品メーカーが待望の新製品を出した。しかし売れない。そこで、それと同じ機能だがサイズが大きく、金額も高い商品をさらに発売した。すると、最初に出したほうが売れはじめたという。おとりによって「同じ機能なら安いほうがいい」という心理を生んだのだ。

経済の雑学

おとり効果で松竹梅を利用する

松竹梅の例は「フレーミング効果」で言及したが、おとり効果もねらえる。金額が竹レベルの商品と梅レベルの商品があった場合、松レベルの商品（おとり）を投入すると、竹レベルの商品が売れやすくなるという図式だ。

「○○％の人が満足！」は信用するな

「97％の人が感動！」「8割の人が大満足！」数字の魔力に惑わされないコツ

KEY WORD
少数の法則

信用できる情報を見極めよう

行動経済学では、数字がいかにバイアス（思い込みなどの偏り）がかかりやすいか、という研究が多くなされている。数字を悪用する事例もご紹介しよう。

商品の魅力を謳《うた》う場合、数字は重要なファクターとなる。「たくさんの人が効果を実感！」よりは「75％の人が効果を実感！」と書いてあったほうが、手に取りたくなるだろう。

ただし、これは１０００人に聞いた場合でも、たった4人に聞いた場合でも、同じことが言える点に注意したい。データの数が十分でないのに過剰に一般化してしまう、「少数

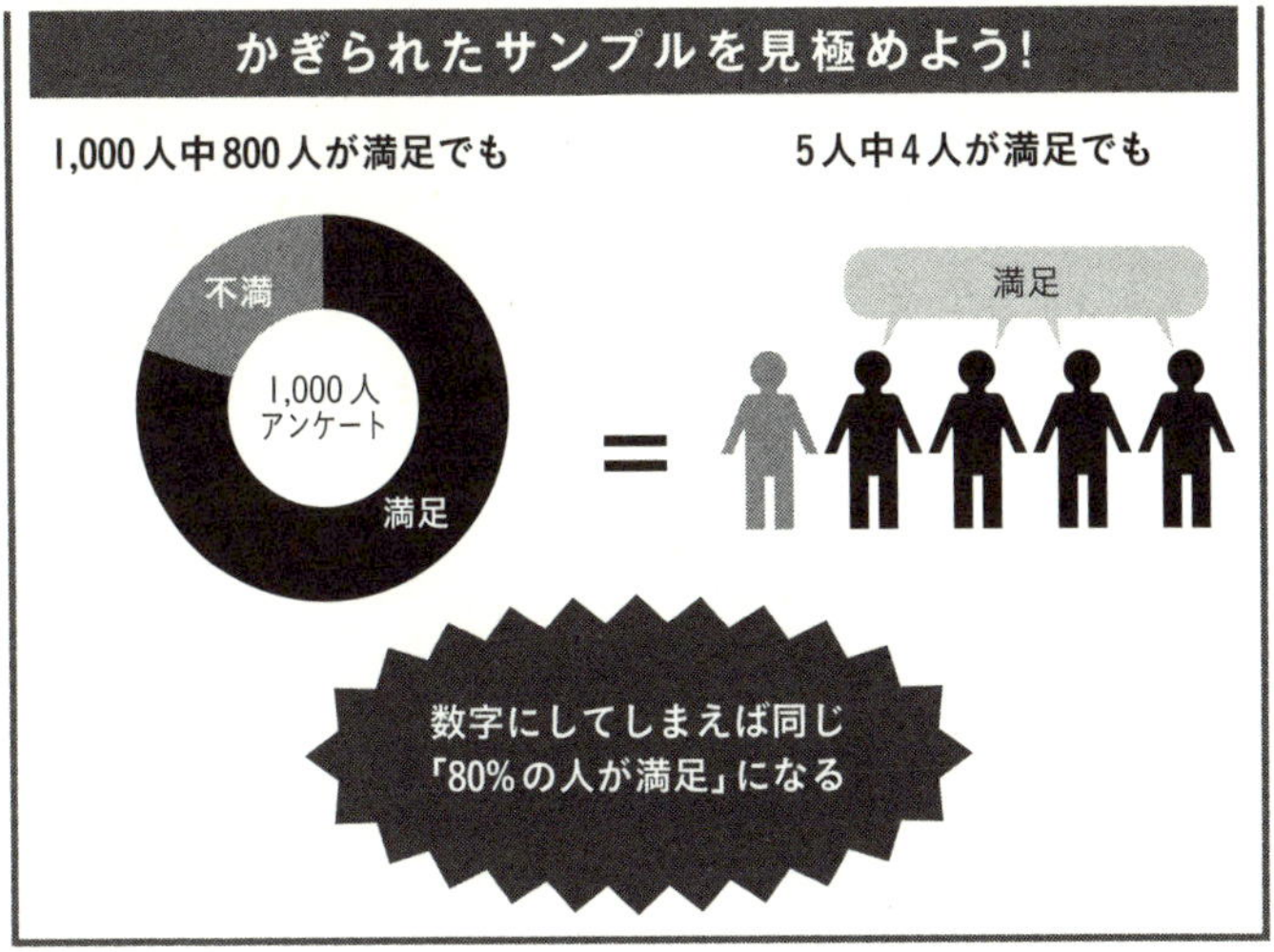
かぎられたサンプルを見極めよう!
1,000人中800人が満足でも
不満
1,000人
アンケート
満足
5人中4人が満足でも
満足
数字にしてしまえば同じ
「80%の人が満足」になる

の法則」と呼ばれる錯覚だ。同じように、宝くじ売り場の「この売り場から1億円が出ました！」というのも同じ法則で、当選回数の多さを表すものではないのだ。

消費行動にかぎらず、こういったアンケート調査の結果を参考にする場合は、サンプル数も併せてみないと参考にはならない。

経済の雑学

分母をきちんとみると
数字を正しく把握できる

専門学校の広告で「就職率98%！」といった広告がある。しかし、よくみると「就職を希望した生徒のうち」とあり、生徒全員の98%が就職したわけではないことがわかる。こうした表示は、健康食品や化粧品にもよくみられる。

少ないものが多くみえる数字のマジック

「ものは言いよう」を実感!?
数字のみせ方のテクニック

KEY WORD
比率、絶対値

比率でみせるか 絶対値でみせるか

「ものは言いよう」とはよく言ったもので。切り口を少し変えただけでモノの売上が面白いように変わることがある。たとえば、「90%の人が買っている」「30%引き」などと、比率でおトク度を表現するケースは非常に多いが、これを絶対値で表現してみると、がらりと視点が変わってしまうことがある。たとえば30%引きにしても、１万円の商品であれば「３０００円引き」と表示したほうが売れるかもしれない。「25%引き」とするより、「3個買ったら1個おまけ」のほうが効くかもしれない。

もっとも強烈な例は宝くじだろう。ジャン

ボ宝くじの場合、1等に当選する確率は0・00001%。この数字を見て買いたくなる人がいたら不思議なほどの確率の低さだが「40本当たる」と書いてあればどうだろう。自分もその40本当たるうちのひとりになりたい、ひょっとしてなれるのではないか、と思えてくるのではないだろうか。

数字にダマされないために必須の力

1 解釈する力

昨今は統計ブーム、ビッグデータブームにより、数字を根拠にしたコンテンツも多くなった。しかし誤認しやすいようにグラフを加工したり、有意な差がないのにあるようにみせるデータが多いのも事実である。統計の基礎知識くらいはおさえ、目の前の数字が果たして正しいかどうか疑ってかかるくらいの視点も必要だろう。

2 使いこなす力

顧客や交渉相手に理解を求めたり、説得を行ったりする場合には、数字は説得力のある強い味方となる。しかし、手元にいくらいいデータがあっても、それを使いこなす力がなければ意味はない。もちろん改ざんするなどあってはならないことだが、どの数字をどうみせるのかをその場に応じて考えたい。一貫性を持たせることも大切だ。

経済の雑学

デキるビジネスマンは数字に強い

能力の高い人は数字に対する感度が高い。計算ができるというよりも、論理的にものをみる基礎がしっかりしている。数字をどう使うと相手がどう受け取るか、という行動経済学的な視点は、これからますます重視されていくはずだ。

お金には「時間」という概念も大事

目先のトクに飛びつく人は「なかなか貯金できない……」と悩んでいる

KEY WORD 割引率

遠い将来より今が大事！人間とはそういう生き物である

マネー関連の話題で出てくる「割引率」という言葉をご存知だろうか。銀行などの金融機関に預けた場合、時間の経過とともに利子がつく。それを考慮した場合、現在のお金の価値と将来のお金の価値は異なるため、将来のお金の価値を現在のお金の価値に換算する際に用いられるのが割引率である。

ただ、実際問題として私たちは、理屈どおりに割引率を受け取ってはいない。たとえば、あなたは次のうちどちらを選ぶだろうか。

1．今すぐ1万円もらう

2．1年後に1万2000円もらう

1年後の1万2000円より今の1万円がいい！

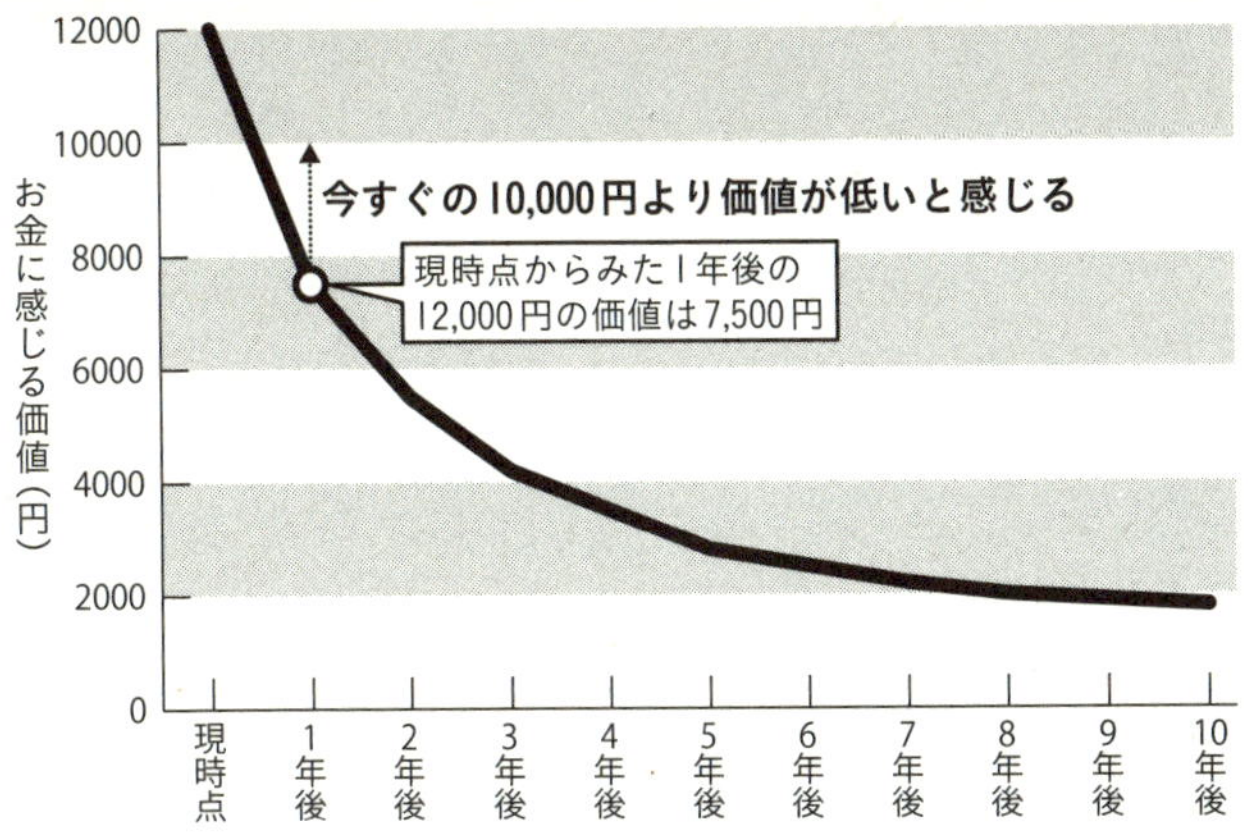
12000
10000
8000
6000
4000
2000
0
お金に感じる価値（円）
今すぐの10,000円より価値が低いと感じる
現時点からみた1年後の12,000円の価値は7,500円
現時点
1年後
2年後
3年後
4年後
5年後
6年後
7年後
8年後
9年後
10年後

2のほうが得であることは明らかなはずである。ただ実際は、1を選ぶ人が多いのだという。

銀行の割引率は一定だが、人が感じる割引率は現在に近いほど大きく、時間が経つにつれてゆるやかに低くなる。つまり、割引率が過剰に割り引かれて感じられるので、「今すぐ1万円ほしい」となってしまうのだ。

これはあくまで仮定の例だが、日常生活でも当てはまる話だ。クレジットカードで買い物をしすぎてカード破産をしてしまう人は、まさに目の前の欲に負けたことになる。また、数十年後にもらえるであろう年金のために、今、納めることが惜しく思われるといった心理にも同じロジックがはたらいている。

人は目の前の利益に弱い
それを利用した商品も

前ページでは理屈の割引率と心理的な割引率に差があることを述べたが、今度はビジネスという視点で考えてみよう。

より効果的にモノを売るためには、どうしたらいいのだろうか？　行動経済学の仕組みからいえば、もうおわかりだろう。目の前の代金を安くしてあげる、この方法につきるのだ。

目の前の代金が安くても、あとあと支払うことになる。人は理屈ではそうわかっていても、意識のなかではそれを割り引いて考えるようになる。一括支払いではなく長期の分割払いにすることで、そのモノやサービスの価格を安くみせるテクニックは常套《じょうとう》手段と言えるだろう。

街を歩いていれば、その例は至るところにみつかる。たとえば、総額よりも「月々の支払いは〇万円！」という文字のほうが大きく書いてある不動産の広告や「携帯電話本体が実質無料！」という携帯電話ショップのチラシ。これらに対して「そんなに安いなんて！」「無料⁉」と思ったら、もうカモ予備軍と言っていいだろう。

低価格データ通信サービスなどの加入をセットにした格安パソコンも同じ理屈だ。契約期間は2年間と定められており、そこでもとが取れる仕組みとなっている。もとを取る

前に解約されると困るため、契約期間中の解約には多額の違約金を求めるなど、いいとこ取りができないようにしているサービスも多いのだ。

世の中、そうそうオイシイ話はない。目の前の数字に踊らされず、しっかり調べてから加入を検討したいものである。

経済の雑学

英会話の勉強に挫折する理由

目の前の欲求に負けるのはお金だけではない。たとえば英会話の勉強。半年後からはじめようと張り切って教材を買ったものの使わなかった……という場合、時間が経つうちにサボって楽をする価値が優位に立ってしまったのだ。

目標や時間にとらわれて儲けを失う

実はタクシーは忙しい時間に走っていなかった！
経済学からみた非常識を読み解く

KEY WORD
目標仮説

タクシー運転手はなぜ儲かる日に早く帰るのか

アメリカで、タクシー運転手を対象とした調査が行われた。米カリフォルニア工科大学のコリン・カメレール教授たちによるもので、その結果は教授らを大いに驚かせた。なぜなら、タクシー運転手たちの働き方は、経済学的に最適と考えられる働き方とまるで逆だったからである。

タクシーは、天候やイベント、他の交通機関の影響など、さまざまな要素に乗車率が左右される。経済学的な観点からみれば、乗客が少ない日は早く切り上げ、乗客が多い日に多く働くことが労働時間ベースではもっとも合理的なはずだ。しかし実際には、タクシー

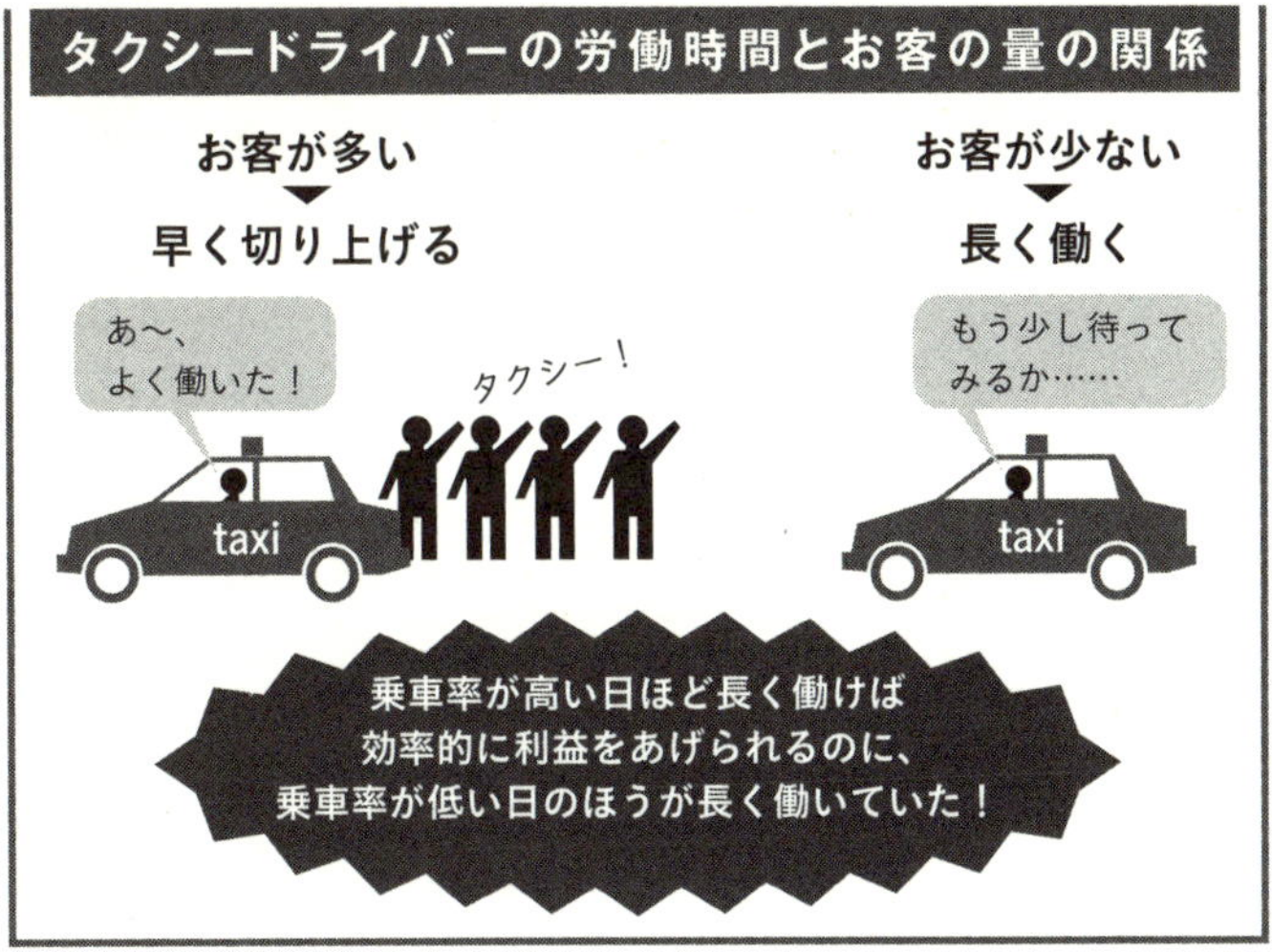
タクシードライバーの労働時間とお客の量の関係
お客が多い
早く切り上げる
お客が少ない
長く働く
あ〜、
よく働いた！
タクシー！
もう少し待って
みるか……
taxi
taxi
乗車率が高い日ほど長く働けば
効率的に利益をあげられるのに、
乗車率が低い日のほうが長く働いていた！

運転手たちは乗客が少ない日は長時間働き、多い日はさっさと仕事を切り上げていた。

　これは「目標仮説」という考え方で説明されている。すなわち、タクシー運転手たちは1日の売上目標をあらかじめ決めてあり、それを達成したら仕事を切り上げるようにしていた、という考え方である。それはそれでモチベーションの維持には貢献しているかもしれないが、経済的には不合理だ。

　このように、人はお金だけでなく、時間についても合理的な考え方が持てるとはかぎらない。そして、毎日のお金に切れ目を入れる（この例でいえば目標金額を設定する）ことで、儲けるチャンスを逃してしまっていることもあるのである。

競馬の夕暮れレースは大穴ねらいが集う

なぜわざわざリスクが大きい大穴に賭ける？
データでみるお金とココロ

KEY WORD
目標仮説

国債先物取引と競馬の意外な共通点

当たる確率は低いものの、もし当たったら大金を手にすることができる「大穴」。競馬をやったことがある人なら一度は手にしてみたい幸運だろう。実は、この大穴に関して面白い話がある。

競馬場では、どの賭け率の馬にどれくらいの人が賭けたのか、データをすべて取得している。それを分析してみたところ、最終レース近くになると大穴に賭ける人が顕著に増えることがわかった。平均的には損失を出すことがみえているのに、なぜ大穴をねらうのか。この解釈として有力と言われているのは、１日の賭けで損失を出さないことを目標にして

いるからだと言われている。ご存知のとおり、賭けそのものは五分五分でも、運営費などを引かれると利益を出せる人のほうが少ないのは自明である。負けている多数派がいっせいに最後のレースに賭けていると考えられるのだ。午前中に損をした人ほど、午後になると大穴をねらうこともわかっている。実は、同じような現象はシカゴの国債先物市場でもみられるそうだ。

もちろん、これは経済学的には合理的ではない。前ページで紹介したタクシー運転手の例もそうだが、1日のなかでお金の切れ目（目標金額）を設定したせいで、かえって損をしている可能性もあるだろう。大穴という夢を追う人に言うのも野暮かもしれないが。

経済学の格言

経済的発展において
最大の資源となるのは人間である。
経済を発展させるのは、
人間であって、
資本や原料ではない。

経営学者、社会思想家
ピーター・ドラッカー

第2章

経済学がわかれば仕事も思いのまま

行動経済学はマーケティングの成果をアップさせ、ビジネスの世界でライバルを一歩リードするのに、有効なアプローチとなるだろう。

「限定」と言われるとなぜかほしくなる

「数量限定」「売り切れ次第終了」などの文字をみるとほしくなる理由

KEY WORD
アンカリング効果

「限定」は合理的な判断のリミッターをはずす

「200名様先着」「本日限定」といった値札はうれしいものである。「○名様まで大幅割引」といったポスターを目にすると、買う予定がなくても足をとめてしまう人は多い。

行動経済学の観点からみれば、これは「アンカリング効果」という言葉で説明することができる。人は最初にみた言葉や数字を重要と認識し、その後の行動が影響を受ける。「アンカリング」とはアンカー、つまり船の錨《いかり》のこと。「限定なら価値ある情報にちがいない」というところで思考が固定してしまうのだ。

なぜ価値あるモノと思い込むのか。心理学的に分析すれば「限定を逃せば買えなくなる」

ビジネスで使える「アンカリング効果」

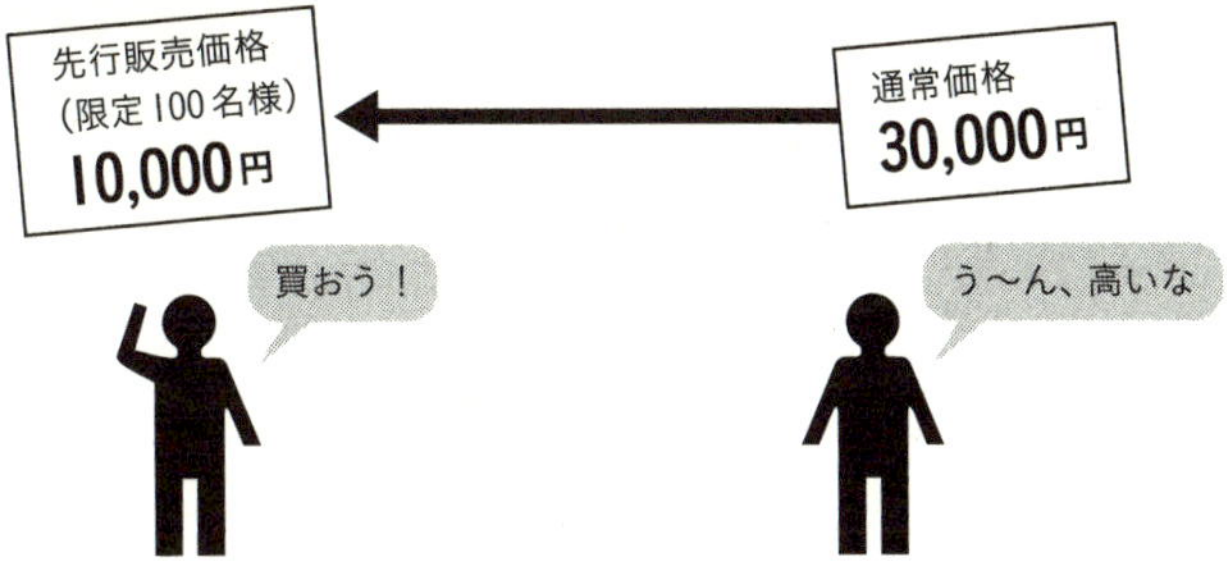
先行販売価格
（限定100名様）
10,000円
通常価格
30,000円
買おう！
う～ん、高いな

最初に3万円という言葉を聞いた時点でお客さんのほうは3万円がアンカーとなり、１万円が相対的に安く見える。
最初から１万円だと提示されていれば、価格に魅力を感じることはなかったはず。

というのは、「いつでも買える」という行動の自由を奪う情報である。そのストレスへの抵抗が「買う」ことに当たる。無意識のうちに、自分の自由を取り戻そうとしていると言える。加えてアンカリング効果がはたらき、もう「おトク」という視点でしかモノがみられなくなり、買ってしまうというわけだ。

経済の雑学

**焦りも加わって
さらに判断力が低下する**

タイムセールのように数量も時間も限定されているような場合は、焦りも加味される。ただ、実際にみるとさほどおトクでなかったり、必要でないものまで手に入れてしまうことは珍しくない。焦らず一歩立ち止まって考えよう。

１９８０円だと人は騙《だま》される

スーパーや量販店でみる妙にハンパな数字は
〝買いたくなる〟巧妙な仕掛けだった

KEY WORD
端数効果

その20円差で買う人が急増する

スーパーや量販店の値札は、２９９円、１９８０円など中途半端な数字が多い。３００円、２０００円としたほうが計算も簡単そうなのに、なぜわざわざ端数にするのだろうか。実は、端数にすることで受け手の感じ方がまるで変わってくるのだ。「この数字には何か意図があるはず」と、まず興味を引かれる。さらにいえば「限界まで引いてくれてるんだ」という印象も与えることができる。

これはフランスの心理学者ニコラス・ゲガンの実験でも明らかにされている。パンケーキを２フラン、１・９９フランという２つの価格で販売したところ、１・９９フランのほ

さまざまな小売店が使う「端数効果」

たった20円しか違わないのに
端数のほうがずっと安く感じてしまう！
閉店SALE!
1,980円！
閉店SALE!
2,000円！

2,000円や3,500円など「0」や「5」などのキリのいい数字は、適当に決めた金額だと感じ、「9」「8」などの端数のある数字は、意味のある金額だと勝手に解釈しようとする。
また日本では「8（八）」は末広がりで縁起のいい数字として、あらゆる小売店で使われている。

うが15％も多く売れたのだ。０・０１フラン下げただけで売上がアップするなら、売り手にとってこんなにオイシイ話はないのである。安さをウリにするなら迷わず端数価格。お客様にも「安く買えてよかった♪」と満足感を抱いてもらえるなら、どちらにとってもハッピーな話ではないだろうか。

経済の雑学

金額だけではない
端数効果テクニック

端数が気になってしまう心理は、金額にかぎらない。たとえば、遅刻常習者と待ち合わせをするときは、15時とするよりも14時50分としたほうが、気になる度合いが高まるので遅れにくくなる。そもそも守る意思があれば、の話だが。

高いモノ＝いいモノ、と人は考える

人は文字通り〝現金〟なもの。金額でしかモノを見ていない可能性も大である

KEY WORD
高価格の思い込み

値札が高ければいいものと錯覚する

洋服のバーゲンセールで行われた実験をご紹介しよう。素材も値段もほとんど同じような服を用意し、ひとつには高い値札をつけて、もうひとつにはそれよりも安い値札をつけた。そして、どちらも70％オフで売りだしたのである。どちらを買いたいと思うだろうか。

割引率は同じだから、同じような商品であれば安いほうを手に取りそうなものである。しかし人間は合理的な存在ではない、というのは第1章でさんざんご紹介した。そう、この場合もよく売れたのは高いほうだったのである。「高いほうがいいモノだと思った」というのが買った人の主たる理由で、いい（と

思う）モノを手に入れるなら割引後の価格差、数百円は気にならなかったのだ。

もちろん、普段販売している金額から大幅に高い値札をつけ、割引率を高く見せようとするのは景品表示法違反である。買う側としては、商品そのものをよくみて、本当にいいモノを選びたいものだ。

経済の雑学

利き酒実験でわかった恥ずかしい心理

心理学の実験で、数種類のビールを用意して利き酒が行われた。すると、味や質よりも値段が高価なモノが高級ビールと判断された。値段が味覚に影響するとは、ある意味幸せなようにも思えるが、被験者は恥ずかしかったであろう。

見積もり金額は高めに設定が鉄則

いつも値下げ要求をしてくる顧客には
行動経済学の知識で対応しよう

KEY WORD
アンカリング効果

最初に提示する金額がすべてのキモとなる

小売り業におけるアンカリング効果について述べてきたが、営業職やディレクター職など、見積もりを相手に提示するようなシーンでも「アンカリング効果」を活用できることにお気づきの方は多いであろう。すでに使っている方もいるかもしれない。

アンカリング効果とは、最初にみた数字や情報に、その後の行動が影響を受けることはすでに述べた。ということは、少し高めの見積もりを出しておいて、過剰な値引き要求をされてもこちらの懐が痛まないようにしておくのである。

もちろんやりすぎれば信頼性の低下につな

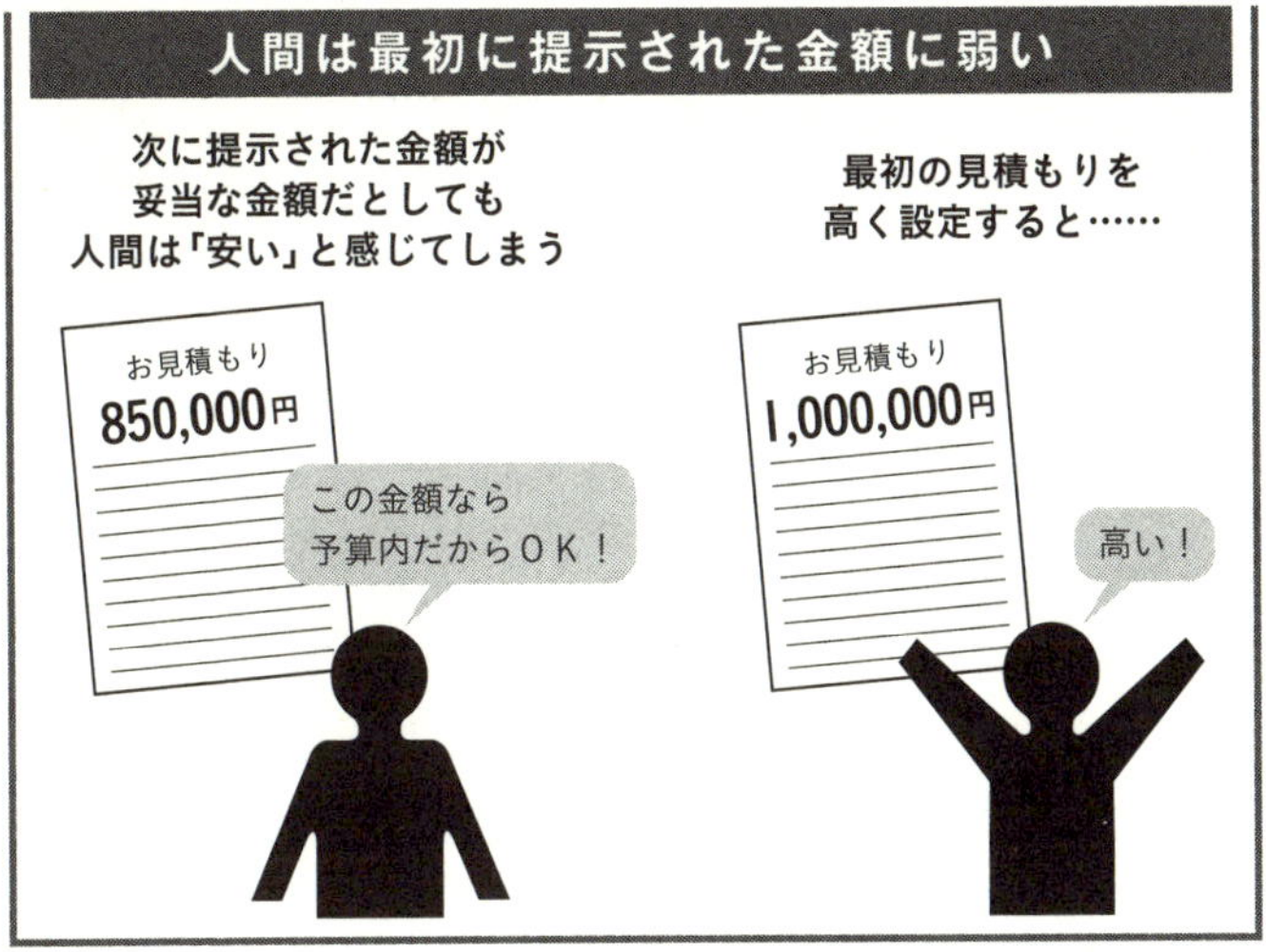
人間は最初に提示された金額に弱い
次に提示された金額が
妥当な金額だとしても
人間は「安い」と感じてしまう
最初の見積もりを
高く設定すると……
お見積もり
850,000円
この金額なら
予算内だからＯＫ！
お見積もり
1,000,000円
高い！

がるし、そもそもフェアな取り引きができる顧客であれば、わざわざ高めの設定をする必要もない。ただ、企業間の競争が激化するなか、過剰な値下げを求められるケースも少なくはない。そんなときの〝奥の手〟として、アンカリング効果を使うという手段も覚えておくといいだろう。

経済の雑学

**人気があるモノは
ほしくなる**

「話題の」「人気の」といった言葉に引かれて、買い物をしたことはないだろうか。これは心理学で「バンドワゴン効果」と言われるもので、皆の支持を得ているモノを選びたくなることを指す。これもアンカリング効果の一種である。

「大切なモノ」は他人にはゴミ同然！

オークションやフリーマーケットで、自分が思ったほど値がつかないのは？

KEY WORD
現状維持バイアス
損失回避性

自分の「大切なモノ」は他人にはどうでもいいモノ

ネットオークションに自分の持ち物を出したり、フリーマーケットに参加したりしたことはあるだろうか。「思ったより高く売れた」という人がいる一方、よく聞かれるのが「思ったほど値段がつかなかった」「タダでやっとさばけた……」といった悲嘆の声である。

経済実験によれば、人は一定期間モノを所有すると愛着がわく。大切にしていたモノならなおさらだろう。だから売り値として考える額はそれなりに高くなりがちだ。これは「現状維持バイアス」という言葉で説明できる。人はいったん何かをはじめると、それを変えることに抵抗を感じるという心理を表す言葉

だ。つまり、内心は売り惜しむ気持ちがはたらくのである。

この現状維持バイアスは、買う側にも起こる。現状を変える（モノを買う、お金を使う）には抵抗が生じる。となれば、それを突破してもいいと思えるほど、モノがよくて買い値が低くないと買わないのだ。

経済の雑学

インフルエンザ対策にも!?
身近な現状維持バイアス

現状維持バイアスの身近な例として、インフルエンザワクチンの接種がある。一度受けると何も考えず受け続ける人が多いが、ワクチンを接種しない変化によって生じる、インフルエンザ感染のリスクを避けることを自然と選んでいるのだ。

モノを失う悲しみは手に入れるときの2倍!?

前ページではモノを失うときの「惜しい」という気持ちについてふれた。人は何かを失うときに苦痛を感じるが、これは何かを得て満足するときの2倍強く反応するという心理で「損失回避性」と呼ばれている。だから、売る場合には買う場合の2倍以上の対価を求めるのだ。前述した「現状維持バイアス」という現象は、この損失回避性の結果に起こるものである。

ここで視点を変えてみよう。モノに着目するのではなく、お金に着目して考えるのだ。モノを売る人にとっては、お金を受け取るので利得である。反対に、買う人にとってはお金を払うので損失となる。

モノに焦点を当てた冒頭の説明では、モノを売る人が苦痛を2倍感じるという現象がみられた。一方、お金に焦点を当てて考えてみると、今度はモノを買う側の人が2倍の苦痛を感じる、という考え方ができる。となると、売る側にとっては満足感は小さいので、相対的に売り値は高くなるのだ。

損失と利得ととらえ、売る側・買う側の判断基準に着目する。市場でモノがどういうふうに動いているのか、どのように経済は流れているのか？　モノを買うことを単なる等価物の交換と考えていてはみえなかったことがみえてくるだろう。

売り値は買い値より高くなってしまう謎

モノを売る＝損失　モノを買う＝トク

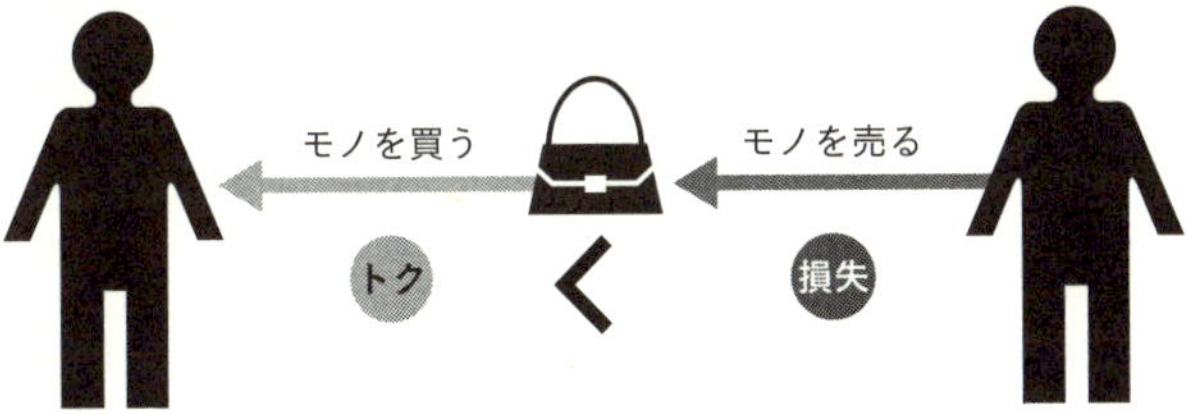
モノを買う
モノを売る
トク
く
損失

損失は利得の2倍以上もの大きな苦痛を与えるため、売るほうは買う場合よりも2倍以上の対価を請求したくなる。

お金を支払う＝損失　お金を受け取る＝トク

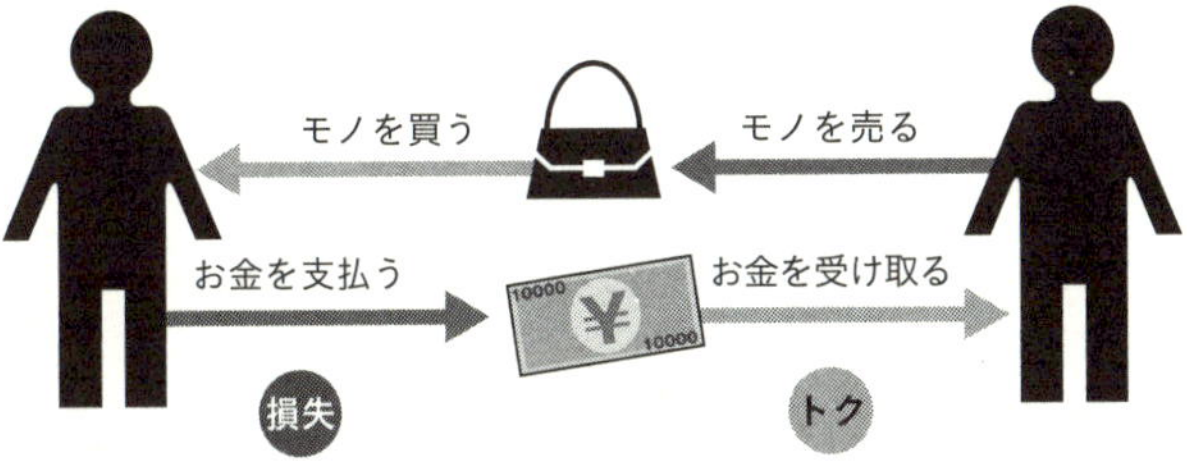
モノを買う
モノを売る
お金を支払う
お金を受け取る
10000
¥
10000
損失
トク

損失の不満足感は大きいため、買うときは自分にとって価値の高いモノでなければならない！

↓

相対的に買い値が安くなる

利得の満足感は小さいため、売るときは自分にとって価値の低いモノでなければならない！

↓

相対的に売り値が高くなる

流行の仕組みをビジネスに活かそう

流行り・廃《すた》りはどうして起こるのか？
流行の仕組みを読み解こう

KEY WORD
イノベーター理論

自分のビジネスでは
どの層をねらっていくか

スマートフォンやキャラクターグッズなどの人気商品は、わざと出荷量をおさえ「買いたいけれど手に入らない！」と枯渇感を煽《あお》る「品薄商法」を疑われたメーカーもあるほどだ。

流行の仕組みは、「イノベーター理論」によって説明されている。左図のように商品購入の早い順に5段階に分類し、どの層に向けて製品を展開していくか、どう情報発信をしていくかなどが検討され、ブームを〝つくる〟ことに力が注がれる。イノベーターに「みんなが喜ぶ」ものを差し出してもダメだし、レイトマジョリティに「日本未発売！」とアピールするのは間違いなのだ。

流行を次々と生むイノベーター層

イノベーター理論とは1962年に米・スタンフォード大学の社会学者、エベレット・M・ロジャース教授が提唱したイノベーション普及に関する理論で、商品購入の態度を新商品購入の早い順に5つに分類したもの。

1 イノベーター（Innovators：革新者）
冒険心にあふれ、新しいものを進んで取り入れる。

2 アーリーアダプター（Early Adopters：初期採用者）
流行に敏感で、情報収集を自ら行い、判断する人。ほかの消費者層への影響力が大きい。

3 アーリーマジョリティ（Early Majority：前期追随者）
比較的慎重な人だが、新しいものを取り入れるのは平均より少し早い。

4 レイトマジョリティ（Late Majority：後期追随者）
比較的懐疑的な人。周囲の大多数の行動を見てから同じ選択をする。

5 ラガード（Laggards：遅滞者）
保守的な人。流行に関心がなく、伝統的なものを好む。

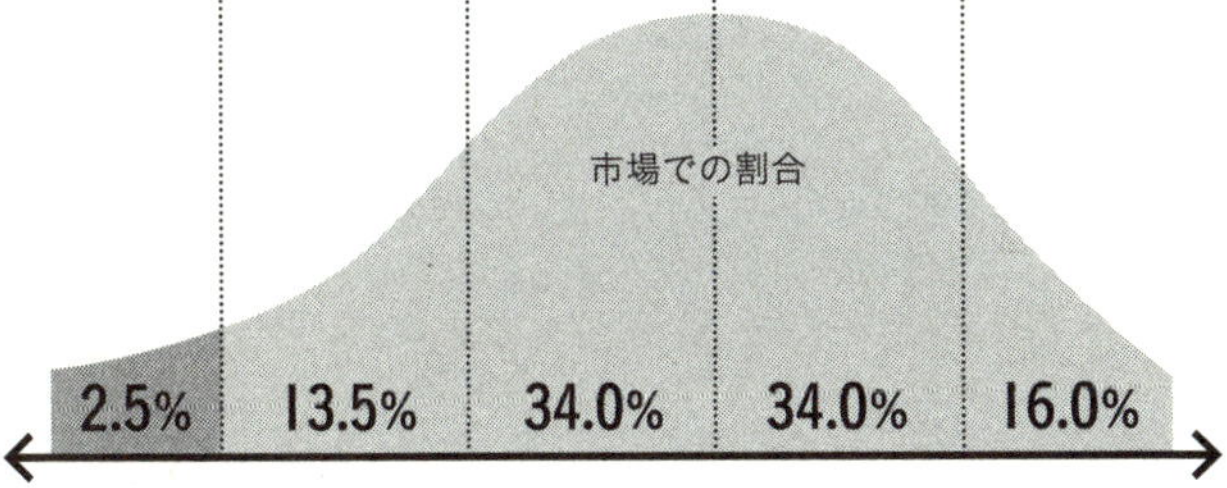
市場での割合
2.5%
13.5%
34.0%
34.0%
16.0%

周囲とは違っていたいタイプ

周囲とは同じがいいと思ったり、憧れの存在に近づきたいと思うタイプ

周囲のことはまったく気にならないタイプ

「今」に流されると儲けは少ない

時間を制する者はお金を制す!?
本当かどうか経済学で考えてみよう

KEY WORD

時間選好率
現在思考バイアス

人は今を充実させたがるもの 時間のワナをおさえておこう

今、あなたの目の前に10万円が置かれたとしよう。その10万円は1年後にあなたのものになるが、もし今ほしいのであれば9万円で手にすることができると言われた。あなたならどうするだろうか？

人間は同じトクをするのでも「今」のほうにより価値を感じるものである。したがって、今9万円を手にするほうを選ぶ人が多いことがわかっている。

将来、手にいれるよりも今、消費することを選ぶ割合を「時間選好率」という。時間選好率が低い人は将来的な消費を重視し、高い人は「今この瞬間」の消費を重視する。

時間は一定ではない「双曲割引」

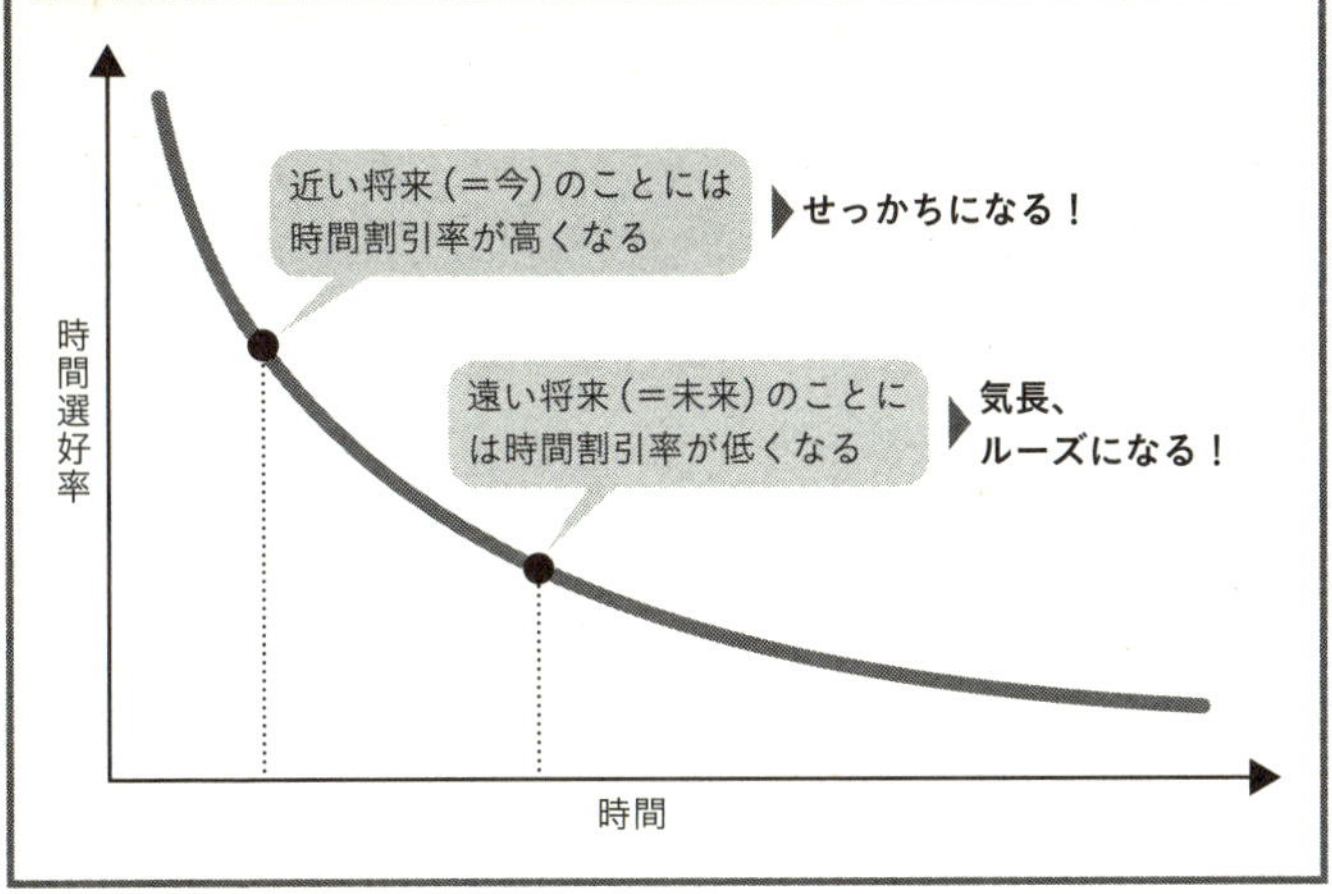
近い将来（＝今）のことには
時間割引率が高くなる
せっかちになる！
遠い将来（＝未来）のことには時間割引率が低くなる
気長、
ルーズになる！
時間選好率
時間

たとえば、時間選好率の高い人の場合は、何かがほしいと思ったら利子の分だけ損をするとわかっていても、借金をしてそれを手にいれようとするタイプだ。時間選好率が低い人であれば、たまるまで待ってから現金で一括払いするだろう。

この時間選好率は、出来事が先であればあるほど気長になれる。逆に、出来事が近いほどせっかちになる。将来よりも今を重視することを「現在思考バイアス」といい、これによってムダな出費をしている人は少なくない。

この時間選好率を有利に使っているのがサービス業だ。「急ぎの注文なら○○円増し」といったように、時間選好率の高い人に向けたプランを設けるのである。

「今すぐ」に弱いのは仕事でも同じこと

人は先々のことよりも、目の前のことを優先しがちである。これを「現在思考バイアス」と呼ぶことはすでに述べたが、実は経済に関することばかりではない。仕事の進め方から日常生活まで、広くかかわりのある現象なのである。

たとえば、何に対しても「検討します」と言って、決断を先延ばしにする人はいないだろうか? 結果としてギリギリになって周囲がとばっちりを食うのだが、ここに「現在思考バイアス」がはたらいているのだ。つまり、何かを判断したり、決定したりするには多少なりともストレスがかかる。そこで、とりあえず今は楽ができる選択肢=先延ばし、を選んでしまうということだ。

また、人は近い将来ほど楽しい面をみるが、時間が経つほど楽しそうに思えないという傾向もある。だから「今、多少の苦労を決定して先々楽にする」ということよりも「目の前の楽! イエー!!」となってしまうワケである。

もちろん、時間選好率は「選んで終わり」ではないところは、誰もが理解しているところであろう。経済学の観点からいえば、「将来よりも今が大事」というのは理にかなっているとも言える。

たとえば目の前では多少損をしても、お金

を手にいれるとしよう。それを資産運用すればば利子がつく。10万円を9万円で手にいれた場合、そこまで利子で取り戻すのは難しいかもしれないが、それを元手にビジネスをしたり、将来への投資ができるかもしれない。あくまで概念として、経済学を身近なところで活かすヒントにしたい。

経済の雑学

環境問題や年金問題も!?
現在思考バイアスの罠

現在思考バイアスは環境問題にも及ぶ。CO_2の排出量が環境に悪影響とわかっていながら、目の前の快適さを優先してしまう場合だ。年金の未払いについても、将来より今、お金を使ってしまうという同じ理屈で説明することができる。

社員の士気を高めるスローガン

スローガンはただのキャッチコピーにあらず、社員の士気を高める魔法のフレーズ！

KEY WORD **フレーミング効果**

社員を一致団結させる言葉のチカラ

表現の仕方や枠組みの違いによって、ものの判断や選択、行動に影響を及ぼすことを「フレーミング効果」と言う。第1章でもたびたびふれてきたが、ここでは企業のスローガンという観点から考えてみよう。

まずＣＤの販売などを行う「タワーレコード」。この会社のスローガンはコーポレート・ボイスと呼ばれる「ＮＯ ＭＵＳＩＣ，ＮＯ ＬＩＦＥ」である。ウェブサイトでは〝音楽があることで気持ちや生活が豊かになる〟と表現され、単なるモノではなく、豊かさの一部を提供していることを表している。お客さんはもちろんのこと、社員にとっても音楽へ

の熱い思いを奮い立たせるはずだ。

身近なコンビニエンスストアに目を向けてみよう。「ファミリーマート」は「あなたと、コンビに、ファミリーマート」。「セブン－イレブン」を展開する「セブン＆アイ」では、「近くて便利」というキーワードをよく使用している。どちらも、私たちの日常というフレームから、互いの立ち位置をアピールしているのである。これらのスローガンは店内で放送されたり、パンフレットの見出しに使われたりと、常に目にふれるところにある。それによって、アルバイトの一人ひとりにまで企業の〝思想〟を浸透させ、行動規範となりえていることが推測される。これもまたフレーミング効果のなせるわざと言えるだろう。

イチローから学ぶ成功の哲学

日米通算４０００安打以上を達成！
強いワケを行動経済学で分析してみよう

KEY WORD
損失回避
上昇選好

強さの秘密は目標の立て方!?

優れた野球選手は何人もいるが、中でもトップといって間違いないプレーヤーのひとりがイチローだろう。２０１３年に日米通算４０００安打を達成し、現在でも更新中だ。

野球の打者は打率、打点数、本塁打数の３つの記録において評価される。もっとも注目が集まるのは打率だが、イチローはやや地味な安打数を目標にプレーしている。

行動経済学的に言えば、これは非常に正しい選択である。プロスペクト理論の損失回避という考え方に基づいて考えると、人は何かを得ることで感じる喜びよりも、失う痛みのほうが2倍以上強く感じる。打率を目標にす

ると、波があれば下がるし、打率が高くなればなるほど維持するのが難しくなる。一方、安打数は打てば打つだけ成績が上がり、決して下がらない。つまり、痛みを感じることがないのだ。メンタルが強いと言われるイチローだが、安打数を目標にしたのも勝因に一役買っているのではないだろうか。

経済の雑学

スポーツ新聞は読まない!?
イチローの強さの秘密

スポーツ新聞は選手の調子がよいときは持ち上げ、悪いときは扇情的に書き立てる。こうしたもので心が揺れることのないよう、イチローは一切スポーツ新聞を読まないそうだ。これもメンタルを正常に保つひとつの手段である。

イチローからの学びをビジネスに活かそう

イチローが打率ではなく、安打数を目標にプレーをしていることが、行動経済学的には非常に理にかなったものであることはすでに述べた。

では、これを私たちの毎日に活かすにはどうしたらいいだろうか。

ビジネスマンであれば、売上や契約数など、さまざまな指標が達成すべきものとして掲げられる。会社によっては、部内の売上高をグラフにしたり、利益率を張り出したりすることがある。これらは有用な数字であることには変わりはないが、ほかの人の頑張りや、コスト削減の工夫なども絡んでくるため、努力に対して確かな手応えというものは感じにくいであろう。また、仮に成績不振者がいる場合、痛みはおろか恨みも感じてしまうことになりそうだ。

イチローのように、常に喜びを感じ、メンタルを強く保てる目標を立てるときにポイントとなるのが「上昇選好」である。これはものごとが連続して起きる場合、時間の経過につれて満足の度合いが増していくことを好むことだ。そう、まさにイチローにとっての安打数である。

営業マンであれば契約数や、自分だけの売上記録がある。自社のサービスや理念に合わせた目標を設定してもいいだろう。頑張れば

目標設定にオリジナリティを持つことが成功のカギ
イチローから学ぶ
サラリーマンの
目標設定
契約数
売上高
利益率
売上記録
……etc.
達成しやすいシンプルな
数字を掲げることが大事！

頑張るほど伸びていく、シンプルな数字を設定するのが鉄則だ。可能であれば、グラフなどみえる形にするとより達成感、満足感は高まる。

ただし、残業時間や徹夜の数を目標にするのは避けたほうがいい、というのは言うまでもない話である。

経済の雑学

**イチローといえば
朝カレー……じゃない!?**

イチローといえば毎朝カレーを食べているという逸話が有名になり、ブームを巻き起こした。しかし現在はすでにやめており、そうめんや食パンを食べているという。そのときの自分に必要なものを選んでいるということか。

無料《タダ》より高いものはない

「初回無料」「無料相談会実施」
あれってどうやって儲けているの？

KEY WORD
無料サービス

無料＝カモ集め
ワナにはまらないようご注意を

保険に加入する、趣味でおけいこごとに通う、大きな買い物をする……。私たちは常に「選択」をしながら生きているが、実は無意識のうちに大きなストレスがかかっている。仮に損をしたらどうしよう、というのは誰でも気になるからである。

この心理をついたのが「無料」サービスである。さまざまな保険を取り揃えた無料相談窓口、無料で参加できるプレマイベント……さまざまな無料イベントが開催されている。

しかし、民間の営利企業がやっているこれらのサービスは、ボランティアで開催してい

「無料」の陰にはコストが隠れている

隠れたコストが
上乗せされている！
相談料
手数料
…etc.
今なら
無料！
おトク!!
安い！

るわけではない。いわば、自社製品にたくみに勧誘しつつ、人生の節目節目で一生使えるカモリストを手に入れているのだ。かかった経費は、それらの商品の上に乗せられている。

また、ゴルフレッスンなどの体験レッスンは「こんなにしてもらったのだから」とそのメーカーの商品を買ってしまうことも多い。

経済の雑学

**無料でくれたからいい会社!?
思い込みの不思議**

プレママイベントでミルクのサンプルやおもちゃをもらうなど、おみやげが配布されることも多い。無料であることに感動して、そのものの価値を過剰に感じてしまうこともある。結果、多少高くても買うといった行動に陥るのだ。

高額商品の広告は購入した人のため

「やっぱり買ってよかった」と感じるため、人は広告を見ることもある

KEY WORD

確証バイアス

商品により綿密に仕組まれた広告

ＣＭに行動経済学や心理学の知識が多用されているのは語るまでもないが、特に高級車などの高額商品の場合、「これからお客さんになってくれる人」だけに向けてＣＭが展開されているわけではないことをご存知だろうか。調査では、一番熱心にＣＭをみていたのは購入したばかりの人だというデータもある。いくら気に入って購入した車とはいえ、人は損をしたのではという不安を常に抱えている。それを「やっぱりいい車だ！　自分は間違っていなかった!!」と思うからみるのが「確証バイアス」である。こうしてカスタマーロイヤリティ（顧客忠誠度）を高めれば、顧

自分に都合のいい「確証バイアス」

高かったけど、やっぱり
この商品を買ってよかった♥
夢の高級車

さまざまな情報のなかから、無意識のうちに自分に都合のいい情報、自分の主張を後押しするような情報ばかりを集めてしまう。

客は離れることはない。

一方、比較的低額な日用品の場合は、暮らしになじみのあるものほど、子ども時代から慣れ親しんだブランドに引かれる傾向がある。新規顧客獲得よりもロイヤリティ維持のため、安心感のあるＣＭで好感度を高めることが多いのだ。

経済の雑学

高額商品を買った不安をごまかす「確証バイアス」

「本当にこの車でよかったのか」という不安を消すために広告をみるのは「確証バイアス」という心理現象を求めてのことである。自分にとってよい情報を集めて「自分の選択はやっぱり正しかった」という確証を得るのだ。

会社は一番〝不合理〟な組織である

人が集まれば集まるほど効率がよくなり仕事を進めやすくなる……は、ただの幻想

KEY WORD

ヒューリスティック

利益を出そうと頑張ると不合理になるおかしな組織

ものの考え方には、大きく分けて2つある。まずひとつ目は、論理的かつ段階的にものごとを考えていく方法で、確実に答えが決まっているものを導く方法だ。アルゴリズムとも呼ばれる。一方、これまでの経験や知識から、あれこれと論理的に検証をする手間を省き、効率よく最適な結論を素早く導き出す方法もある。これを「ヒューリスティック」という。ビジネス、特に現代のような変化の激しい競争社会では、とにかくスピード感を持って、効率よく動くことが必要不可欠だ。いかに時間をかけて丁寧に、心を込めて優れた製品やサービスをつくるかということは大切だが、

「ヒューリスティック」が会社を不合理な組織にしている!?

ヒューリスティックとは、合理的かつ短絡的に問題を解決するための思考。社員全員がこの思考を持ち合わせていれば一見、会社が合理的になりそうだが、ヒューリスティックが各々違うため、不合理な組織へとなってしまう。

Aの方法が
合理的！
Bの方法が
合理的！
Cの方法が
合理的！
Dの方法が
合理的！
全員一致の合理的な手段は存在しない

それも過剰になると経営が傾く。

そのために必要なのがヒューリスティックなのだが、経験や知識をベースにしているだけあって「私にとっての常識」は一人ひとり異なっている。それだけに、人が集まれば集まるだけ混乱は増え、会社はどんどん不合理になっていくのだ。

経済の雑学

利益をあげようと思うと
おかしな方向にいく

会社において利益をあげることはもっとも大切なことである。ただ、いきなり利益のことしか考えないのでは、人間は不合理なほうにしかいかない。それよりも効率と合理性を高めるほうに集中したほうが、利益につながるだろう。

上司に企画を認めてもらう鉄板ルール

上司を突破するには企画力だけではダメ！
アピールする技術も覚えよう

KEY WORD
ヒューリスティック

ヒューリスティックの罠に上司をハメろ

上司に企画書を出したり、説明をしたりする際、難癖をつけられたり、「君の説明はよくわからない」などと突っぱねられたりすることはないだろうか。実は、こういった場合でも行動経済学の仕組みを取り入れるとグッと通りやすくなる。

その方法とは、上司のヒューリスティックを活用することだ。ヒューリスティックとは人が意思決定をしたり判断を下したりするときに、これまでの知識や経験を活かして素早く求める答えを得る方法を言う。この場合は、上司がいつもどのように考え、どのように答えを導き出しているかをリサーチし、それに

「ヒューリスティック」で上司に認めさせる

上司が打ち合わせや、部下に指示を出すときに頻繁に使っている言葉を観察し、上司のヒューリスティック思考を探ろう。

この商品には重要な
ポイントが３つあります！
ふむふむ……
具体的なポイントを完結にまとめる
プレゼン方法が好きなのか
上司

そったやり方で自分の案を提案するのだ。

　上司が顧客視点を重視しているなら、顧客視点を盛り込む。３つのポイントにまとめる、といった簡潔なまとめ方が好きなら真似る。最初から上司の経験にしっくりくるものを用意しておけば、通りやすいのだ。もちろん、企画そのもののよし悪しも大事だが。

経済の雑学

上司に好かれると
企画は通りやすい

上司だって人間である。好き嫌いが仕事に影響することもあるだろう。それを防ぐためにも、普段から好かれておくと便利だ。心理学的に有効なのはホメること。「好意の返報性」という現象が生じ、好かれやすくなる。

上司は後から文句を言うものである

「どうして事前に見抜けなかったんだ！」と理不尽なことを言われたらどうするか

KEY WORD
後知恵バイアス

後からガタガタ言う上司にはトラブルは防げない

ビジネスでは、ときに予期しがたい失敗も起こる。そんなときに「そうなると思っていた」「相手とコミュニケーションできていなかったんじゃないのか」などと、後からどうにもならない文句をつけてくる上司の話は非常に多いようだ。これは起こってしまったトラブルに対し、実は最初から起こる可能性が高かったと感じられる「後知恵バイアス」という歪んだ認識がはたらいているからと考えることができるだろう。

後知恵バイアスにとらわれる上司の特徴は、自分の思い込みだけで因果関係を成り立たせること、正しい現状認識ができていないこと

にある。

起こってしまったことは何でも、原因は単純にみえる。ただ、事情はそればかりではないはずだ。再発やより大きな事故の発生を防ぐためにも、ただの犯人探しに終わることなく原因を究明していくのが正しい仕事の進め方である。

経済の雑学

後知恵バイアスを
どう防ぐか

単純思考の持ち主は煮ても焼いても役に立たない。が、過剰に因果関係を単純化されると解決にならない。現状を示し、原因として考えられることを具体的に示し、上司に理解させる。ダメな上司には少しずつ己の非に気づかせるしかない。

人事の不思議～人は人を評価できるのか

「自分はもっと評価されていいはず」と思う人があとを絶たないのはなぜか？

KEY WORD
寛大化傾向、厳格化傾向、自己投影効果ほか

人事制度は勘違いの塊のようなもの

人事評価に不満を持ったことがないという人がいれば、その人はとても幸せな人と言えるだろう。それくらい、世の中には人事への不満があふれ返っている。なぜなら、人が人を評価する限り、そこにはバイアス（偏り）が入るからだ。

たとえば、評価する人が部下に好かれたいと思う気持ちがあると、評価が甘くなる「寛大化傾向」が現れる。逆に評価者が自分基準で判断すれば「厳格化傾向」が現れる。「自己投影効果」といって、無意識のうちに自分と似た部下を高く、似ていない部下を低く評価することもある。

勘違いから生まれる人事評価
自信過剰バイアス
人事評価のバイアス
●寛大化傾向
●厳格化傾向
●自己投影効果
●中央化効果 5段階評価の3に評価が集中する
●ハロー効果 出身大学などにより評価が高まる
上司（他人）の評価と自分の評価が違うため不満が残る

一方、評価される側にもバイアスはある。

人は自分自身の能力を平均よりも高く見積もりがちなことが実験で証明されている。これと受けた評価が噛《か》み合わないと「評価されていない！」と判断してしまうのだ。

お互い様と言えるような言えないような……、だから人事はモメるのである。

経済の雑学

自信過剰バイアスには何を言ってもダメ！

自信過剰バイアスの強い人は、実際より高い評価なら天狗になり、低い評価だと不満を抱えて攻撃的になる。どちらにしても悪いほうに転ぶのだ。ときに自分を冷静に振り返り、自信過剰バイアスがないか確認したいものだ。

仕事が楽しくなる正しいやる気の出し方

やる気スイッチはつくれる！
イキイキと働くポイントをつかもう

KEY WORD
内発的動機づけ

内発的動機づけで仕事は楽しくなる

仕事が楽しくて楽しくて仕方がない、という人はこのページを読み飛ばしていただいてかまわない。が、もし「どうもやる気が出ない」という悩みを抱えているようであれば、参考になるだろう。

心理学的にみると、やる気には「外発的動機づけ」「内発的動機づけ」の2種類がある。前者は報酬や命令によるやる気で、後者は「やりたい！」と自分の中からわき上がってくるようなやる気だ。

実は、外発的動機づけは、残念ながら長続きしないやる気である。楽しくやる気を出すなら「内発的動機づけ」が欠かせない。その

やる気を高めるには2つの方法がある

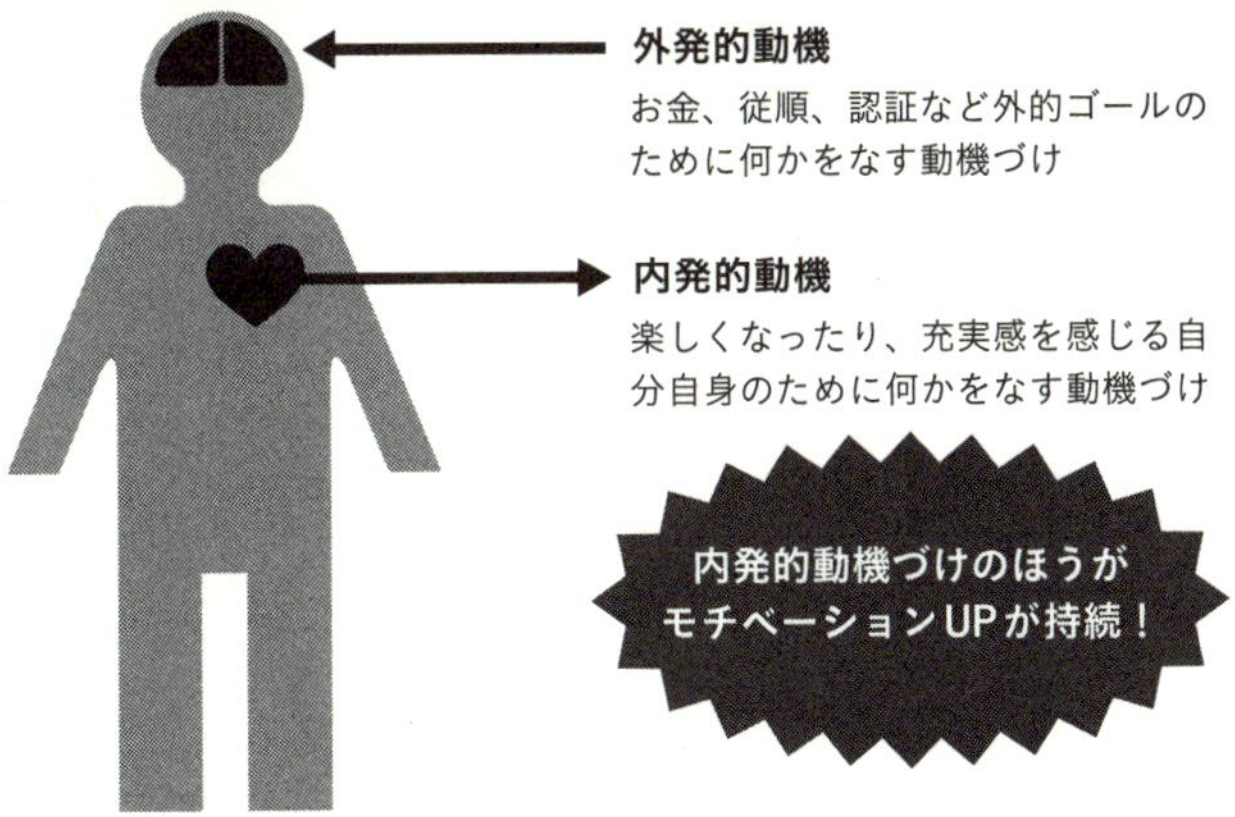
外発的動機
お金、従順、認証など外的ゴールのために何かをなす動機づけ
内発的動機
楽しくなったり、充実感を感じる自分自身のために何かをなす動機づけ
内発的動機づけのほうがモチベーションUPが持続！

ためには、仕事そのものにやりがいを見出《みいだ》すことが大切だ。目標を決めたり、意図して楽しみを探したりするのは非常にいい方法だろう。そうして立場も上がってくれば裁量権も増え、それがさらに内発的動機づけを高めることになる。結局、自分のやる気を高めるのは自分の心がけしだいなのだ。

経済の雑学

「自分へのごほうび」は やる気アップになるか

「自分へのごほうび」を設定し、それを楽しみに仕事を頑張っている人は少なくない。ただし、これは外発的動機づけになる。これで満足できるならいいのだが、内発的動機づけを探してみると、より前向きと言えるだろう。

だから経費削減は失敗する

社員を疲れさせるだけの経費削減失敗例を行動経済学的に分析する

KEY WORD
ヒューリスティック

思いつきでやるから失敗する

企業にとって経費削減は切実な問題である。本来ならば業務プロセスを効率化することがセオリーなのだが、実際の現場ではそこまで手間と時間のかかることはなかなかしないようだ。代わりに「早くやるのはいいことだ」とばかりに、身の回りの小さなことからうるさく口出しがはじまる。たとえば「タクシー禁止」「カラーコピー禁止」「交際費は削減」あたりが定石だろうか。

多少の効果はあるかもしれないが、複雑な電車の乗り継ぎに交通費申請の手間が追いつかなかったり、「ミスプリントが増えた」などと社員の手間が増えるばかりで、効果は

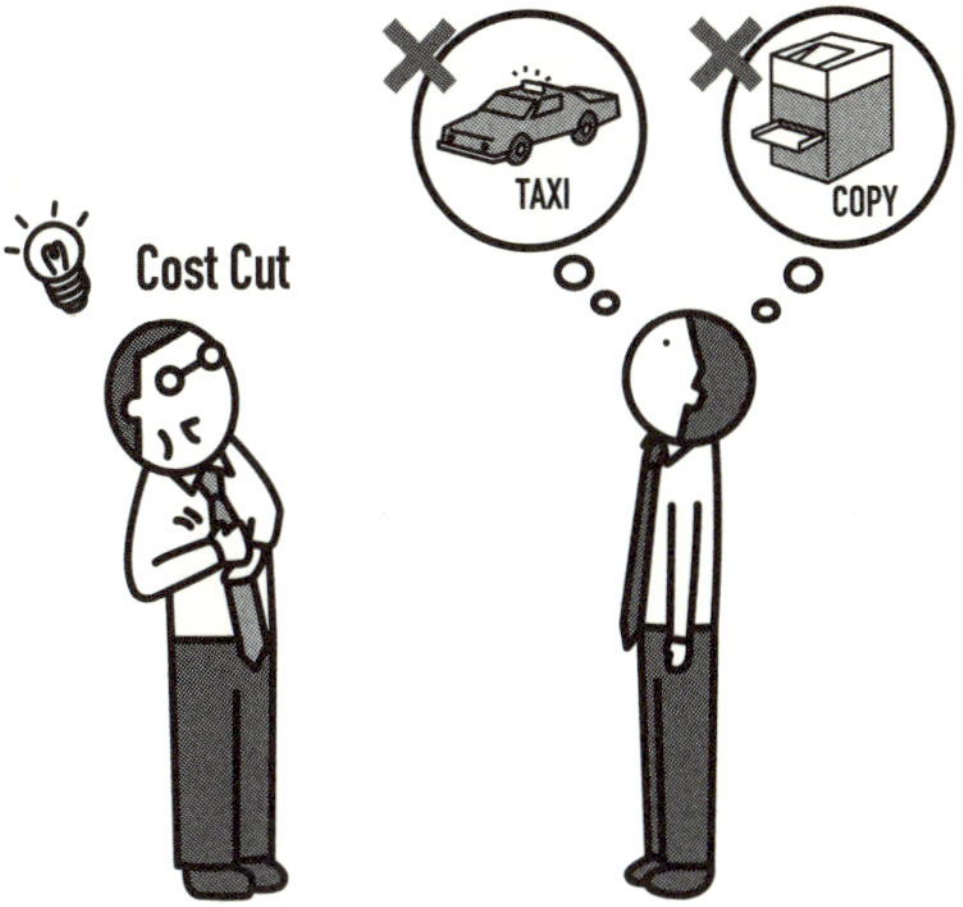

微々たるものということも多い。

なぜ、こうした方針がムダに終わるのか、それは身近ですぐはじめられる方針というのは「ヒューリスティック」、根拠の定かでない思いつきにすぎないことがあるからだ。そんなものは、最初からやらないほうがマシなのである。

経済の雑学

そもそも何がムダなのか考えてみるほうが先

よくよく考えると、業績悪化や景気低迷などを理由に「ムダな経費を削減」と言われるのもおかしな話である。ムダに使っている人がいるなら、それを正すのが先なのでは……？　という視点を持つことも大事だろう。

世渡りの上手さ・適当さの使いどころ

正確な情報よりも、すぐに答えることが自分の今後の仕事をスムーズにすることもある

KEY WORD
初頭効果

エラい立場の人にはとにかく即答！

同じような職種で同じようなことをしていても、うまく立ちまわってスマートに仕事をこなす人と、なぜかいつも上司にいちゃもんをつけられているような人がいる。両者の命運を分けるのはなんだろうか。たとえば、上司や役員とはじめて会ったときから運命は決まっているのだ。

新しいメンバーを迎えるとき、役員や上司は何かと試そうとするものだ。たとえば、現状の売上を聞いてくるという人は多いだろう。ここで重要なのが、このときは数字の正確性よりも、はきはきと即答できるかどうかだ。心理学や行動経済学では「初頭効果」といっ

て、初対面のときに持った印象はその後もなかなか変わらないということがわかっている。ここで「えっと、ちょっとお待ちください……」なんてやって「モタモタして使えないヤツだな。自信もなさそうだし」と思われれば、ずっとそのままで修正するのは難しい。多少いい加減でも「約30％です！」と答えておくのだ。細かく突っ込まれたら、詳細な数字を答えればいい。

だいたい大勢がいる場では、役員は大して聞いていないことも多い。質問は自分の威光を示すためだけにしていることも多いからだ。ただ、それで第一印象を決められては損、という話である。行動経済学を活用して、うまく立ち回ろう。

会社は「みんなで決めよう」でダメになる

たくさんの人がかかわるといいモノができる、という幻想にとらわれてはいけない

KEY WORD
集団思考の罠

集団思考の罠にとらわれ意図しない結果を導く

会社で重大なプロジェクトが立ち上がることになった。では皆で意見を出し合って、ベストなものにしようではないか！　と意気投合するということはよくある。しかし、たくさんの人が集まって意見を出し合ったからといって、それがうまくいくという保証はない。それどころか、集団だからこそ間違った方向に進んでしまう可能性もあるのだ。

この「集団思考の罠」は、心理学者のジャニスによって分析されている。すなわち、集団になると「自分たちはすごい」と過大評価が起こりがちである。また、集団外部に対する偏見や、自己弁護が起こって危険性を低く

「集団思考」が生じやすい環境

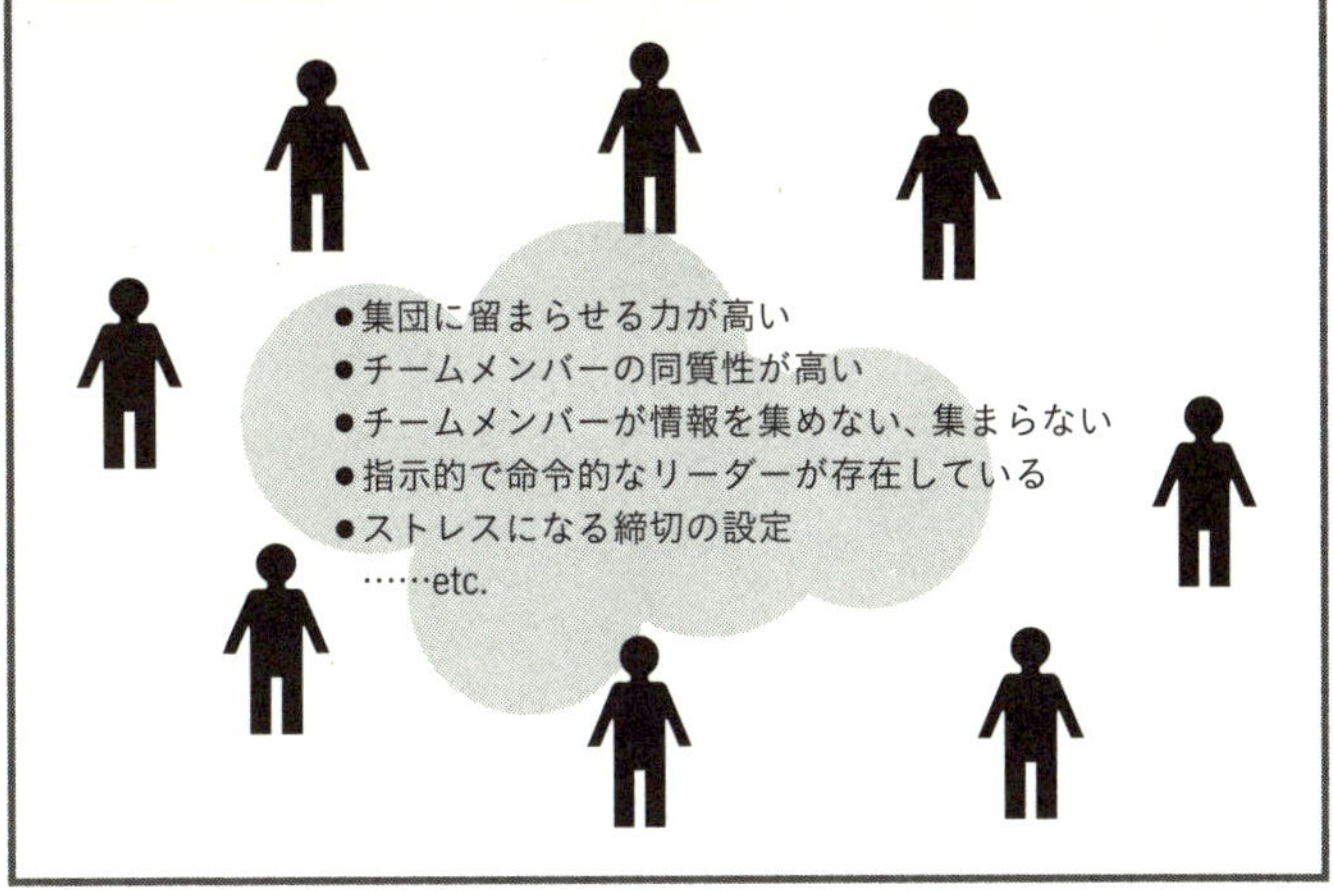
●集団に留まらせる力が高い
●チームメンバーの同質性が高い
●チームメンバーが情報を集めない、集まらない
●指示的で命令的なリーダーが存在している
●ストレスになる締切の設定
……etc.

見積もる。また、皆の意見がまとまってくると反対意見を述べにくくなる「均一性への圧力」もはたらく。議論すればするほど、これが加速していくのである。「それっておかしいんじゃないの？」と思っても言えなかった経験がある人も多いのでは？　つまり会議は大人数でやるほどいいアイデアが出なくなる。

経済の雑学

集団になると人は極端になる

社会心理学者のストーナーは、人は集団になると、話し合いの結果が極端に安全な方向か、逆に極端に危険、あるいは過激な方向に向かうことを実験で明らかにしている。心理学ではこれを「集団極性化」と呼んでいる。

ネーミングは人を動かす力がある

うまいネーミングの商品が、どうして人に選ばれ愛されるのか？

KEY WORD
ヒューリスティック

頭の中で想像させたらネーミング勝ち

　医薬品や衛生雑貨などを扱うメーカー、小林製薬はもはや知らない人はいないのではないだろうか。生活に役立つ商品が多いのはもちろん、そのネーミングが注目されている。

　たとえばトイレの消臭スプレー「トイレその後に」、電気ポットの中をきれいにする「ポット洗浄中」といった〝そのまますぎる〟ネーミング。「なめらかかと」「ワキガード」などのダジャレ系。どれも名前を聞いてすぐに使い方が思い浮かぶだろう。

　ネーミングでいえば、リクルートもうまいと評判の企業だ。お稽古ごとや資格取得の情報を扱う『ケイコとマナブ』、海外旅行の情

「思いつき大歓迎!」の小林製薬のアイデア募集

小林製薬ではネーミングに限らず、新商品のアイデアを全社員から公募する仕組み。その数なんと年間１万5,000件とか！

ポイント

ジャストアイデア

ジャストアイデアでいいから、とにかく何でも出してくれという方針。「いいアイデアを出してくれ」と言うと、なかなかアイデアが出てこない。ジャストアイデア方式だと、誰からのアイデアでも受けつけるし、あまり難しいことは考えなくてよいので、さまざまなバックグラウンドを持った社員から、幅広いアイデアをたくさん集められる！

報を扱う『AB－ROAD（エイビー・ロード）』、不動産サービスは『SUUMO』だ。

こうしたネーミングはなぜうまいのか。行動経済学的には「ヒューリスティック」にそぐうから、と説明することができる。普段の経験や直感にそのままなじむから、認知されやすいと言えるだろう。

経済の雑学

「個人年金保険」は名前でトクをしている!?

公的年金への不安から個人年金を選ぶ人は多い。「国民年金基金」「個人型確定拠出年金」に比べて「個人年金保険」は桁違いに加入者が多い。個人年金の勝因はネーミングのわかりやすさによるものではないだろうか。

通販業者は「返品自由」でも困らない

「気に入らなかったら返品自由」とあっても実際にはあまり返品しない行動のナゾ

KEY WORD
保有効果

一度手に入れると手放したくなくなる

ネット通販やテレビ通販の人気は衰えるところを知らない。便利なのはもちろんだが、黎明期《れいめいき》に比べてクーリングオフなど法整備がしっかりと整っている安心感があるし、「気に入らなかったら返品ＯＫ」と大々的に謳っているところも多い。「もしみてみて、イマイチだったら送り返せばいいや」と、気軽に申し込みボタンを押す人もいるだろう。心理的なハードルが下がるのだ。実際、「返品可能」と表記すると売上が何割か伸びたという話もある。

実際はどうなのだろうか。返品の山になってはさすがに経営にも影響が……と心配にな

るが、ネット通販の返品率は2～4％、テレビ通販ではほぼゼロだという。

行動心理学的にみると、これは「保有効果」によるものと考えられる。一度手に入れると手放すのが惜しくなる上に、また梱包し直して発送するのも面倒である。だからこその返品率の低さなのだろう。

経済の雑学

クチコミサイトは信用できない!?

保有効果は、持っているモノに対しての評価を高めることが実感でわかっている。そうなると、クチコミサイトは本当に「中立」と言えるのだろうか。必ずしもそうとばかりは言えない、というのが行動経済学的な観点である。

感動ストーリー＝商品の価値ではない

「山田さんがつくった大根」は、なんとなくイイモノのように思えるが……

KEY WORD

ハロー効果

広告のメッセージは論理とは別なこともある

「山田さんがつくった大根」「田中さんがつくった玉ねぎ」など、その野菜を育てた人の名前や写真がついていることがある。昨今では「○○兄弟がつくった××」「おれたちの△△」など、若い世代がユニークな表示をしている例も多く、思わず微笑ましい気持ちにもなろうというものだ。

こうした名前・写真入りの野菜は、何を目的に行われているのだろうか。責任を持ってつくっているという姿勢をアピールするためだろうか。親近感を持ってもらうためだろうか。ひとつ考えなければいけないのは、こうしたアピールは行動心理学でいえば「ハロー

効果」によるものであって、野菜の品質そのものを保証するものではない、ということだ。野菜ならまだ微笑ましいが、高額商品であってもこういった「よく考えると論理的に違う」というモノがあるので注意したい。企業側としても、あまり乱用しないほうが最終的には信頼を獲得できるのではないだろうか。

経済の雑学

広告に流されず
真実をみよう

さまざまな広告が日々生み出されるなか、本来の商品とは関係のない情報でミスリードをねらうものもゼロではない。それに流されず、正しい商品情報を自分で得ることが、消費者として幸せを得ることにつながるだろう。

人は目の前の情報に流される

与えられた情報を理解しているのに、
たやすく流されてしまう

KEY WORD
連言錯誤

情報が多くなると事実を見誤る

在庫切れで入荷が未定の商品に関して問い合わせがあったら、「１カ月以内には入荷するかもしれません」よりも「１カ月以内だと思いますが、２週間くらいで届く可能性もあります。１週間程度かもしれませんが」と答えると、お客さんは納得しやすいだろう。情報が多ければ多いほど、納得感が高まり、実際よりも届く確率を高く見積もるからである。

これを「連言錯誤」という。これに対し、ある情報を特徴だけでとらえると、認知の誤りを招くことがある。これを「代表性」と呼ぶ。どの特徴を代表させたかによって、明らかに論理的に間違った推測をしてしまうのだ。

連言錯誤の代表事例「リンダ問題」

リンダさんに関する情報

- アメリカ人
- 社交的かつ明朗な性格
- 学生時代に哲学を専攻
- 差別や社会正義に関心がある
- 反核運動に参加したことがある

Q リンダさんは次の①〜⑧のうち、どれに当てはまるか？ ありえる順で並べ替えてください。

①小学校教師
②書店に勤める書店員
③フェミニズム活動家
④精神病院の職員
⑤「女性有権者の会」の会員
⑥銀行の窓口係
⑦保険外交員
⑧銀行の窓口係でフェミニズム活動家

実験を行った米プリンストン大学のカーネマンとヴェルスキー教授によると、回答者は「⑧銀行の窓口係でフェミニズム活動家」である可能性が高いと答える傾向がある。

本来なら「⑥銀行の窓口係」と回答する人が多いはずだが、リンダさんが「反核運動に参加」したことから連言錯誤し、⑧と判断してしまった結果。

「値引き」アピールにだまされないコツ

思考の制限を解いて、本当におトクなものを買うにはどうすればいい？

KEY WORD
アンカリング効果

その値引きって本当におトク？

スーパーでは、その日の目玉商品など大幅に値下げされているものはもとの値段と値下げ後の値段が並べて書いてある。わざわざ「×」で消されたもとの値段との差額を目にして「100円も引いてくれてるんだ！　すごい!!」と思うこともあるかもしれない。

ただ、これはスーパー側が「値引きしてます！」ということを示すためのもの。そのモノが、絶対的に安くなっているとはかぎらない。たとえば、火曜の特売で100円引き、198円だった麺が、翌日からスタートする「麺まつり」では178円で出されるかもしれないのである。

最初に情報を提示されると、人は思考が制限されて客観的な判断を鈍らせる。これは「アンカリング効果」と言われるもので、文字どおり船が錨をおろしたように思考が動かなくなってしまうのだ。思考のクセを知り、「本当に安い？」と、改めて自分に問うてみる習慣をつけたいものだ。

経済の雑学

「お一人様○個」とあると多く買う人が多い

アンカリング効果は値段にかぎった話ではない。「お一人様５個まで」などと個数に上限がもうけられている場合も同様だ。この数字にアンカリングされ、実際に必要な個数以上、上限に近い数を買ってしまう人が多い。

一番目に発言し会議に勝つ！

グローバル化が進むなかでも、会議でアドバンテージを取る方法

KEY WORD
アンカリング効果

とにかく先に意見を出した者勝ち

ビジネスのグローバル化が進み、外国語話者との会議も珍しくなくなった。またビジネススクールにおいては、英語によるディスカッションの場を設けているところもある。会議といえば黙って人の話を聞いている、といった日本人的な感覚を持っていると、一気に「使えないヤツ……」とみなされてしまうことも多い。

外国人を交えた会議でもなんでも、行動経済学的にいえば、会議やディベートは「先に意見を出した者勝ち」でもある。もちろん会議の内容にもよるが、みんなの合意で決めるたぐいの内容においては、最初に提示したア

会議での発言・提案は早い者勝ち!

最初に示された情報が頭に残り、その後の判断に影響を与える。
しっかりアンカーさせるためには、冒頭に有無を言わせないような態度が必須！　裏づけのある事実をもって説明するとさらに効果的である。

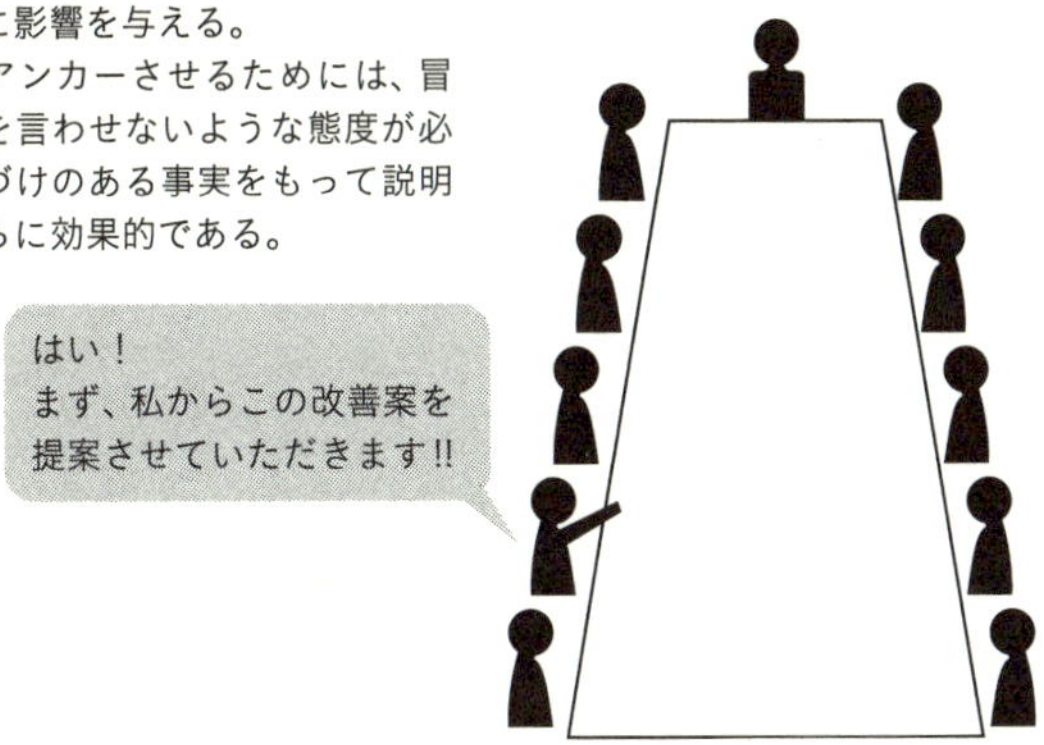
はい！
まず、私からこの改善案を
提案させていただきます!!

イデアが最終的に決定事項となることが多いのだ。特に、「みんながガヤガヤ言っているだけでなかなか結論が出ない」といった傾向のある会議では、この手が有効だ。しかも「いい案を出した人」と評価してもらえる。

ただし、ほかのメンバーのアイデアを制限しないよう、配慮は必要だろう。

経済の雑学

議論が噛み合わない場合は客観的データを出す

どうしても議論が噛み合わない会議がある。お互いの性格の問題を除けば、こういうときはたいていバイアスによる思い込みが邪魔をしている。客観的データや証拠を示し、前提を共有するところから仕切りなおすとうまくいくはずだ。

第一印象を操作すれば優位に立てる

第一印象は、その後もずっと影響する。それならばとことん戦略的に！

KEY WORD

ハロー効果

人は勝手に相手の第一印象を決める

「怖そうだな」「友達にはなりたくないな」などといった感想を、初対面の人に抱いたことはないだろうか。人は、先入観で相手を判断しがちである。この際にはたらく現象が「ハロー効果」で、見た目から受けた印象、事前に聞いていた勤務先の名前や学歴といったものによって、その人のことを自分の中で決定づけてしまう。そして、悪いことに、この第一印象はなかなか変わらない。受け止め方が180度変わることもわかっている。初対面での服装や身だしなみ、行動に意識することで、相手の受け取り方を操作できることは自明であろう。

第一印象をよくも悪くもする「ハロー効果」

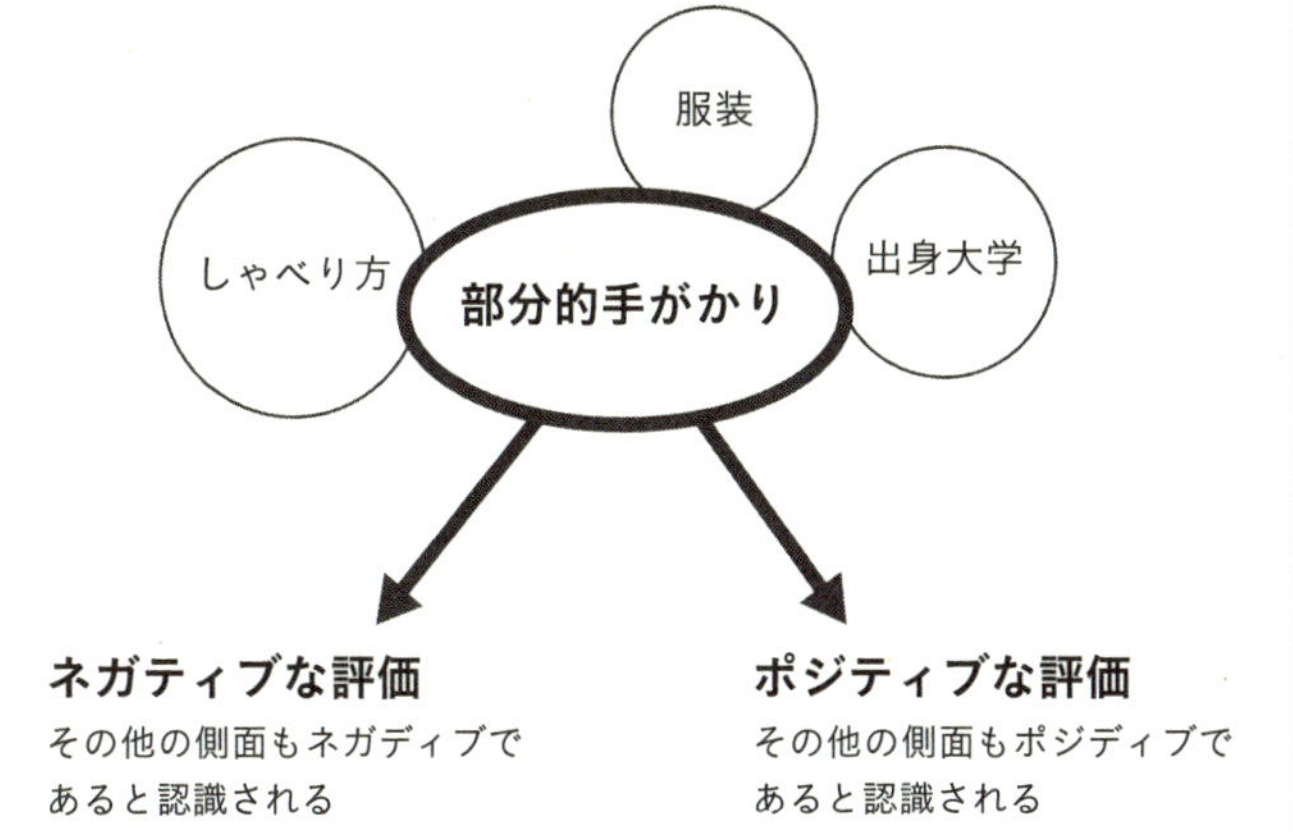
服装
しゃべり方
出身大学
部分的手がかり
ネガティブな評価
その他の側面もネガディブであると認識される
ポジティブな評価
その他の側面もポジディブであると認識される

一方、ギャップを強く印象づけてプラスの印象を獲得することもできる。たとえば「理系出身」というと、コミュニケーションが苦手で、内向的な研究者肌の人を想像することが多い。しかし、コミュニケーションに長けた様子を見せれば「思っていたのと違う！」と、プラスに受け止めてもらえるのだ。

経済の雑学

名刺を利用してハロー効果の恩恵にあずかろう

名刺は単なる「名前と所属を知らせる道具」ではない。相手との話題を発掘するツールにもなる。そうした意味で、資格や自己アピールを名刺に刷っておくことは有効だ。相手が食いつきやすくなり、ハロー効果も利用できる。

経済学の格言

バブルがいつ崩壊するか
予測するのは誰にもできない。
ただ、過去のバブルは
例外なくはじけている。

制度派経済学者
ジョン・ケネス・ガルブレイス

第3章

ニュースがよくわかる！
経済理論

経済ニュースは、わかっているようで実はチンプンカンプンの人も多いのでは？　話題のトピックを盛り込み、経済学で日本の懐事情を徹底解説！

アベノミクスは「普通」の政策

第二次安倍内閣で掲げられたアベノミクスは、冷静に見ると普段と同じ!

KEY WORD
金融緩和、財政出動、成長戦略

なんだかんだいって続いている安倍内閣の政策をおさらい

政府は景気を上げようと躍起になっているが、庶民はどうも景気が上がっている実感がない。鳴り物入りで登場した「アベノミクス」って結局なんだっけ? という方のために、今更だがご紹介しておこう。

レーガン大統領の経済政策「レーガノミクス」にちなんで名づけられたアベノミクスは、金融緩和と財政出動、成長戦略の3つ、通称〝3本の矢〟で景気上昇をめざす政策だ。具体的には金融緩和政策を実施し、景気をよくするための財政政策を行う。ただ、これはアベノミクス以前からやっていることだ。

アベノミクスの場合は、特徴が2つある。

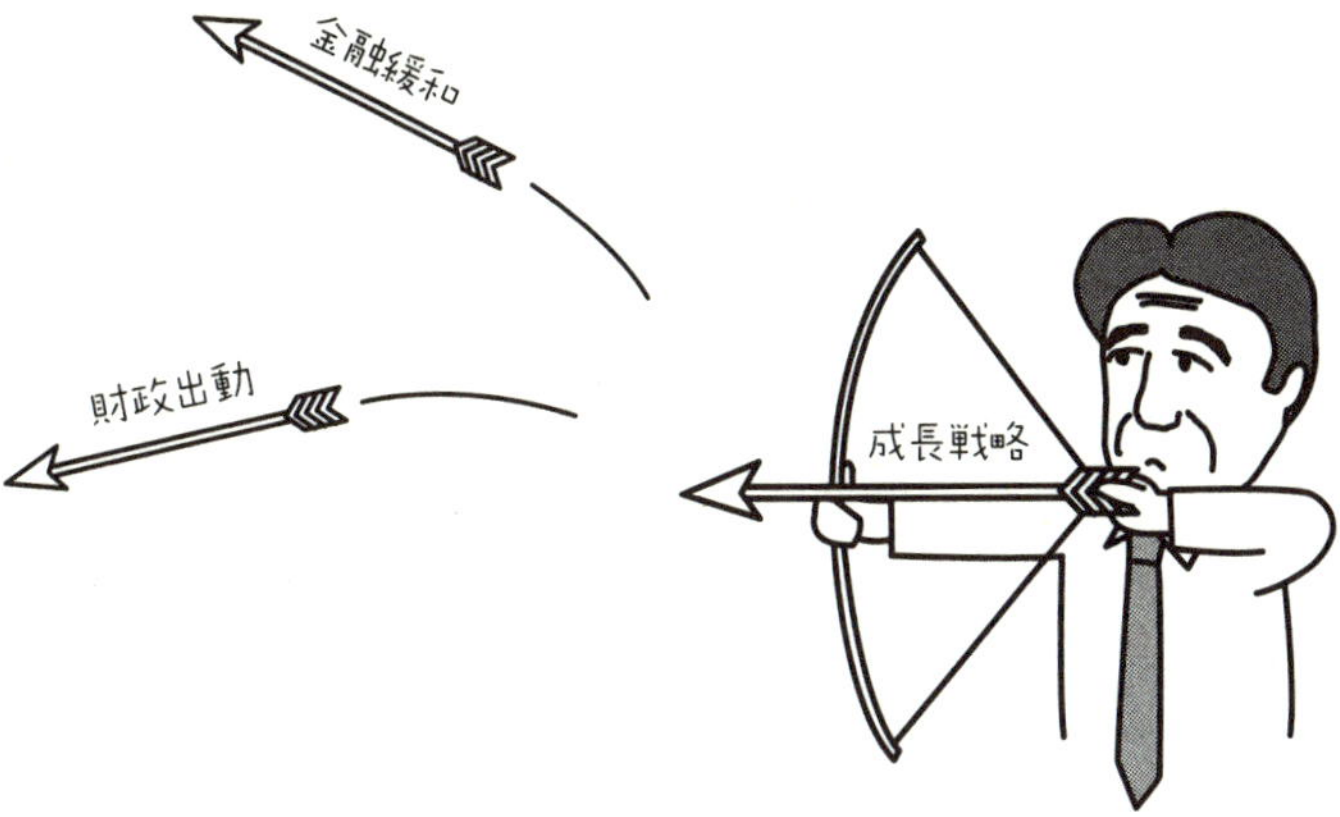

まずインフレ率２％、つまり物価を２％上昇させることを明言したこと。難しいことを敢えて発言して国の本気を見せたのだ。２つ目は、国民が景気上昇を予想させるような「期待に応える政策」を行ったことだ。私たちが「ホントに上がりそうだ」と思うことが、景気上昇には欠かせないのである。

経済の雑学

金融政策と財政政策はどう違う？

金融政策は日銀が経済を安定させる政策である。金利を操作したり、お金の流通量を調整する。財政政策は政府が財政を安定させるために行う。具体的には公共事業を縮小あるいは拡大したり、増税や減税を行ったりする。

政策も大事だが消費マインドも大事

２％の物価上昇は、実は非常に大変なことである。また、何か手を打ったからといって、打った施策がどのように広がっていくかは、当然ながら政府がコントロールできるたぐいのものではないのだ。

たとえば財政出動は、簡単にいえば政府がお金を使うことである。規模も大きいので、必ず何らかの成果は出るはずだ。しかし「１兆円使って１兆円の効果がありました」では、十分ではない。その効果が波及して消費者がお金をより多く使うようになり、企業が業績を向上させてそれが給与に反映される……といった「乗数効果」が現れてこそ、効果があったと言うことができるのだ。

そのためには、国民が「ほしいモノを買おう！」「お金を使いたい」「貯金するばかりでなく、使っても大丈夫だ！」と思うことが重要になる。もちろん、個人の観点からいえば貯金をすることも大切だが、貯金にばかり考えが向かう景気動向では、なかなか世の中も明るくならない。

これまでも景気向上のためにはさまざまな施策が行われてきた。しかし、景気が低迷し、社会全体が暗いムードで包まれているときは、個人もお金を使わない。いくら政府がお金を使っても、せいぜい〝バラマキ政策〟と不名誉な評価をされるに過ぎないのだ。消費マイ

「消費マインド」は経済には重要!

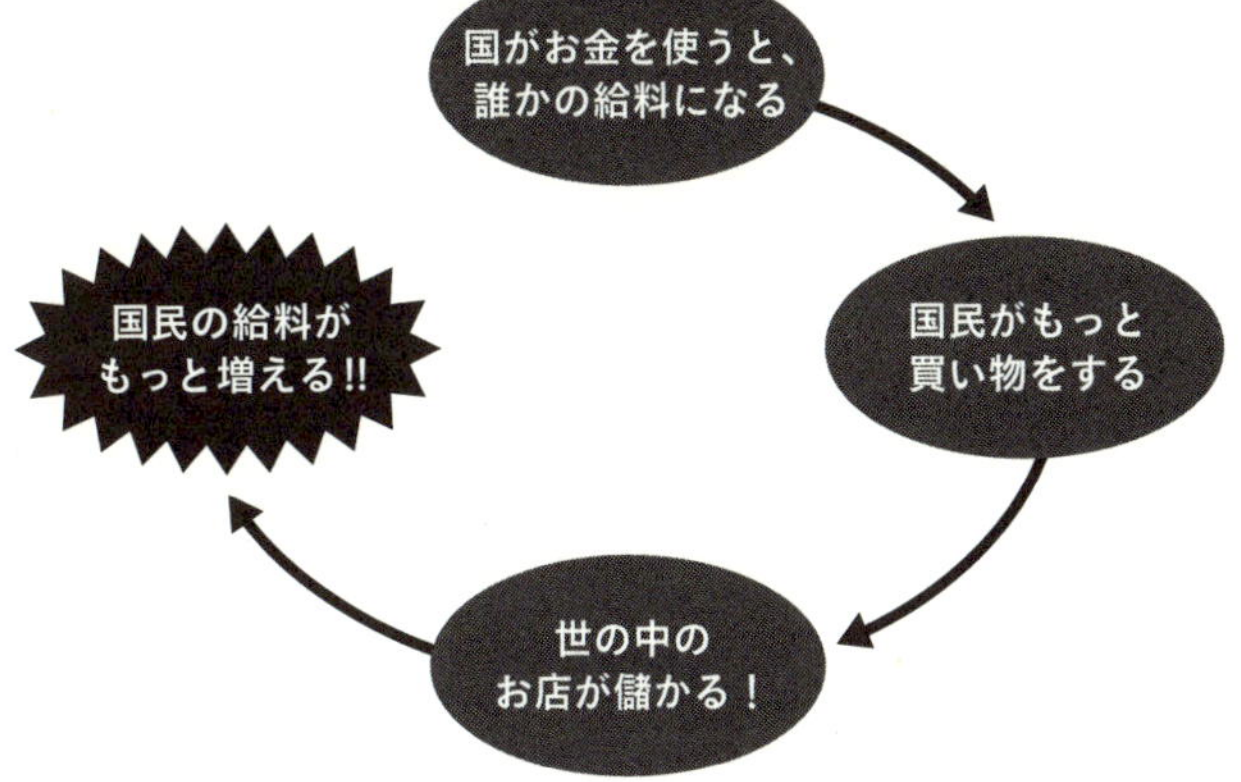
国がお金を使うと、
誰かの給料になる
国民がもっと
買い物をする
世の中の
お店が儲かる！
国民の給料が
もっと増える!!

ンド、つまり私たち消費者の気持ちにかかっているといっても過言ではないだろう。

あなた自身が今、「なんだか最近、景気がいいように感じるな」「よ～し、何か高い買い物をしよう！」と思えたときこそが、アベノミクスの成果が本当の意味で出はじめたときと言えるかもしれない。

経済の雑学

クール・ジャパンで外需を取り込め

輸出といえば車やデジタル機器などを想像しがちだが、政府は昨今、文化の輸出に本腰を入れている。漫画やアニメ、和食、インフラの技術力などを海外に売り込めば、日本企業のビジネスチャンスは格段に増えるためだ。

新国立競技場は無用の長物になる⁉

白紙に戻すべきか、このままの案で進めるべきか
波瀾万丈の幕開けとなった建築計画

KEY WORD
サンクコスト

取り戻すことができない費用をどう考えるか

２０２０年の東京オリンピック開催が決定したものの、２０１５年夏、新国立競技場の建築計画が暗礁に乗りあげてしまった。

おもな問題は当初の総工費は１３００億円だったのに対し、デザイン通り建設した場合の総工費の試算が３０００億円かかることが判明したのだ。ここで設計からやり直しとなれば、すでにかけた費用が完全にムダになる。かといって進めれば２０００億円以上の金額がかかる一大工事ゆえに、失敗はできない。

過去に投資した費用は「サンクコスト（埋没費用）」と言われる。冷静に考えれば、完成後に得られる利益が今後にかかるすべての

「サンクコスト」ってどういうこと？

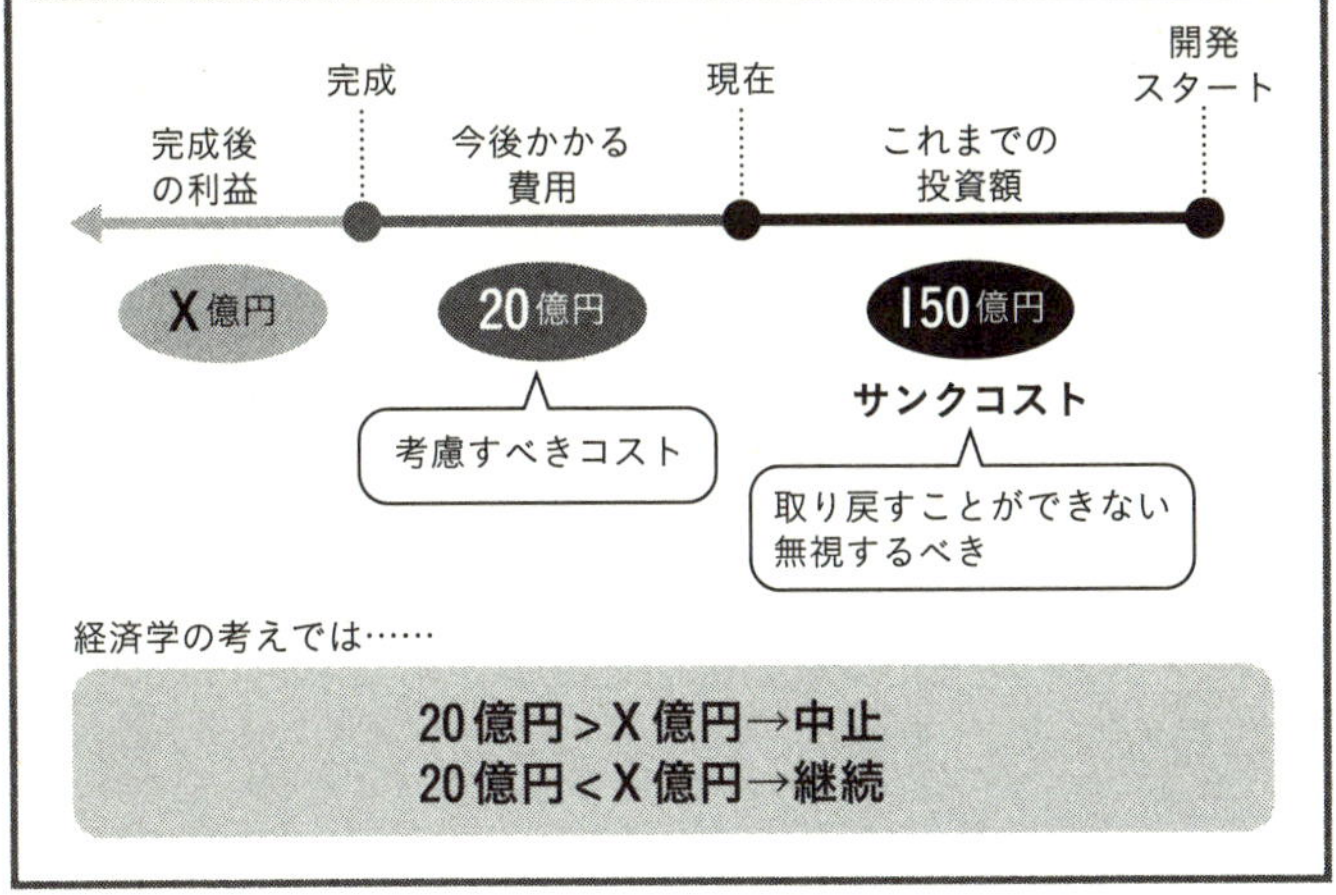
完成後の利益
完成
今後かかる費用
現在
これまでの投資額
開発スタート
X億円
20億円
150億円
サンクコスト
考慮すべきコスト
取り戻すことができない
無視するべき
経済学の考えでは……
20億円>X億円→中止
20億円<X億円→継続

費用を下回ってしまう場合、計画の見直しをすべきである。もし、完成後の利益が費用を上回るようなら、続行すればいい。しかし、行動経済学的にみると「もうある程度のお金を費やしてしまったから、後戻りはできない……」という決定が誤りであったと認めたくない損失回避がはたらく。

また「困難があってもやり遂げるべきだ」といった試行錯誤を繰り返して問題を解決するヒューリスティックに引きずられるケースもある。

経費削減により冷房設置をとりやめたことで、競技場が真夏の昼間に使用できなくなれば、それこそ文字通り無用の長物となってしまうのである。

「平均年収以下」がなぜ7割もいるのか？

他人の給料は「平均」ではわからない!?
数字のマジックにだまされないこと

KEY WORD
平均値、中央値

「平均年収」は現実離れした意味のない数字かも

給料の額はいわば、大人の成績表である。この世の中でどれだけ評価されたのかをはかるわかりやすいバロメーターと言えるだろう。「日本人の平均年収」などといったデータが発表されると、思わず自分と比べてしまう人は少なくない。ただ、あまり参考にならないかも……というのはおさえておきたい。

実は、平均というのは小学校のある学年の身長のように、バラつきの幅が少ない数値をみるときに向いた数字である。しかし、年収は上下幅が非常に大きい。年収１００万円の人もいれば、１億円の人もいる。仮に全体は数百万の人ばかりでも、１億円プレイヤーが

平均年収に達していないからといって慌てるな!

平均値の世帯所得
548万2,000円
中央値の世帯所得
432万円
その差は約
116万円もある!

平均所得548万2,000円は、夫婦共に働いていて平均賃金額をもらえていると達成できる数字。中央値432万円なら、夫が会社に勤め妻がパートで扶養内におさめれば、かなり近い数字に。

出典：平成24年国民生活基礎調査、平成24年賃金構造基本調査

数人いれば、平均年収は一気にあがるのだ。

　こうしたバラつきの多い数字に関しては、平均ではなく中央値をみると実態に近い数字が把握できる。データを順番に並べ、真ん中に来た数字が中央値である。実際、国税庁のデータを使って試算したところ、中央値は平均値を10％程度下回った金額となった。

経済の雑学

年収300万円以下の人はどのくらい?

「年収300万円」はさまざまなマネー本のタイトルにもなっているほどに、庶民のキーワードのような言葉になっている。実際に統計をみてみると、年収300万円以下の人は全体の40％くらい。うち65％が女性である。

「年金制度崩壊」は都市伝説

「国民年金の未納率が40％」って……。
将来も年金は受け取れないのか!?

KEY WORD
数字のマジック

釣り記事にだまされない経済脳を持とう

支給年齢が引き上げられたことで不安になった人の心を反映してか、マスコミでもたびたび、故意に納めない人のことが話題にのぼる。あるときは「国民年金の未納率が40％」という報道もなされ、大きな反響を呼んだ。

確かに、払っていない人が4割もいれば深刻だろう。いずれ制度そのものを脅かし、私たちはただの払い損に終わるのではないか？と考える人がいてもおかしくない。

しかし、こうした情報をよく読むと、統計データのセンセーショナルな部分のみを故意に取りあげ、刺激的な内容のタイトルをつけているものが少なくない。たとえば前述の「未

納率40％」は、自営業・学生・無職などの１号被保険者の納付率が60％弱だったことから導き出された数字だ。そう、国民年金加入対象者の40％ではないのだ。

　年金全体を見てみよう。国民年金の加入対象者は６７１８万人（平成25年）である。うち７割以上が２号（会社員・公務員）または３号被保険者（２号被保険者に扶養されている者）で、給与から天引きされるため未納にはならない。残り約３割が１号被保険者となるわけだが、災害や低所得などで免除・猶予されている人の分は税金から支払われている。先ほどの１号被保険者が「４割が未納」を加入者全体から見ると、真の未納者は３％にも満たないのだ。

5↓8↓10、どんどん上がる消費税の謎

8%になったのにまだ上がるの!?
消費税引き上げのウラオモテ

KEY WORD
社会保障

法人税や所得税ではなく消費税が上がる理由

2015年春、消費税が8%に引き上げとなった。この際の景気の落ち込みを重く見て先送りにはなったが、2017年春には10%への引き上げが予定されている。

8%への引き上げは、社会福祉の財源にすることをめざして行われた。ただし、現状ではすべてを社会福祉に回したとしてもまったく足りない。専門家の中には、25%くらいにしないと社会福祉はまかないきれないとしている人もいる。

消費税が増税の対象にされる理由は、ひとえにその安定性にある。法人税や所得税は景気に左右され、財源として安定しない。一方、

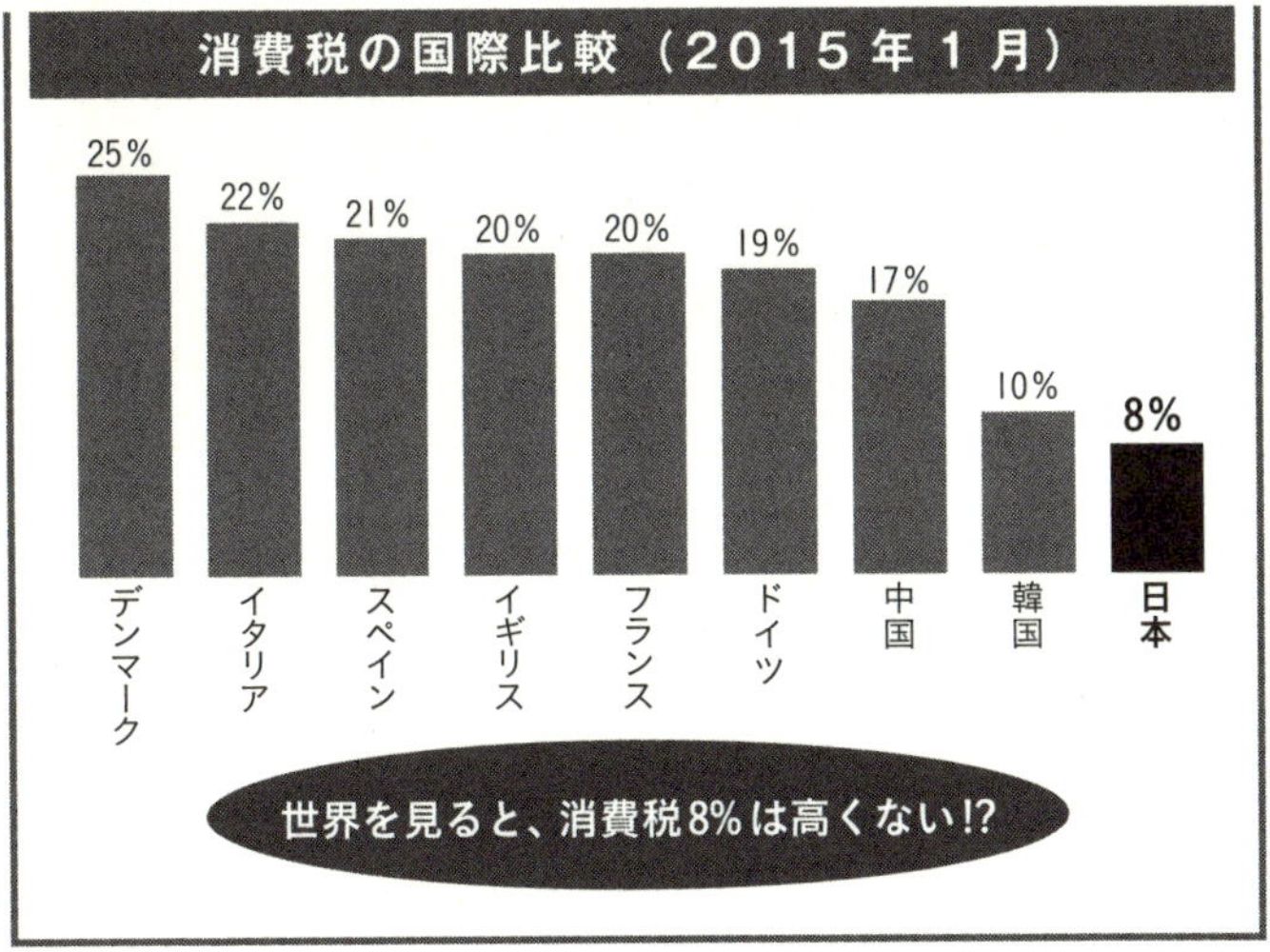
消費税の国際比較（2015年1月）
25%
22%
21%
20%
20%
19%
17%
10%
8%
デンマーク
イタリア
スペイン
イギリス
フランス
ドイツ
中国
韓国
日本
世界を見ると、消費税8%は高くない!?

消費税は食品から医療費まで、およそ人が生活するすべてにかかるもので、大幅に減ることもない。社会保障の財源には最適なのだ。

世界的に見ると、日本の８％というのは決して高くはない。デンマークやドイツ、スペインなどは軒並み20％以上となっている。日本も今後、上がることは確実だ。

経済の雑学

低所得者にやさしい軽減税率

日本では消費税はどの商品も一律だが、諸外国では食料品など生活必需品の税率を下げる軽減税率を採用している国もある。低所得者がダメージを受けにくいが、線引きが難しく事務負担が増えるというデメリットもある。

税金はどこに消えているのか

私たちが支払った税金は、どこに使われているのだろうか。道路の整備や建造物などを連想する人も多いかもしれないが、実はこうした公共事業はどんどん減ってきており、現在は6％程度しか使われていない。代わりに増えているのが国民の生活を維持するために使われる財政支出である。

財政支出には教育費や防衛費、そして年金や医療保険などがある。生活水準を上げるためのお金というより、むやみに削減できない必要経費のようなものだ。実は、日本の借金はこの財政支出が占める割合が多いのだ。

そもそも、年金や医療保険というものは国がお金を支払うものではなく、国民から集めた掛け金で運用されるものだ。しかし、高齢化が進んで人が長生きするようになり、豊かさゆえの疾病も増えた。集めた掛け金よりも出費のほうが急増しつつあるのが現在なのだ。予防医療への取り組みや年金支給開始年齢の引き上げなどさまざまな対策が行われているが追いつかず、赤字が膨らんでいるのである。また長引く不況で生活が困窮した人も多く、生活保護受給者も増え続けている。

今は元気でも、将来はわからない。誰もがお世話になる可能性があるものだから、みんなで同じように負担しよう——それが社会保障の本質。だから消費税増税が行われるのだ。

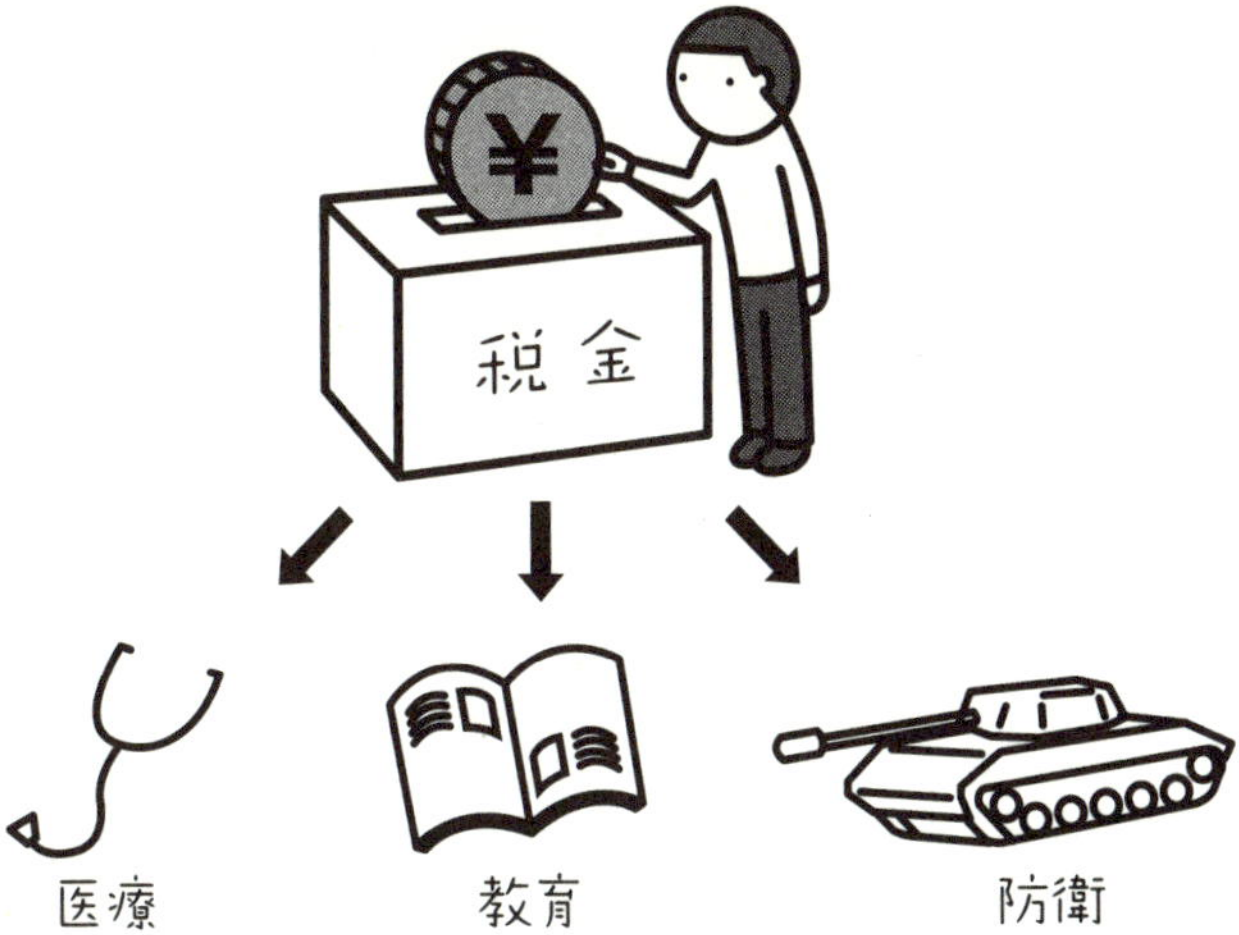
税金
医療
教育
防衛

新卒の初任給20万円でどのくらいの税金を支払う？

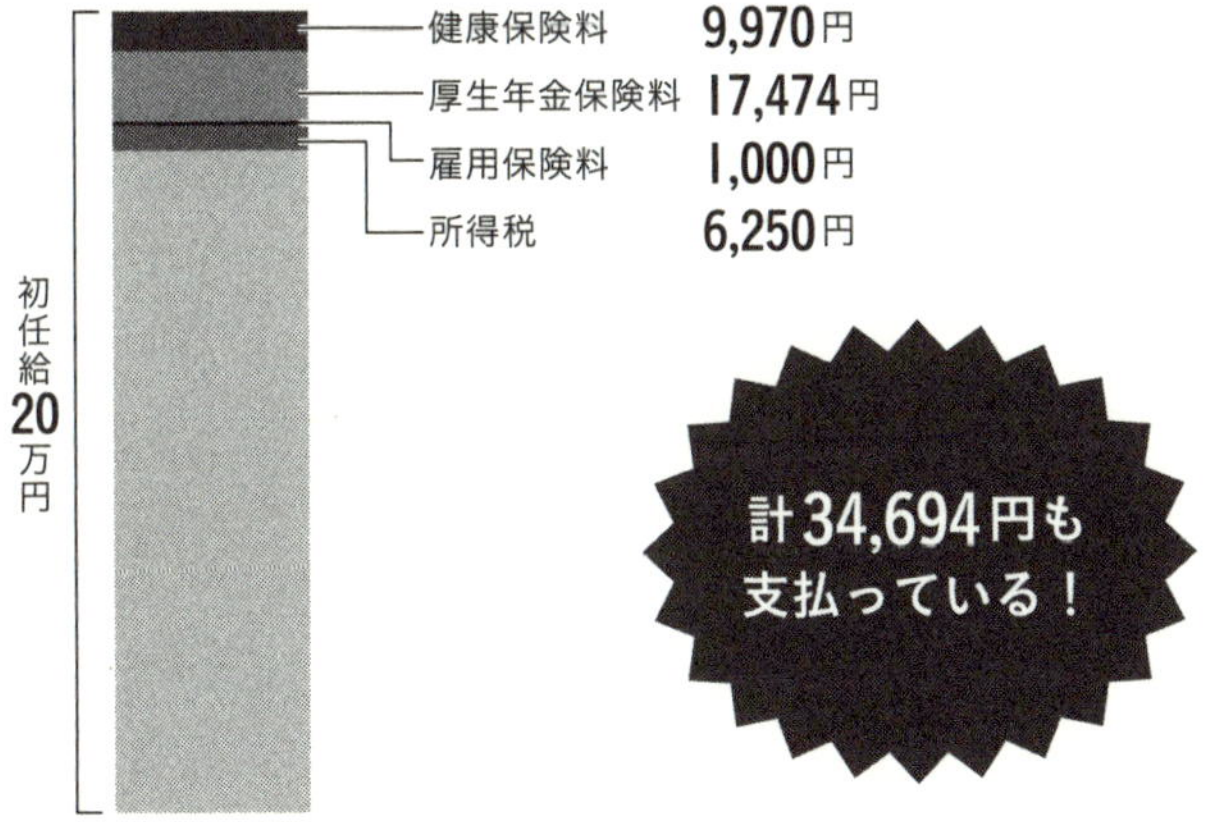
健康保険料 9,970円
厚生年金保険料 17,474円
雇用保険料 1,000円
所得税 6,250円
初任給20万円
計34,694円も
支払っている！

借金大国・日本はなぜ破綻しないのか？

ＯＥＣＤ加盟国のなかでもヤバさはダントツ！
借金１０００兆円でも破綻しないのはなぜ？

KEY WORD 国債

財政支出が増えに増えて税収では追いつかない

日本政府の収入は、年間54兆円。それに対し、借金は年間１０００兆円である。この数字だけをみていても尋常ならざる事態にあることがわかるのだが、そもそも国の借金とはなんなのか考えてみよう。

お金を使うときは、予算内でやりくりするのが基本である。それは家計でも企業経営でも、もちろん国の財政においても変わらない。しかし年金や医療保険などの国の財政支出はあまりに膨らみすぎて、集めた保険料や納付金ではとてもまかないきれなくなっているのが現状だ。

ただ、年金や医療保険は厳しいからといっ

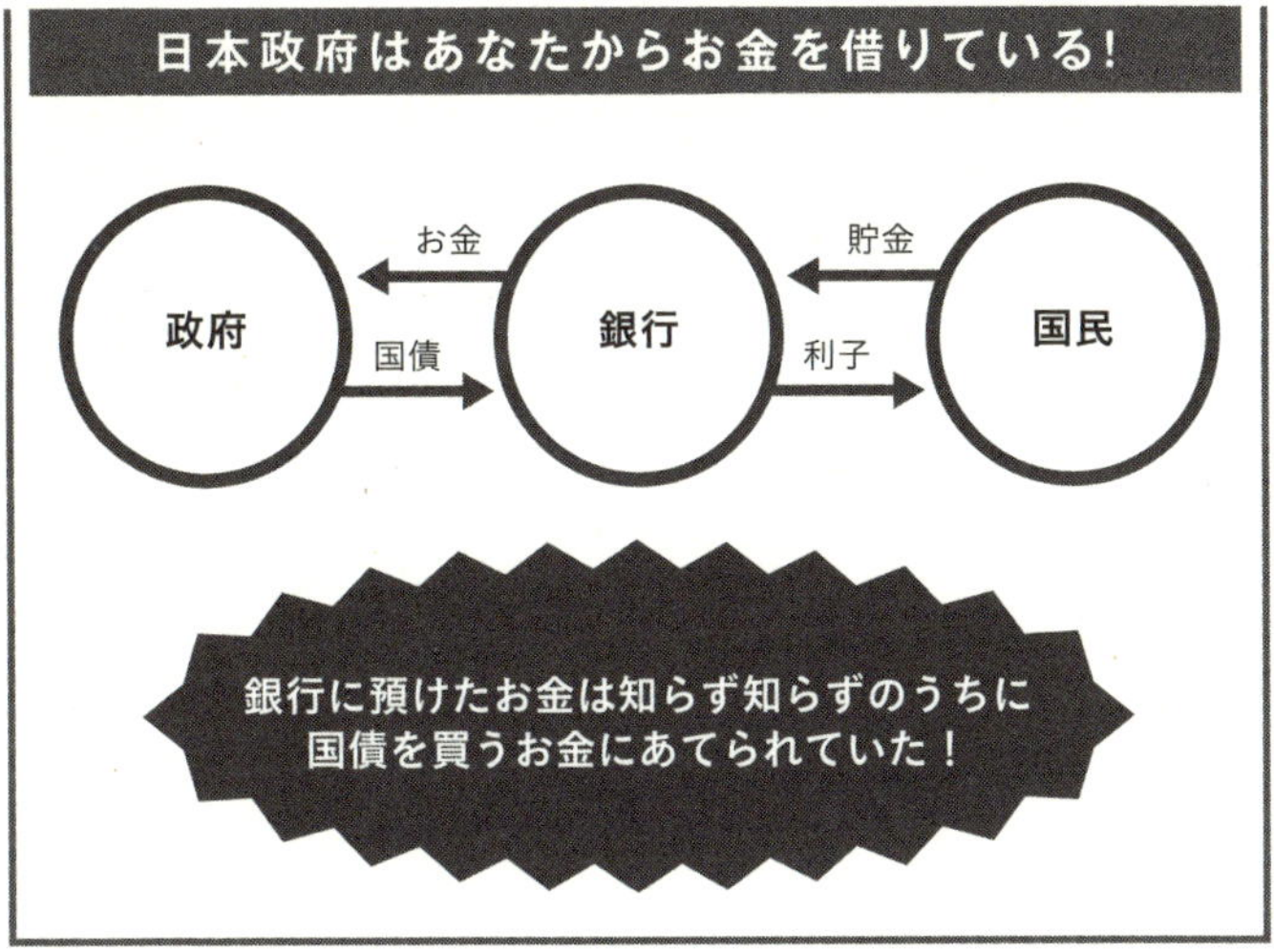
日本政府はあなたからお金を借りている!
お金
貯金
政府
銀行
国民
国債
利子
銀行に預けたお金は知らず知らずのうちに
国債を買うお金にあてられていた！

て支払いがストップすることはあってはならない。国民の生活に影響が出ては、安定した生活ができない。そのため、政府が赤字分を補《ほ》填《てん》しているのだ。

借金の相手は、実は日本国民である。成人であれば、ほとんどの人が貸しているであろう。というのは、国が発行する借金の証書（債権）を購入しているのは銀行だからだ。銀行が預金を運用するひとつの手段が国債なのだ。

ただ、これも永遠には続かない。高齢者の多くは貯金を切り崩しながら生活をする。もし若い世代があまり貯金をできなかった場合、銀行が買える国債が減ってしまうこともあり得るのだ。今はなんとかやりくりできていても、将来的な見通しは決して明るくはない。

ギリシャの危機が日本にも⁉
外国に借金する危険性

前ページでは、私たちの預金で銀行が国債を買い、それによって赤字分を補塡していることについてふれた。しかし、お金を持っているのは日本人だけではない。日本のモノを輸出するように、海外の人にもどんどん買ってもらえばいいのでは？　と思う人もいるかもしれない。

ただ、利回りをたいして気にしない日本人と異なり、海外の人はよほどおいしいことがなければ購入はしない。つまり、１％も金利がつけばよく見えてしまう感覚では買ってもらえず、金利を上げざるを得ないのだ。額が大きい分、わずかでも金利を上げればそれもまた財政を圧迫する……。今でさえ毎年10兆円が国債の金利に費やされているのに、１％上がれば、さらに2兆円以上が上乗せされてしまうのだ。

国債の金利が上がれば、銀行預金の金利は上がる。ただその一方で住宅ローンや教育ローンの金利も上がり、企業が銀行から借り入れをする際の金利も上がる。当然、企業によっては貸し渋りの憂き目に遭うだろう。負のスパイラルに陥り、その結果、経済の低迷は免れない。

さらに事態を悪くするのは、２０１４年・年末、アメリカの格づけ機関・ムーディーズにより格づけを下げられたことだ。格づけは

その国が借金を無事に返済できるかを表すものである。下げられた理由は、税収が増えないことと、これからも借金が増えると考えられたことだ。いわば、世界に向けて「日本、ヤバいよね」「お金を貸しても、返ってこないかもね」という認識が共有されたようなものなのである。

経済の雑学

リーマン・ショック時の悪夢が蘇る可能性も

企業は必要があって銀行から資金を借りている。しかし2008年のリーマン・ショック時には貸し剥がし・貸し渋りが起き、企業の倒産が増加した。国債で同じ流れが起これば、またその悲劇が繰り返されかねないだろう。

オレオレ詐欺は永遠になくならない!?

「母さん、オレオレ。オレだよ」で、
なぜお年寄りは何百万円も送金してしまうのか

KEY WORD
データの一貫性幻想

「これは息子」というストーリーがつくられる

突然かかってきた電話の相手を息子と思い込み、要求されるがままに何百万円もの大金を振り込んでしまう。銀行も警察もさまざまに手を尽くして被害を未然に防ぐ努力をするものの、騙されてしまう人が多いのが現状だ。

なぜ電話の相手を息子と思い込んでしまうのか。いきなり「事故に遭った」「トラブルが起きた」といった緊急事態の話をされて異常な心理状態に陥るためもあるが、「相手は息子だ」と思い込んでしまうことが「データの一貫性幻想」という現象を起こすことが強く関係している。

データの一貫性幻想とは、なんらかの前提

が自分のなかにあると、それにそったデータを揃えて意味づけを行い、自分の仮説を正当化しようとすることである。

　たとえば「相手は息子だ」と考える。すると、ちょっと声が違うなと思っても「ああ、さっき風邪をひいたって言ってたな」と考え「トラブルに遭った」といえば「この子は昔からそういうところがあったから」と自分を納得させ、相手が息子であるという確信を強めていくのだ。それ以外の情報は無意識のうちに除外され、分析対象とならない。

　これはオレオレ詐欺についての話だが、恋愛でも当てはまることだ。もちろん、ビジネスでも、リスクを軽視して自分に都合のいいストーリーをつくり出してしまうこともある。

合理的な「選択」で生まれた少子化問題

女性の社会進出が実は少子化問題の原因!?
人生の選択の方法を考えよう

KEY WORD
機会費用

多様な生き方がある時代 だからこそよい選択を

「夢をあきらめない」「自己実現」「チャンスをつかむ」などなど、積極的な生き方がよしとされる時代である。働き方も生き方も、昭和の時代よりもずいぶん自由になった。会社員として働きながらも副業をしたり、子育てをしながらもう一度大学に通ったり、という人は少なくない。

しかし当然ながら、何かをするということは、何かを手放すということである。副業をすれば休日の時間を失う。大学に通えば学費を納めることで手持ち資金を失うことになる。

このように、ある選択肢を選んだとき、選ばなかったもうひとつの選択肢によって得られ

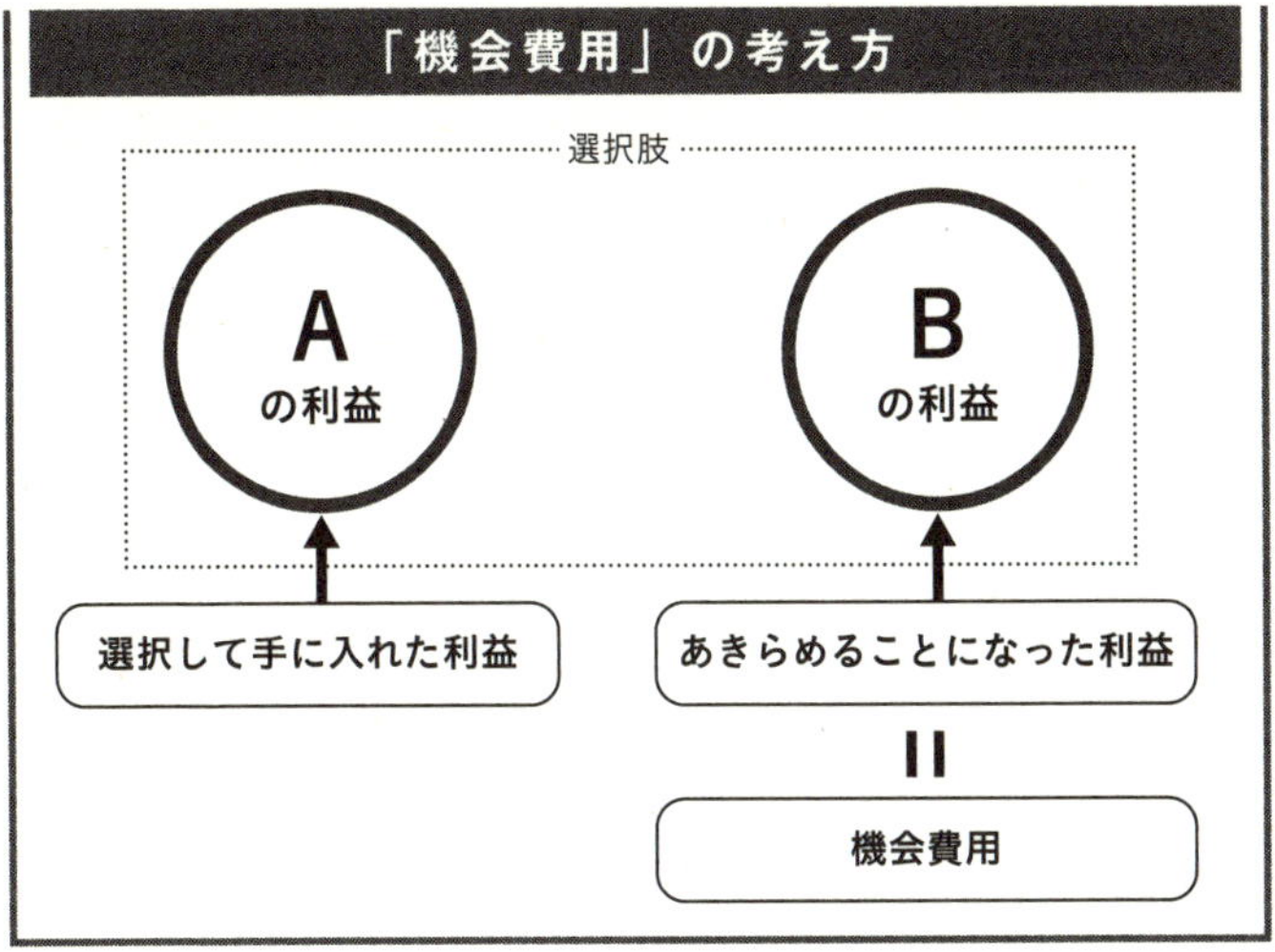
選択肢
A
の利益
B
の利益
選択して手に入れた利益
あきらめることになった利益
＝
機会費用

「機会費用」の考え方

たであろう利益を、経済学では「機会費用」と言う。この考え方を知っておくと、合理的な考え方をするのに役立つことがある。

たとえば、ある大学生がいる。卒業して就職すれば、年収４００万円をもらえる。しかし大学院に進んで5年間で博士号を取れば、その後の人生では年収４００万円に加え、月2万円の手当がつく。

すぐ就職した場合は手当分が機会費用となり、大学院に進んだ場合は5年分の年収が機会費用となる。

もちろん、どちらも金額の多寡で価値が決まることではない。自分にとって、どちらが価値あることなのか？ コストを意識した発想が、よりよい人生の選択につながるのだ。

少子化はある意味「合理的な選択」

女性にとって、出産は大きな人生の岐路である。もちろん、家族が増える喜びは何ものにも代えがたいものだろう。とはいえ、出産・育児に携わるなかで、仕事やキャリアを中断したり、あきらめたりすることによる機会費用が女性の肩には重くのしかかる。

内閣府が発表した平成17年国民生活白書「子育て世代の意識と生活」に、女性が出産や子育てがなければ得られたであろう所得を「機会費用」として推計している。

たとえば、大卒の女性が60歳まで働いた場合、生涯で得られる賃金は2億7645万円である。仮に28～31歳で出産した場合、育児休業をとって働き続けた場合は6・9％、退職後に子どもが6歳になってから再就職すれば35・9％、6歳になってからパート・アルバイトとして再就職した場合は82・2％が失われる機会費用である。

もちろん、お金だけの問題ではない。子どもが小さいうちは、一緒に過ごすことの価値を大切にする人もいるだろう。一方で、働き続けることに価値を見出し、結婚しない、子どもを産まない女性が増える理由と受け取ることも可能である。政府も少子化についてはさまざまな施策を打ち出しているが、こうした合理的な判断がされていることも視野にいれると、現実的な対策ができるかもしれない。

女性が出産・子育てで失ってしまう「機会費用」

単位：万円（逸失率以外）、大卒平均

	給与	退職金	合計	逸失率
就業を継続した	25,377	2,269	27,645	→ 0%
育児休業を取得して働き続けた	23,503	2,243	25,737	→ 6.9%
出産退職後子どもが6歳で再就職	16,703	1,006	17,709	→ 35.9%
出産退職後子どもが6歳でパート・アルバイト再就職	4,827	86	4,913	→ 82.2%

出典：平成17年版国民生活白書

日本は総合的な経済力が落ちている

経済力が中国に負けた！
それを判断するのがＧＤＰという指標

KEY WORD
ＧＤＰ

付加価値の合計がＧＤＰと呼ばれる

ＧＤＰ（国内総生産）は国の経済規模を測る経済指標である。数字が大きいほど、その国の経済規模は大きい。世界共通のものなので、自国の経済規模を知るにも役立つ。

ＧＤＰは、定められた期間のうちに新たに生み出されたモノやサービスの付加価値を合計して算出される。付加価値とは売上高から原材料費を引いた粗利である。

たとえば、農家が小麦を育てて50万円で販売すれば、付加価値は50万円。それを製粉会社が小麦粉にして50万円の利益が、さらに製麺所で麺にして50万円の利益が出る。この場合、現時点での付加価値は合計１５０万円と

世界の名目GDPトップ10（2014年）

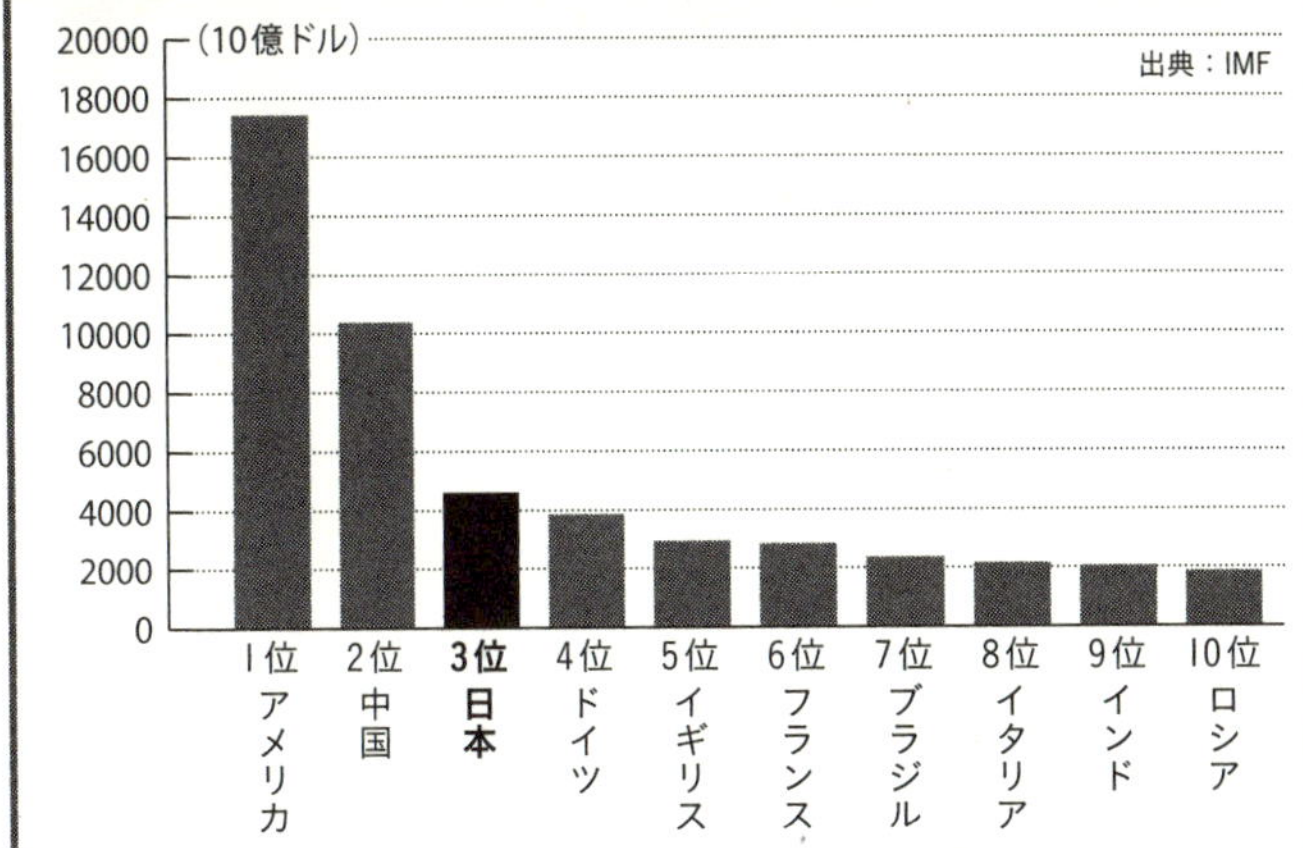
（10億ドル）
出典：IMF
20000
18000
16000
14000
12000
10000
8000
6000
4000
2000
0
1位 アメリカ
2位 中国
3位 日本
4位 ドイツ
5位 イギリス
6位 フランス
7位 ブラジル
8位 イタリア
9位 インド
10位 ロシア

なる。国全体のその合計額がＧＤＰなのだ。ＧＤＰは単純に利益を合計した名目ＧＤＰと、物価変動の影響を除いた実質ＧＤＰがある。というのも、物価水準が上がった場合は経済規模が拡大したとはいえないからである。また、前年と比較したＧＤＰの増減率はＧＤＰ成長率という。これにも同じように、名目と実質がある。

日本のＧＤＰは、高度成長期時代には高い成長を続け、１９７３年のオイルショック以降は安定期に突入。１９９０年のバブル経済崩壊後は低成長期となり、頭打ち傾向にある。世界的にみると１位はアメリカで、日本は１９６８年以降２位を保っていたが、２０１０年には中国に抜かれ、３位となった。

国民の豊かさは ＧＤＰにも表れる

ＧＤＰは国の経済規模を表す指標だが、数字が大きいからといって国民が豊かであるとは言えない。ＧＤＰを国民の数で割った「ひとりあたりＧＤＰ」で見てみよう。

注目すべき点は、名目ＧＤＰランキングでトップだった国が上位に出ていないところであろう。２０１４年度のランキングを見ると、名目ＧＤＰランキングで1位だったアメリカは10位、2位の中国は80位。3位だった日本も27位に転落している。人口の問題や円安なども絡んでくるので、単純比較はできないが、少なくとも日本はベスト20にも入らないのである。

ひとりあたりのＧＤＰが減少するのは、簡単にいえば日本人の購買力が減少傾向にあるということである。つまり、日本は貧しくなってきているのだ。もちろん、経済的な豊かさ=生活の豊かさではないが、考えさせられる数字である。

経済の雑学

所得が上がっても幸福ではない!?

この40年間日本は豊かになり、実質GDPは6倍になった。一方、所得の幸福度はこの40年間、ほとんど変化がない。所得が低い層は所得が多くなると幸福感を感じるのに、である。この現象は幸福のバラドックスと呼ぶ。

世界のひとりあたりの名目GDPランキング（2014年）

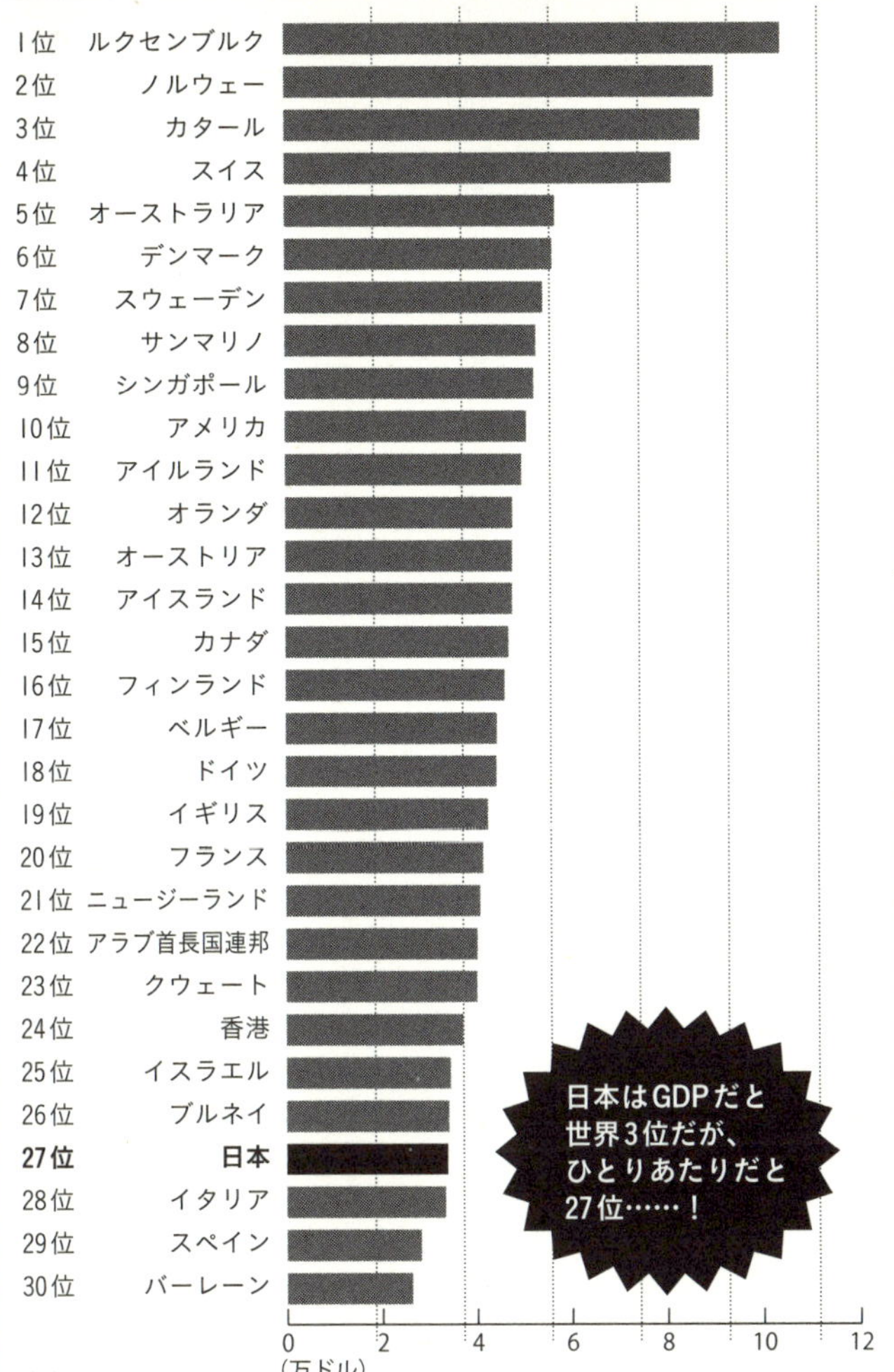
1位　ルクセンブルク
2位　ノルウェー
3位　カタール
4位　スイス
5位　オーストラリア
6位　デンマーク
7位　スウェーデン
8位　サンマリノ
9位　シンガポール
10位　アメリカ
11位　アイルランド
12位　オランダ
13位　オーストリア
14位　アイスランド
15位　カナダ
16位　フィンランド
17位　ベルギー
18位　ドイツ
19位　イギリス
20位　フランス
21位　ニュージーランド
22位　アラブ首長国連邦
23位　クウェート
24位　香港
25位　イスラエル
26位　ブルネイ
27位　日本
28位　イタリア
29位　スペイン
30位　バーレーン
0
2
4
6
8
10
12
（万ドル）
日本はGDPだと
世界3位だが、
ひとりあたりだと
27位……！

出典：IMF

景気のよし悪しは金利でわかる

国債の金利が5%だったこともある
あの時代はもうやってこないのか？

KEY WORD
高金利、低金利

金利でわかる景気の動向

そもそも、金利とはなんだろうか。これは、お金を借りたときに、貸した人に支払う賃借料のこと。銀行から融資を受けたり、住宅ローンを借りたりした場合、金利分のお金を上乗せして返済することになる。金利が変動するのは、景気のよし悪しによってお金の需給関係が変わることにある。

具体的に考えてみよう。好景気のときはモノが売れ、企業は収益が増えるためどんどん事業を拡大したり、設備投資を行ったりする。給料も増え、経済活動が活発になる。お金の需要が増えることで、金利が上昇するのだ。

一方、不景気のときは買い控えが起こり、

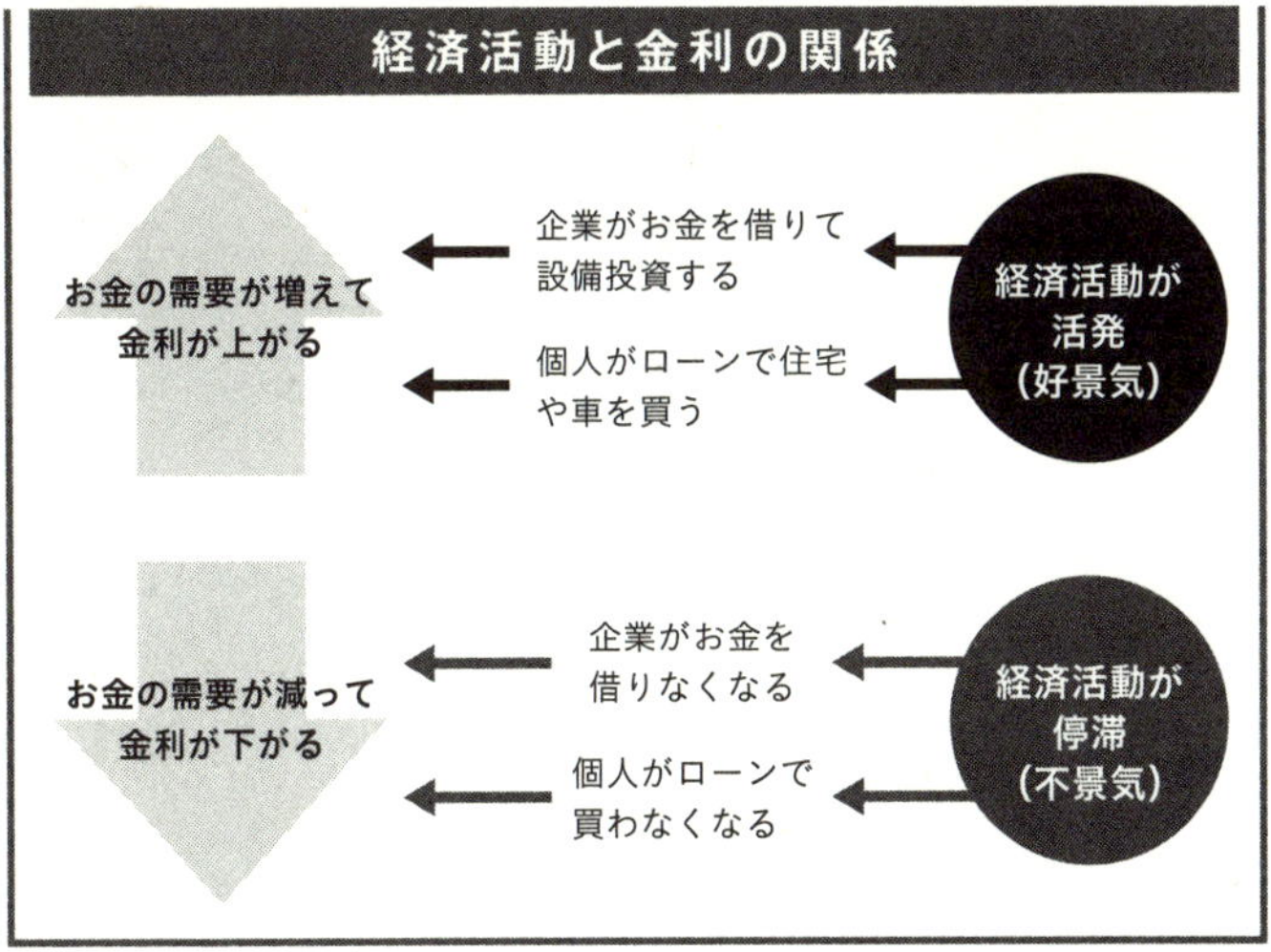
お金の需要が増えて
金利が上がる
企業がお金を借りて
設備投資する
個人がローンで住宅
や車を買う
経済活動が
活発
（好景気）
お金の需要が減って
金利が下がる
企業がお金を
借りなくなる
個人がローンで
買わなくなる
経済活動が
停滞
（不景気）
経済活動と金利の関係

企業の業績は低迷する。生産調整を行い、金利の負担を減らそうと前倒しで借入金を返済する。経済活動の停滞によりお金の需要は減り、それに伴って金利も低下するのだ。

今や超低金利の日本にも、かつて国債の金利が5％だった時代もあった。景気が回復すれば、近づく可能性もあるかもしれない。

経済の雑学

ゼロ金利政策は
よかった？　悪かった？

企業を助け、経済混乱を防ぐための応急措置として導入されたゼロ金利政策。しかしこれにより、不良債権を抱えた企業も生き延びることとなる。結果、優良企業に回るべき資金が分散し、競争を停滞させているという批判もある。

株価は景気の「兆し」を示す

景気よりも先に動く株価。
ある意味、占いより当たるかも

KEY WORD
株式市場

景気の先行指標である株価をチェックしよう

企業が事業を行っていくには資金が必要である。その資金調達手段のひとつに「株式の発行」がある。株式は日本国内にある4つの証券取引所で売買され、その価格を株価という。株式は買いたい人と売りたい人のバランスで日々株価が変動し、株式投資の悲喜こもごもはそれにともなって生まれるのだが、買いたい／売りたいを発生させる最大の要素は言うまでもなく業績だ。また、日本および海外の景気全体も影響する。

株式市場では、業績や景気動向といった要素がいいものであれ、悪いものであれ、その「兆し」が現れた段階で株価に影響が現れる。

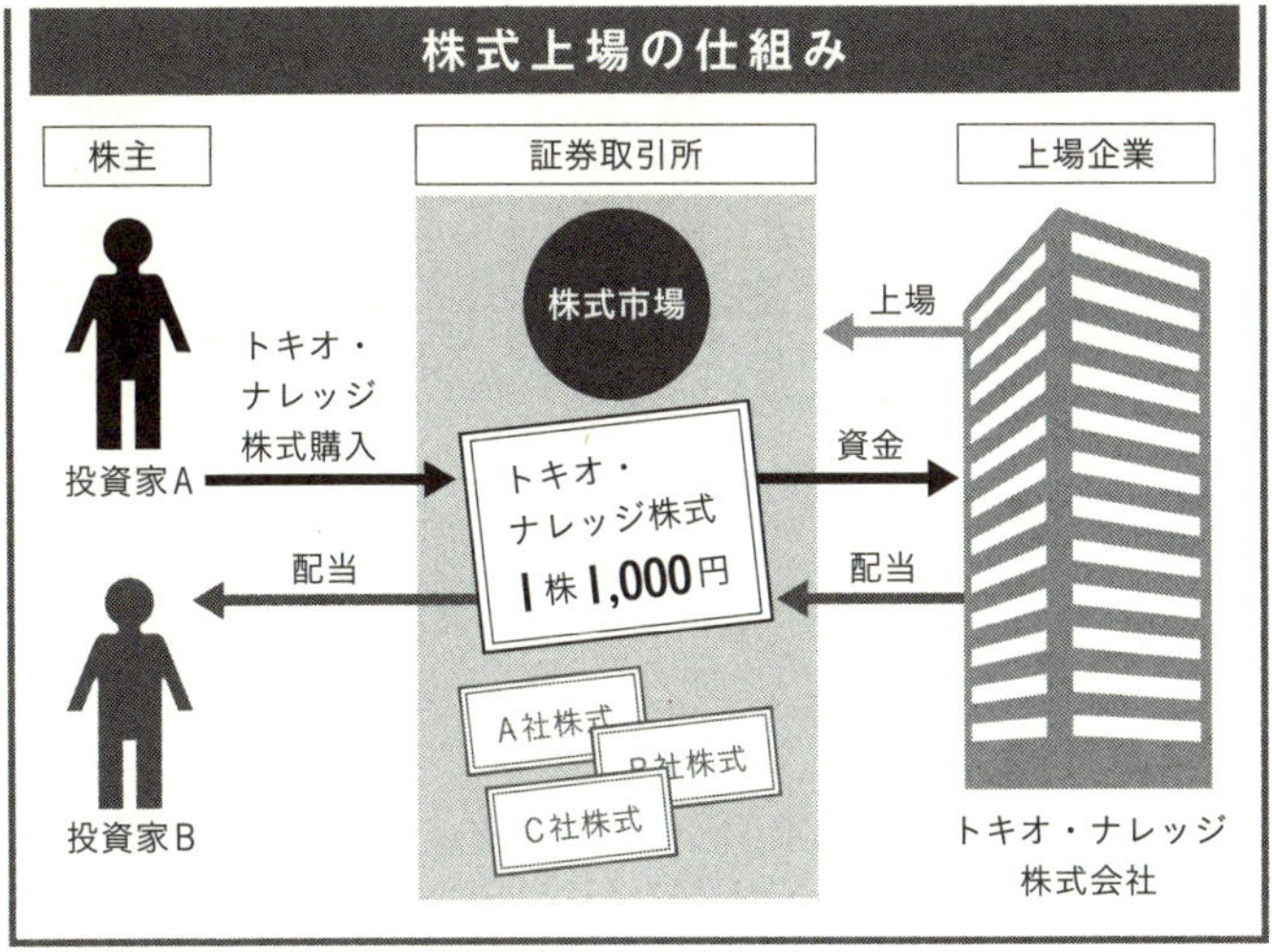
株式上場の仕組み
株主
証券取引所
上場企業
株式市場
上場
トキオ・
ナレッジ
株式購入
投資家A
トキオ・
ナレッジ株式
1株1,000円
資金
配当
配当
投資家B
C社株式
トキオ・ナレッジ
株式会社

つまり、景気がよくなる前に株価は上がりはじめ、景気が悪化する前に株価が下がりはじめるのである。そのため、「景気の先行指標」と呼ばれることもある。株式投資をしていない人でも、新聞やインターネットなどで日経平均株価を追ってみると、景気の動きが見えてくるかもしれない。

経済の雑学

株価の推移は今後どうなる？

日本の株式市場全体の動きは日経平均株価で把握することができる。バブル時代は3万8,915円にまで上がったが、その後低下。現在は米国の追加金融緩和で世界的に株価上昇が見られるなか、どこまで上がるか注目されている。

景気がよくなっても潤わないゲンジツ

給与が右肩上がりに上がらない時代。稼ぐ人とそうでない人の二極化が進む

KEY WORD
二極化

景気がよくなっても給与は上がらない

希望のない話に聞こえるかもしれないが、景気がよければ給与が右肩上がりに上がるものだった時代はもう過去のものである。現に、２００２年～２００８年は「いざなぎ超え」とも呼ばれた好景気だったが、サラリーマンの給与は上がらず「実感なき景気拡大」と言われた。日本人の給与は１９９７年以降、下がっているのである。

給与を取り巻く現在の動向は「二極化」という言葉があてはまるだろう。競争社会、および経済のグローバル化によって、売上を拡大する企業と縮小を迫られる企業、稼ぐことができる能力のある人と、それを持たない人

正規雇用と非正規雇用労働者の推移

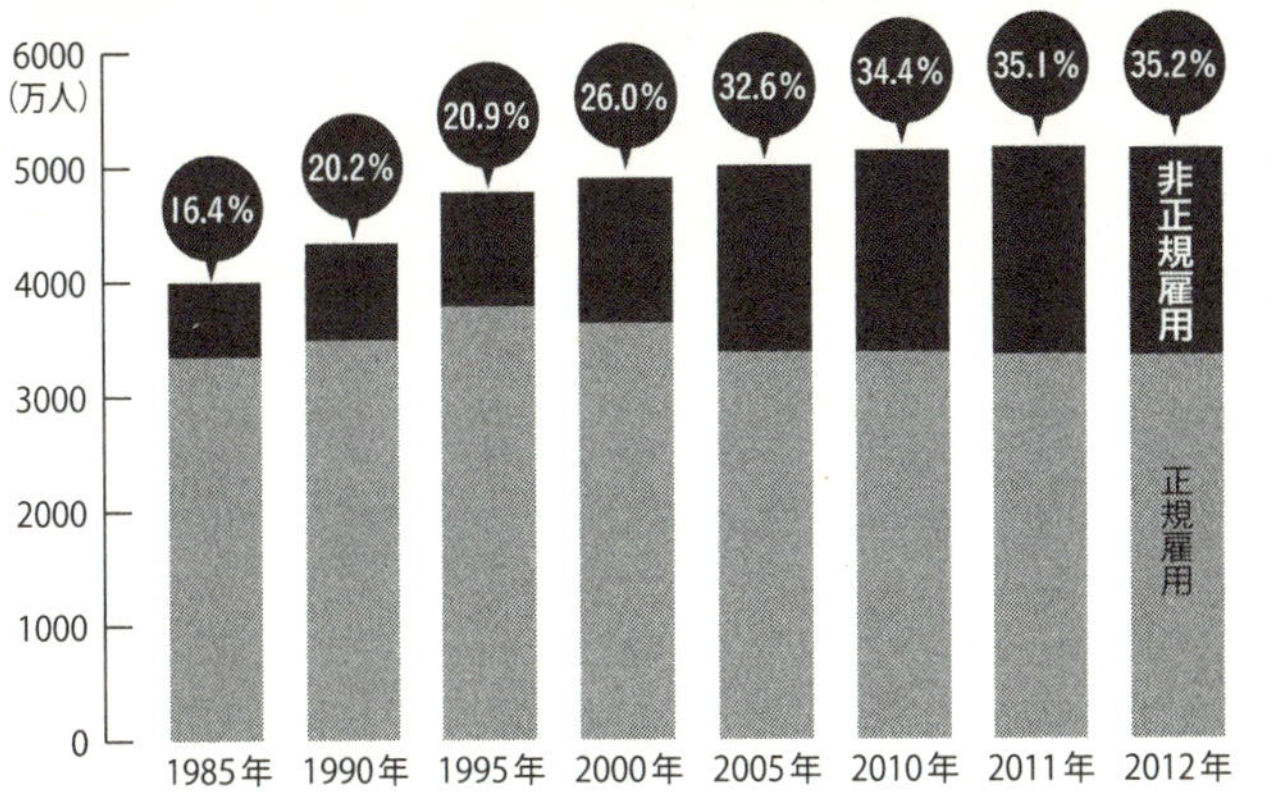
6000
(万人)
5000
4000
3000
2000
1000
0
16.4%
20.2%
20.9%
26.0%
32.6%
34.4%
35.1%
35.2%
非正規雇用
正規雇用
1985年
1990年
1995年
2000年
2005年
2010年
2011年
2012年

出典：就業構造基本統計調査（2012年）

の差が広がってきているのだ。たとえば正規雇用の人と非正規雇用の人では、格差は広がる一方である。

企業は生き残りをかけてコスト削減を行うため、今後も非正規雇用の需要は増加するだろう。二極化はますます顕著になり、景気に大きな影響を与える可能性もある。

経済の雑学

非正規雇用の割合は４割にものぼる

非正規雇用にはパートやアルバイト、派遣社員、契約社員などがある。30年前には15％程度であった非正規雇用は今や４割に近づこうとしている。正社員を解雇しにくい制度も非正規化の後押しになっているという批判もある。

自由貿易化に向かう世界経済

保護貿易から自由貿易へ。
日本はどうなるのか？

KEY WORD
GATT、WTO

消費者にとっては うれしい自由貿易

　本来は自由貿易が望ましいとされているが、実際には国内産業を守るため、日本では部分的に高い関税をかけることで輸入量を調整する保護貿易が行われている。たとえば農産物はその筆頭だ。米や砂糖、小麦などには２００～７００％の関税がかけられ、国内優位の図式が守られている。

　関税は、相手の国の輸出業者が負担する。そして輸入する国の税収となる。そうした意味でもオイシイのだ。しかし消費者からみれば、安い製品を買う機会を失うことになる。いわば、政府が国内の製品を買うようコントロールしているようなものだ。ただ、保護貿

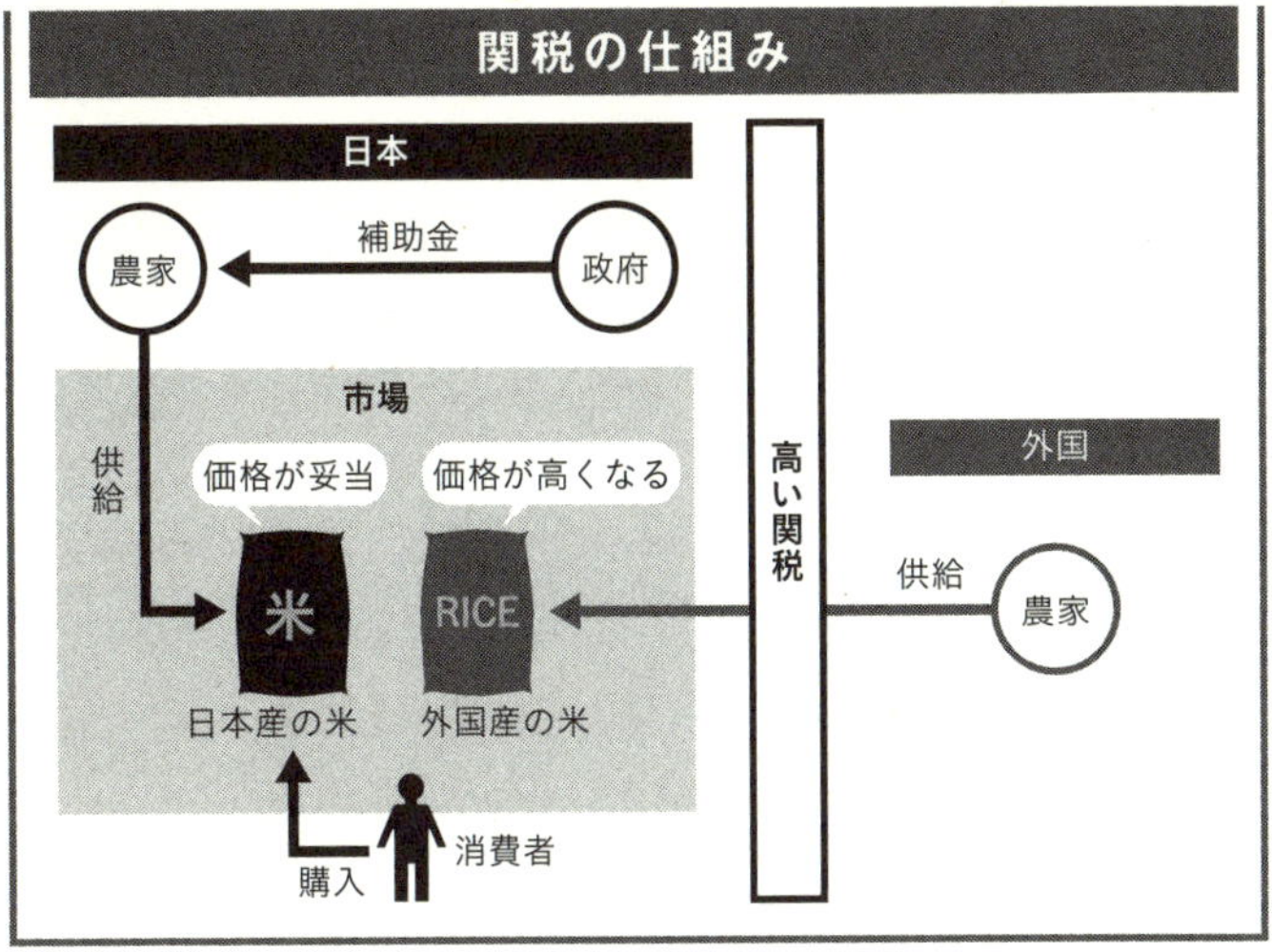
関税の仕組み
日本
補助金
農家
政府
市場
供給
価格が妥当
価格が高くなる
米
RICE
日本産の米
外国産の米
購入
消費者
高い関税
外国
供給
農家

易には農家や企業を守るという意味合いもあり、消費者メリットとどちらを優先するかは非常に難しい問題と言えるだろう。

ただ、各国が保護貿易に向かう一方では貿易が持つメリットは活かせない。そこで生まれたのが自由貿易を推進する仕組みだ。

ＧＡＴＴ（関税および貿易に関する一般協定）は各国間の自由貿易拡大をめざす貿易協定である。ただし正式な国際機関ではなく、罰則規定はないため拘束力が弱い、モノ以外は対象外という欠点があった。そうした欠点を補うためにＧＡＴＴの役割を引き継ぐ形で作られた国際機関がＷＴＯである。現在は１６１カ国と地域が加盟し、国際通商ルールが協議されている。

よりよい自由貿易を目指す協定が登場

ＷＴＯは１６０もの国が加盟しているため、なかなか統一的なルールをつくりにくく、また物事の決定に時間がかかりすぎるという面もある。そのため、関係国のみで個別にルールをつくる協定が設けられた。ＷＴＯではできないことを補うためである。

ＦＴＡ（自由貿易協定）は貿易の障害を互いに撤廃し自由貿易を行うことを目的としている。自由化の対象はモノやサービスなど多岐にわたる。ＥＰＡ（経済連携協定）はＦＴＡよりも対象分野が広く、知的所有権や投資も含まれている。これらに加盟することで、関税がなくなるため輸出が増える、日本企業が海外進出しやすくなるといったメリットがある。政治・外交上ぐ～んと有利になるだろう。

日本もＦＴＡやＥＰＡの締結には積極的で現在は14の国・地域とＥＰＡを締結、署名済み・交渉中の国も多い。

経済の雑学

**賛否両論の
ＴＰＰ参加**

現在も交渉が行われているTPP（環太平洋経済連携協定）への参加問題。貿易や投資活動、人の移動に関することなどFTA・EPAより広い自由化をめざすものだ。しかし国内農業のダメージも必至で、大きな難題ともなっている。

日本と各国とのＥＰＡ交渉の現状

EU
スイス
トルコ
GCC
湾岸協力会議
モンゴル
韓国
インド
日本
ASEAN全域
ベトナム
タイ
フィリピン
シンガポール
ブルネイ
マレーシア
インドネシア
オーストラリア
カナダ
メキシコ
コロンビア
ペルー
チリ
交渉中
締結済み
2015年9月10日

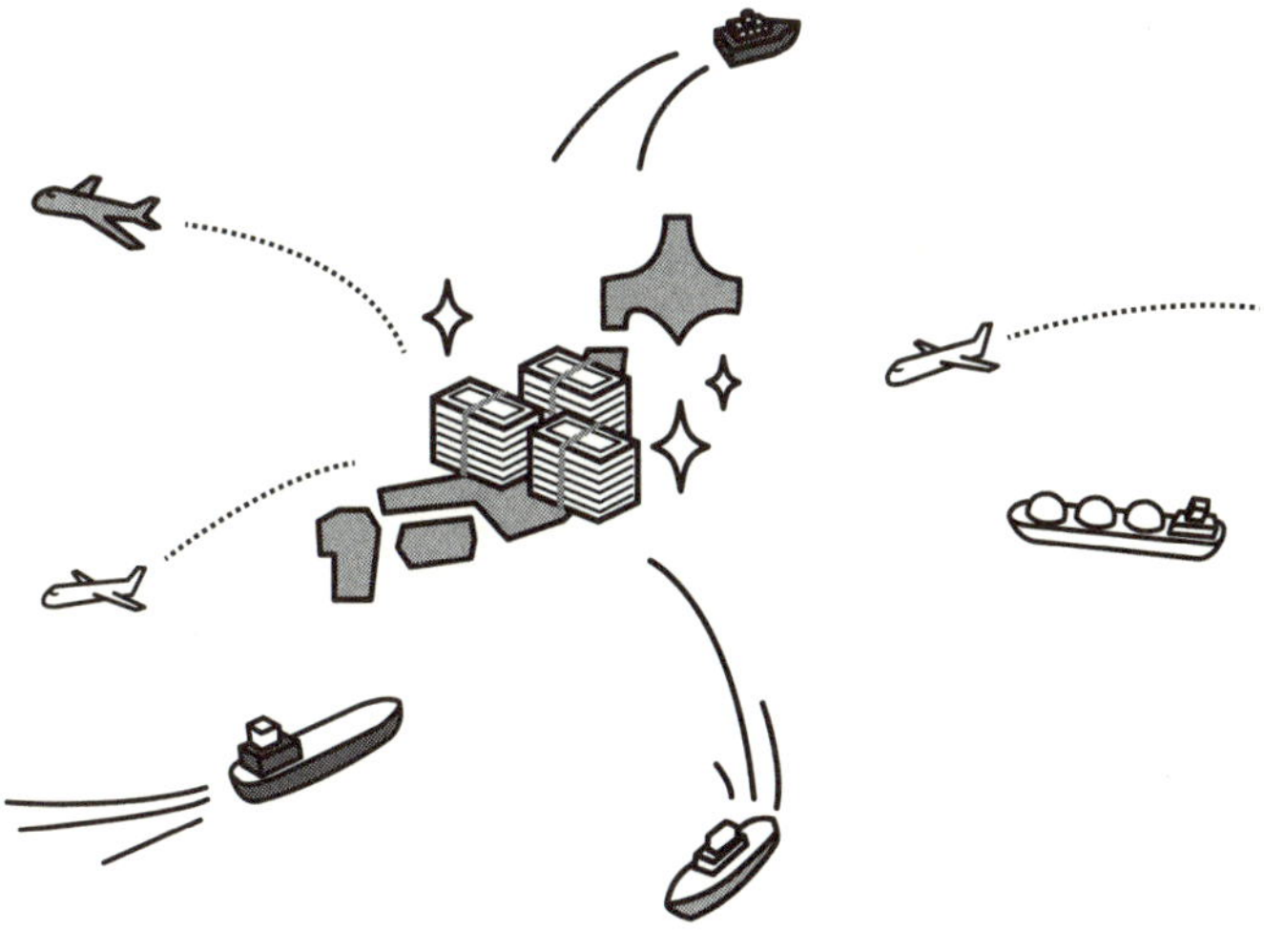

グローバル化で変わる日本の経済

変わりゆく日本を支えるため、フロンティア市場開拓へ

KEY WORD
フロンティア市場

プラザ合意の時代から変貌したグローバル化

製造業が海外に工場を置くことは「生産のグローバル化」という。１９８５年のプラザ合意を契機に輸出企業の業績が悪化し、円高対策として行われたのがきっかけだった。日米貿易摩擦が問題とされた時代には、摩擦緩和のために日本の自動車メーカーが米国に工場をつくったこともあった。２０００年前後には、賃金水準の低い中国が注目され、多くの企業が海外シフトを行うことになった。

ここ数年は、生産のグローバル化というよりは、新興国への進出を積極的に行うようになった。デフレや少子化で縮小する一方の国内市場だけでは、成長が難しくなったためで

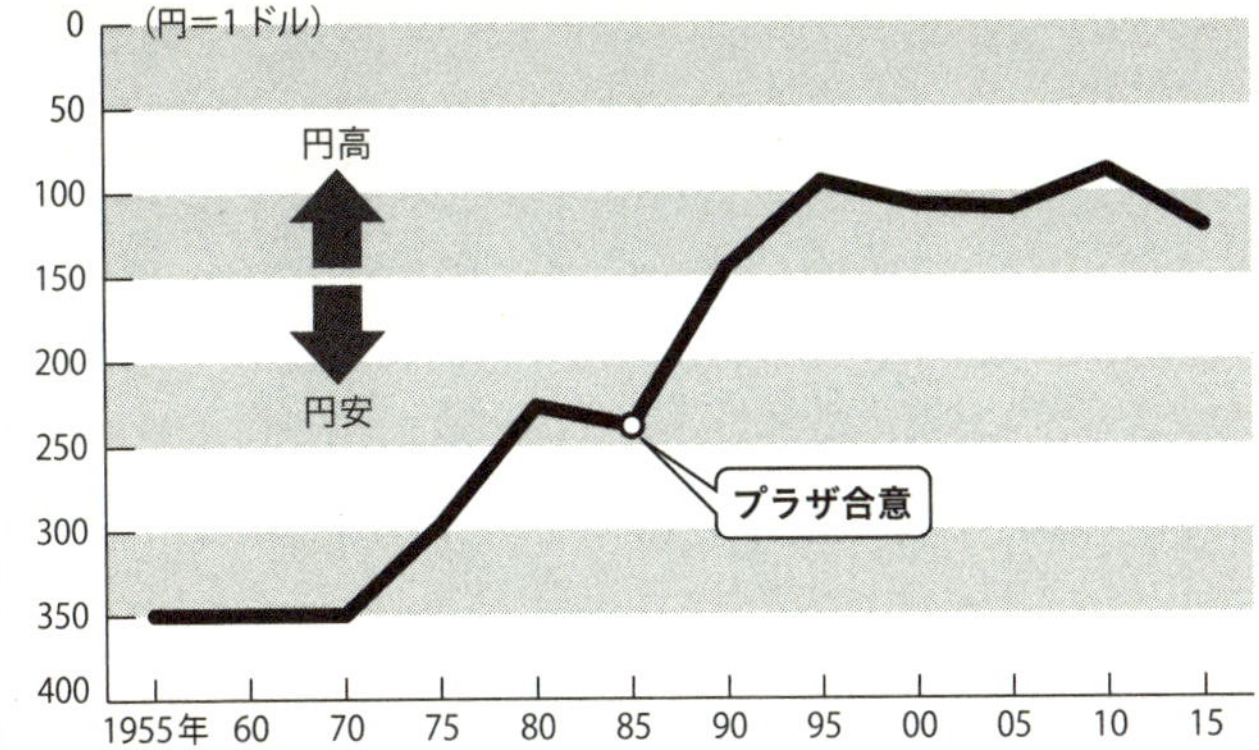

ドル／円相場の推移

数値は年間の平均レート
2015年の数値は1月〜最新月（8月現在）の平均レート

ある。中国を含め、有望な新興国は「フロンティア市場」と呼ばれている。モノづくりが中心だった時代から、教育などのサービス、保険などの金融商品、小売などと産業も多様になった。しかし、国外に経営を集中させることで、国内では産業の空洞化が起こるという懸念も指摘されている。

経済の雑学

製造拠点から市場に変わった新興国

調査によれば、現在では新興国に進出するメリットとして、賃金水準の低さから得られるメリットよりも、需要拡大に重きを置く企業が増えている。海外で生産し、海外で売る。そんな時代がやってきたと言えるだろう。

世界を相手にした競争で勝ち組になるには

人口減・高齢化が進む日本において、内需はもう拡大の見込みはない。日本経済は輸出で支えられている外需依存型の国であり、最終財（完成した製品）ではなく資本財（生産機械・設備）、工業原料を輸出するグローバルな分業体制に組み込まれているのだ。インドや中国などのアジア新興国では今後、所得に余裕のある中間層が増加することは明らかで、高品質な日本製品を求める動きは高まるとみられている。

そのためには、Ｍ＆Ａで海外市場を有利に進める、新興国でのマーケティングに力を入れるといった施策以上に、世界のデファクトスタンダード（標準規格）をめざした発想、そしてモノづくりが鍵となる。携帯電話に代表されるような、国内市場しかみていないガラパゴス化した規格は、海外市場では通用しないのだ。

また、日本にはいわゆる「クール・ジャパン」、日本独自の文化もある。マンガやアニメ、ゲームソフトはもちろんのこと、介護や重労働を助けるロボットスーツや温水洗浄便座など、コンセプトが海外に評価されているものもある。どう差別化して世界に打って出るか、もちろんガラパゴス化することなく――というのは、今後の日本にとって大きな課題となるだろう。

アジアの市場開拓を進めるのがキモ！

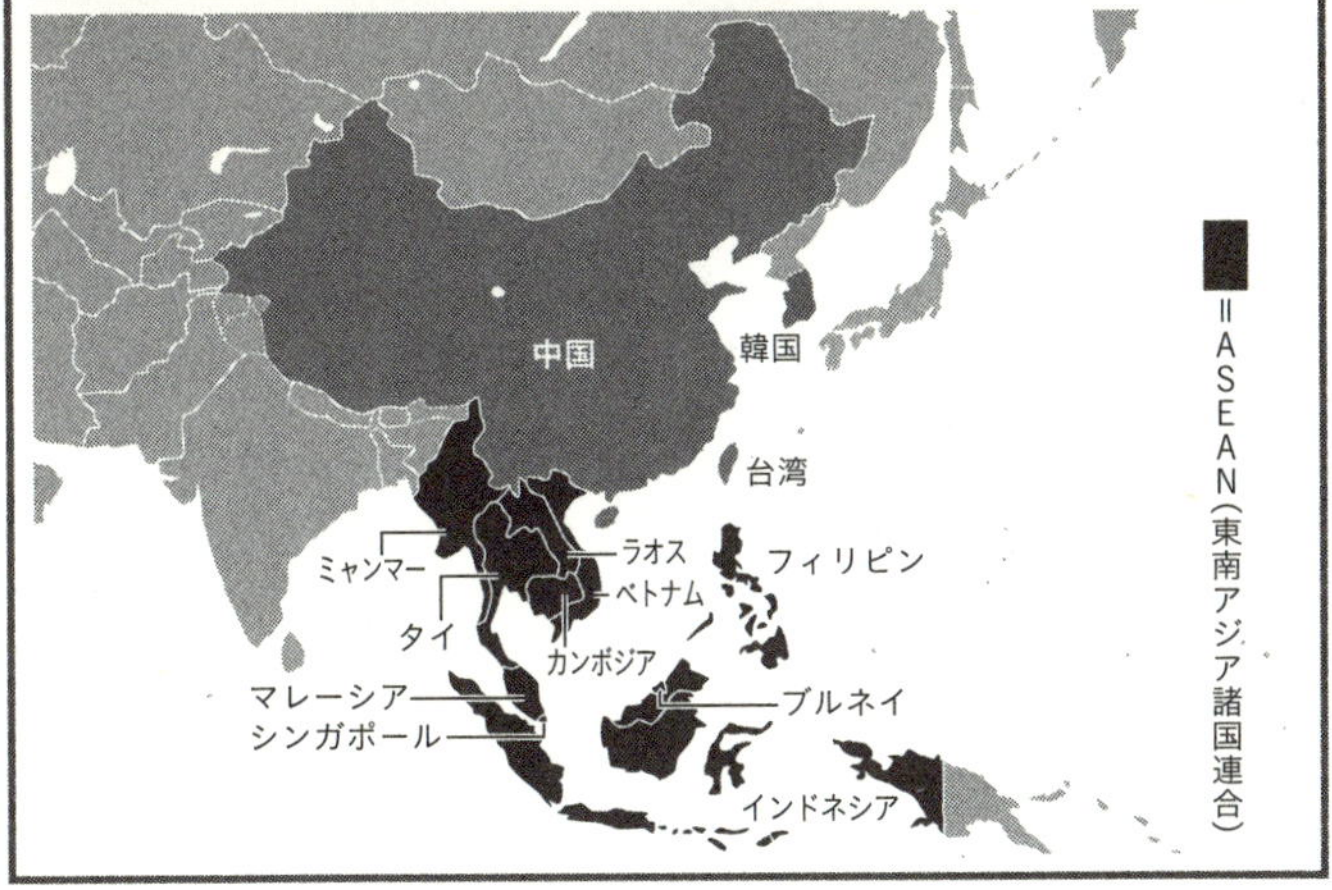
中国
韓国
台湾
ミャンマー
ラオス
フィリピン
ベトナム
タイ
カンボジア
マレーシア
ブルネイ
シンガポール
インドネシア
＝ASEAN（東南アジア諸国連合）

GLOBAL

世界経済は「新しい3極体制」へ

アメリカに拮抗する大きな経済圏が力を持ちはじめている

KEY WORD

BRICs

3極体制から外れた日本の行く末は……

２００８年の金融危機以降、急激に悪化した世界経済。第二次大戦以降、初のマイナス成長であった。各国の財政・金融政策が実を結び、２０１０年以降はゆるやかな回復局面に入っているが、先進国では回復の遅さが目についた。その一方で、中国のＧＤＰが日本を抜いて世界2位に躍り出るなど、華々しい変化もあった。

10年前までは、世界経済の勢力図は「アメリカ」「欧州」「日本」という3極体制によって描かれていた。しかし現在はこれが書き換えられ「アメリカ」「ＥＵ」「ＢＲＩＣｓなどの新興諸国」の〝新しい3極体制〟となって

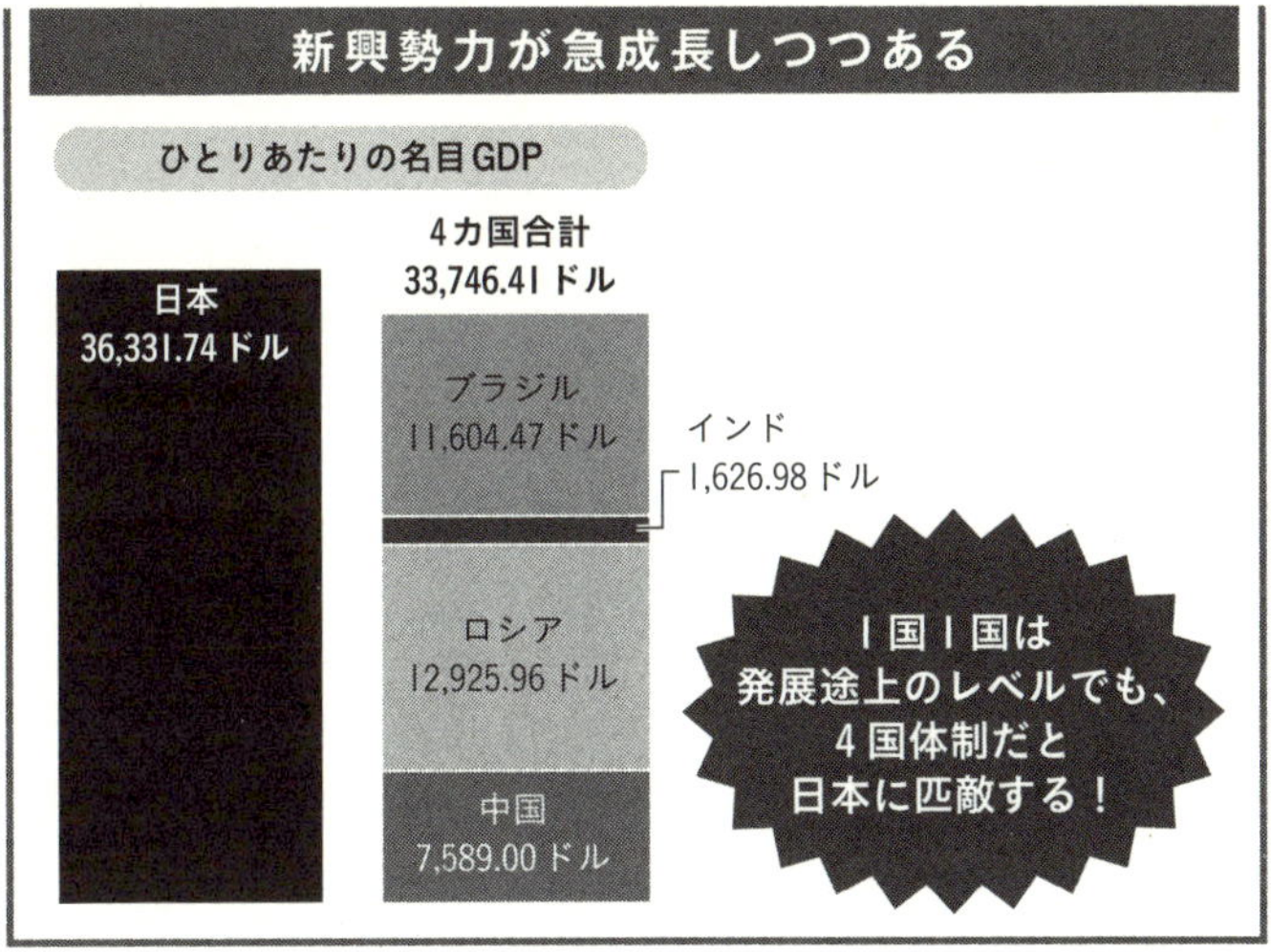
新興勢力が急成長しつつある
ひとりあたりの名目GDP
日本
36,331.74ドル
4カ国合計
33,746.41ドル
ブラジル
11,604.47ドル
インド
1,626.98ドル
ロシア
12,925.96ドル
中国
7,589.00ドル
1国1国は
発展途上のレベルでも、
4国体制だと
日本に匹敵する！

いる。欧州諸国はＥＵ（欧州連合）となって、アメリカに対抗しうる経済圏を築いている。またＢＲＩＣｓも連携して、アメリカや欧州に対抗する動きを見せている。世界経済が再編されつつあるなか、日本も東アジア共同体構想のような、新たな経済圏をつくる必要性に迫られているのだ。

経済の雑学

新しい３極体制の旗手 ＢＲＩＣｓとは

ブラジル、ロシア、インド、チャイナの4カ国である。21世紀に大きな経済成長を遂げる見込みがあるとして、ゴールドマン・サックスが名付けた。豊富な天然資源、若く大量の労働力、広大な土地などが強みである。

経済学の格言

私たちは、
借金しているのではない。
金融資本主義によって、
借金させられているのだ。

社会学者、哲学者

マウリツィオ・ラッツァラート

第4章

経済学でひもとく金欠の原因

誰しもがお金の大切さを知っているのに、その使い方はときとして合理的ではない。実はココロでお金を使っているから、思うようにたまらないのだ。

合理的な判断を鈍らせるシステム＝借金

使うのは今、支払うのは先。この仕組みが浪費家を生んでしまう

KEY WORD
異時点間の選択

行動経済学の視点から借金をとらえてみよう

借金＝悪、というイメージが強いが、もちろん全部がそうではない。たとえば住宅ローンなどは、長期にわたる低金利のローンとして、資産運用として活用するのはよい借金と言えるだろう。一方、娯楽や楽しみのためにカードローンを多用する、多重債務をするといった使い方は避けたいものである。

借金が膨らみ、返済できなくなった人の話を聞くと「なぜ安易に借りるのか」と不思議に思う人は多いだろう。行動経済学的にみるとこれは別段不思議ではない。借金という行為は、支払いを先送りすることである。何かを決めた時点と、実際に損失や利益を受ける

カード払いは高い買い物がしやすい
カード払いの場合
あと、1カ月後の支払いならどうにかなるだろう！買っちゃえ♪
Card
支払い＝損失が後回しにされたことにより、高額商品を買いやすい。
現金の場合
高い……！ やっぱり買うのをやめようかな
10000
¥
10000
支払い＝損失がダイレクトなので、ムダ遣いしにくい。

時点が異なることを「異時点間の選択」といい、これが起こると人は合理的な判断をしにくくなる。つまり、借金は構造的に、どうしても非合理的な意思決定をしやすい仕組みを持っているのだ。返せるだろうとたかをくくっている、それがすでに非合理な意思決定かもしれない。

経済の雑学

現在重視バイアスも借金を後押しする

多少お金を多く払っても、今したいこと、ほしいものを重視する。行動経済学では「現在重視バイアス」と言うが、あまりにも非合理的な決断は控えるべきだろう。人にはこうした傾向があるという知識を持つことが、抑止につながる。

借りたお金ほど浪費しやすい

お金の価値は変わらないのに、心の受け止め方が違ってしまう

KEY WORD
メンタル・アカウンティング

後ろめたいお金はすぐ使ってしまう

「悪銭身につかず」ということわざがある。盗みやギャンブルなど不当な手段で手に入れたお金は、つまらないことに使ってしまって残らないものだ、という意味で「お金は汗水たらして稼ぐもの」という世間的通念がよく表れているといえるだろう。

行動経済学的にいえば、これは「メンタル・アカウンティング」という言葉で説明できる。日本語でいえば「心の会計」と訳すことができるこの言葉は、人がお金に関して意思決定をする際、比較的狭い枠組みの中で判断する傾向を表した言葉だ。お金そのものの価値は変わらないのに「ギャンブルで稼いだお金」

実際の金遣いとギャップがある「心の会計」

１万円と言う金額でも状況によってその価値が変わることがある。この心の会計が私たちが無駄なお金を使ってしまったり、衝動買いをしてしまったりしてしまう根本的な原因！

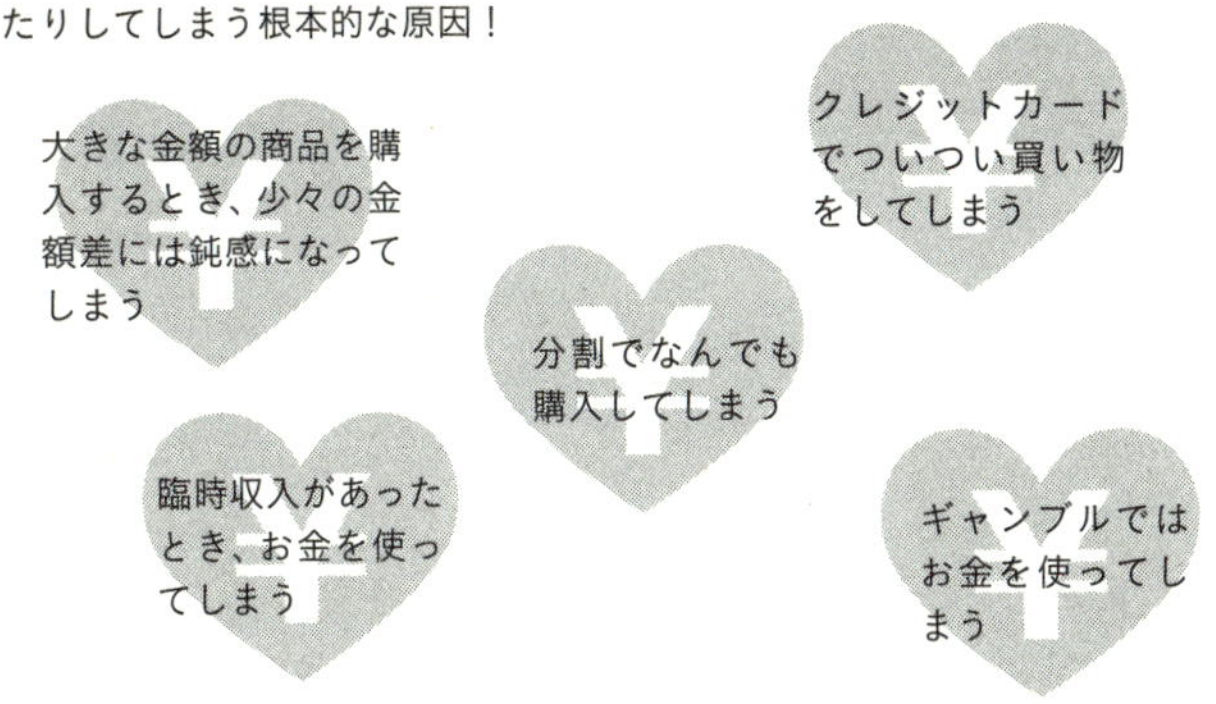
大きな金額の商品を購入するとき、少々の金額差には鈍感になってしまう
クレジットカードでついつい買い物をしてしまう
分割でなんでも購入してしまう
臨時収入があったとき、お金を使ってしまう
ギャンブルではお金を使ってしまう

と思うと「パーッと使ってやれ」と思われがちだ。借金もそうだ。借金そのものは悪くないにしても、自分で「汗水たらして働いたわけではないお金」という枠の中でそのお金をとらえてしまう。バツの悪さを感じた結果、決して合理的ではない、浪費に近い使い方をする人がいるのである。

経済の雑学

カジノで得たお金はすぐにすってしまうワケ

ハウスマネー効果という言葉がある。ハウスとはカジノのこと。カジノでお金を儲けても、すぐにカジノですってしまう人が多いことからこの名がついた。これもまたメンタル・アカウンティングの一例だ。あぶく銭は身につかない。

人は借金を正当化する生き物

人は意思決定に際しては常に論理的であろうとするものである。しかし常に合理的な行動を取るわけではないことは、すでに本書のなかでも数えきれないほど言及してきたとおりである。

一例として、生活費が足りなくなってカードローンに手を出したところ、気づいたら返すのが困難な金額になっていて……という人がいたとしよう。「いつの間にか借金が増えた」という、およそ合理的でない状況ですら、人は合理的でありたいという「一貫性幻想」を持つ。そして、現実に起こっていることと心のズレである「認知的不協和」を解消するために、さまざまな言い訳をする。高級レストランでの外食の出費を「生活費」と言いはってみたり、「このときは返せる見込みが立っていた」と弁明したりするのだ。

こうした考え方が「借金をした」というやましさからくるもの、つまり前ページでご紹介したメンタル・アカウンティングによるものであれば、まずはそうした特別な思い入れを持たないよう意識してみるといいかもしれない。お金はお金であって、いいお金と悪いお金を分けるのは自分なのだ。一旦、その認識をなくしてみることで、借金を含めたお金とうまくつき合っていく方法が見つかる可能性もあるだろう。

人間は借金でも合理化・正当化してしまう

「盗人《ぬすびと》にも三分の理」のことわざどおり、どんなに筋の通らないことでも、その気になれば理屈はつけられるもの。借金はその最たるものである。

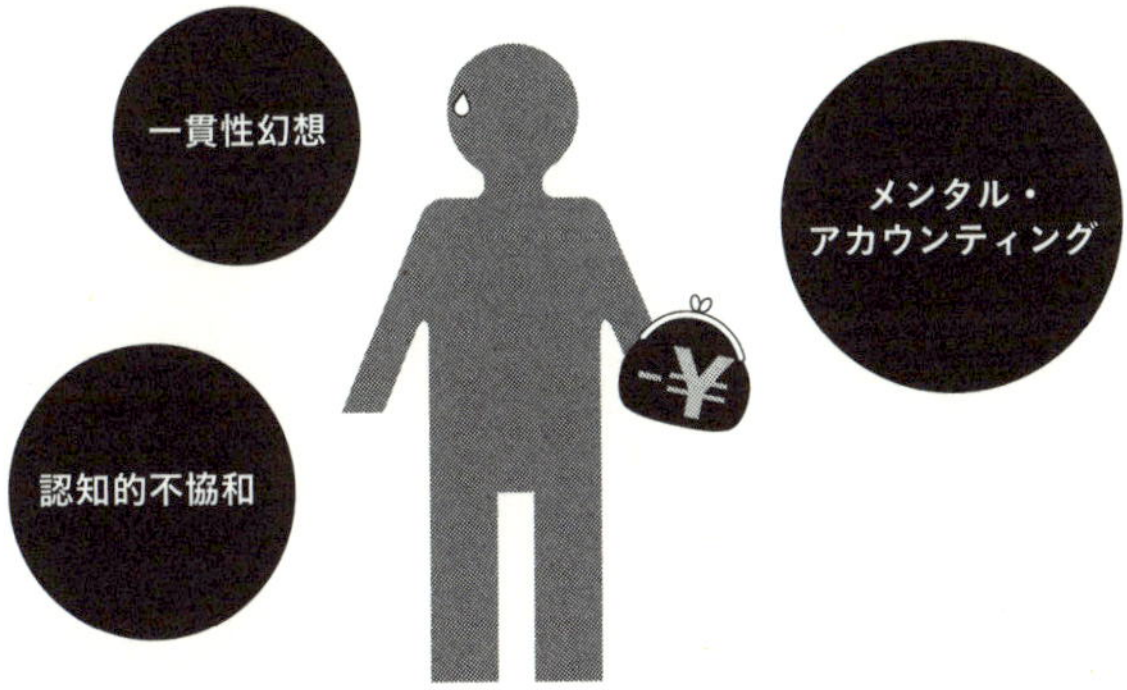

貧乏人ほど手数料を気にしない

無意識で非合理的な選択をし、合理化している自分に気づくことが大事

KEY WORD　ムダの正当化

たった１０８円だし……で貧乏人まっしぐら

銀行のＡＴＭは、決められた一定時間外の出金や振込に手数料がかかるようになっている。１回につき１００円ちょっとの金額とはいえ、これを気にしないタイプの人はお金がたまりにくい、言ってみれば貧乏人になる素質を持っているといえる。

手数料そのものは、時間外にお金をおろすのが月に数回といった程度では、目を見張るような金額ではない。仮に年間でみた場合でも、数千円程度。これをケチケチするなら、無駄な飲み会を減らしたほうがまだマシだろう。問題は、自分でその小さなムダを正当化していないか、という点にある。

小さいムダ遣いをするタイプは大きなムダも正当化する
100円ちょっとだしま、いっか！
手数料
108円
ATM
飲み会や衝動買いなど、ムダ遣いにつながる
カンパーイ！

たとえば「１０８円をケチるより、夜お金がおろせる便利さのほうが大事」ならそれはそれでいい。ただ、同じような正当化を、もっと大きな金額にも適用していないだろうか。小さなムダを正当化する人は、たいてい無意識のうちに、大きなムダも正当化しがちだ。それこそが、貧乏人的発想なのである。

経済の雑学

手数料を気にせず使える金融機関も

本文では手数料があるという前提で話を展開したが、コンビニＡＴＭでも手数料がかからない金融機関もある。住信SBIネット銀行、楽天銀行、新生銀行、ソニー銀行、ジャパンネット銀行などだ。これなら合理化する必要もない。

ポイントカードは貧乏カード

「ポイント10%」で買い物をする罠、クセになる「いつの間にかたまってた」感

KEY WORD メンタル・アカウンティング

多くの店が導入しているのは効率よくカモれるから

パソコンを買おうと家電量販店に行ったら「ポイント10%還元」とあった。ここで「10%値引きされたのか、じゃあ1万円のポイントで周辺機器を買おう」と思ったら、あなたはポイントカードの罠にハマッている。

合計11万円分のお金を払えば、還元率は9・1%だからである。こうした「メンタル・アカウンティング（心の会計）」の非合理を生みやすいのがポイントカードなのだ。

さらに、ポイントカードは麻薬のようなところもある。現金で10%分割引してもらって買う場合と、定価+ポイント還元で買った場合を考えてみよう。現金の場合は損失のみが

「ポイント還元10%」は「10%の値引き」ではない!

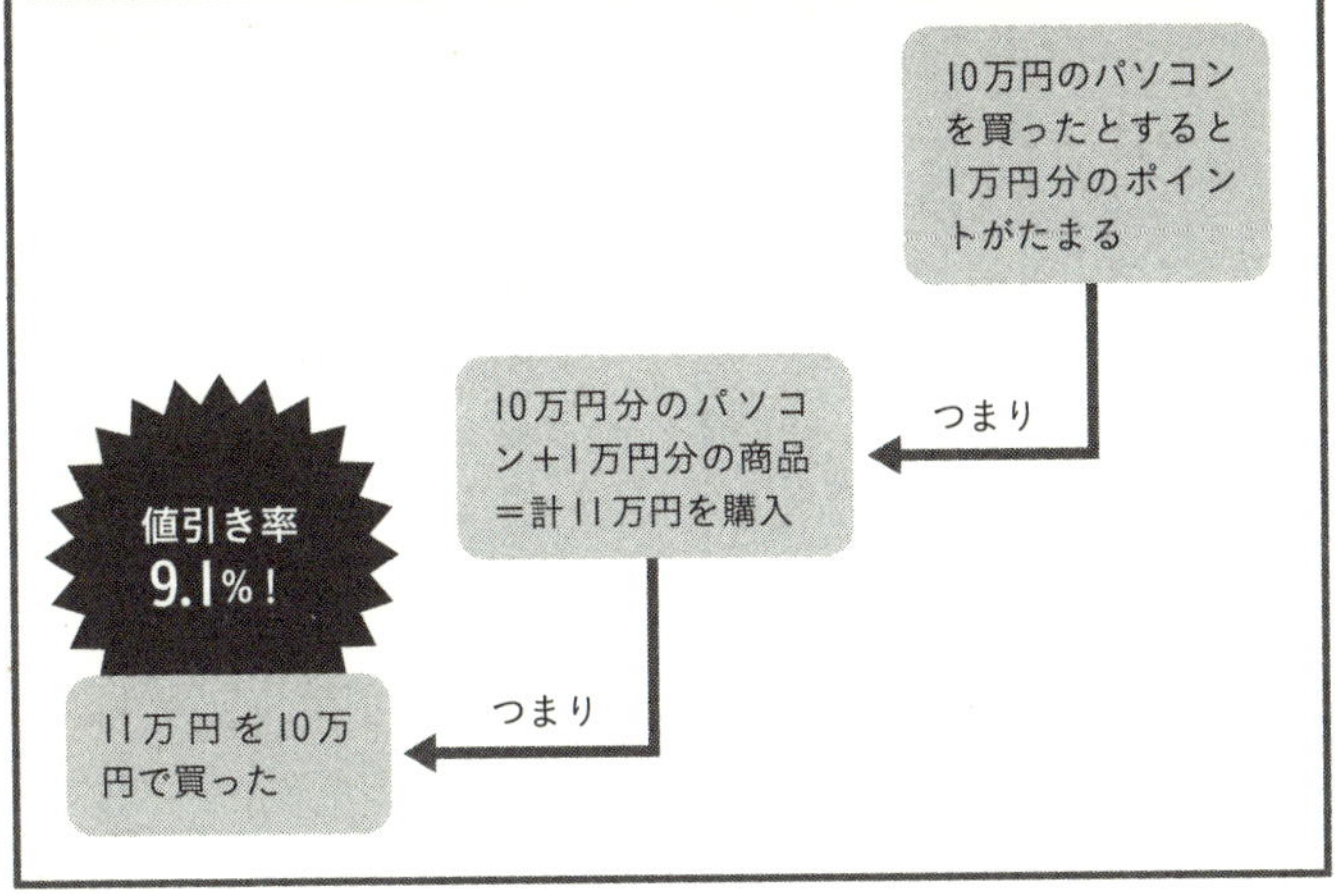
10万円のパソコンを買ったとすると1万円分のポイントがたまる
つまり
10万円分のパソコン+1万円分の商品=計11万円を購入
つまり
11万円を10万円で買った
値引き率9.1%!

ある。しかしポイントのほうは、損失はあっても別の買い物でポイントを使うお楽しみがある。ポイントを使うのが後日の場合、ためたときのことは忘れがちだから、無から有が生まれたようでうれしくなる。そしてその店が好きになり、通うようになるのだ。うれしくなったときには、すでにカモなのである。

経済の雑学

**過熱化する
ポイントカード**

かつては企業ごとに発行されることが多かったポイントカードも、ブーム拡大とともに異業種横断でポイントが共通化され、巨大産業となった。効率的にためる指南本が発行されるなど「おまけ」の域を越えてハマる人もいる。

通販の「買いたくさせるワナ」

行動経済学テクニックの宝石箱!?
通販業界はこんな手を使って買わせている

KEY WORD
フレーミング効果
反転効果

「フレーミング効果」で買いたくさせる

無店舗型販売の一形態である通信販売。化粧品や健康食品などでリピート買いをさせるもの、専用チャンネルができるほどに成長したテレビ通販、もはや買えないモノなどないレベルで広く浸透したネット通販などさまざまである。目の前に商品がない、という状態から「ほしい」と思わせるために使われているさまざまなテクニックを分析してみよう。

判断や選択をする際の表現を変えることで行動に影響を与えることをフレーミング効果と呼ぶ。たとえば１カ月分で３０００円の健康食品を「１日たったの１００円！」と表現すれば、手頃な印象が強くなる。また、まと

見方や基準を自在に変える「フレーミング効果」

見方や基準を変えることで、同じ物事でも全く違う印象を持たせるフレーミング効果。
少し表現を変えるだけで、受ける印象はマイナスにもプラスにも転換させることができる。

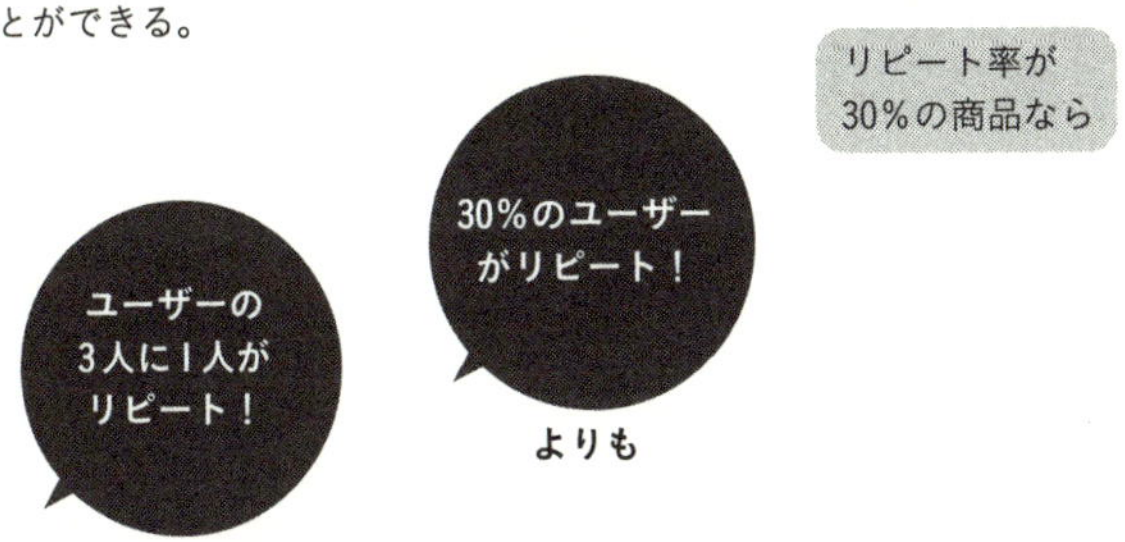
リピート率が
30%の商品なら
30%のユーザーがリピート！
よりも
ユーザーの3人に1人がリピート！

のほうが多くの人がリピートしている印象になる。

め買いで安くなる商品であれば「３袋入りなら１袋あたり２５０円おトク。５袋入りなら１袋あたり３００円おトク」といったように金額を比較させる手もある。また「売上Ｎｏ．１」「リピート率99％」などのように、数字を使って商品をよく見せるハロー効果もさまざまな手法で活用されている。

経済の雑学

反応すべてが観察されて次の手を打ってくる通販

通販では綿密なマーケティング戦略が立てられ、キャッチコピーひとつから封筒の色まで、どれが消費者の反応を上げるかテストが行われる。1日でネット広告が差し替えられることもあるほど徹底して売る工夫をしているのだ。

あえてのハズしで目を引く広告に

トヴァスキーとカーネマンによって行われた「アジアの病気問題」という実験がある。

Q1ある病気が突発的に流行し、放置すると600人が死ぬと予想された。撲滅するために2つのプログラムが考案された。対策Aを取れば200人が助かる。対策Bを取れば3分の1の確率で600人助かり、3分の2の確率で誰も助からない。

Q2対策Cを取れば400人が死亡する。対策Dを取れば、3分の1の確率で誰も死なずに済むが、3分の2の確率で600人が死亡する。

実は対策AとC、BとDは同じ意味である。しかし実験の結果、Q1では対策Aが、Q2では対策Dが選ばれた。「200人が助かる」というポジティブな表現か「400人が死ぬ」というネガティブな表現かで選択が反対になるのだ。これを「反転効果」といい、ネガティブな状況では、人はリスクの大きな選択をする。たとえば、健康食品の生活で「最近、◯◯していないあなたへ」というものをよく見かけるが、これは消費者が気になるようなネガティブな状況をつくり出す。結果として、リスクはあるが買ってみようかと思わせる。

buy
DIET
MACHINE
¥19,800

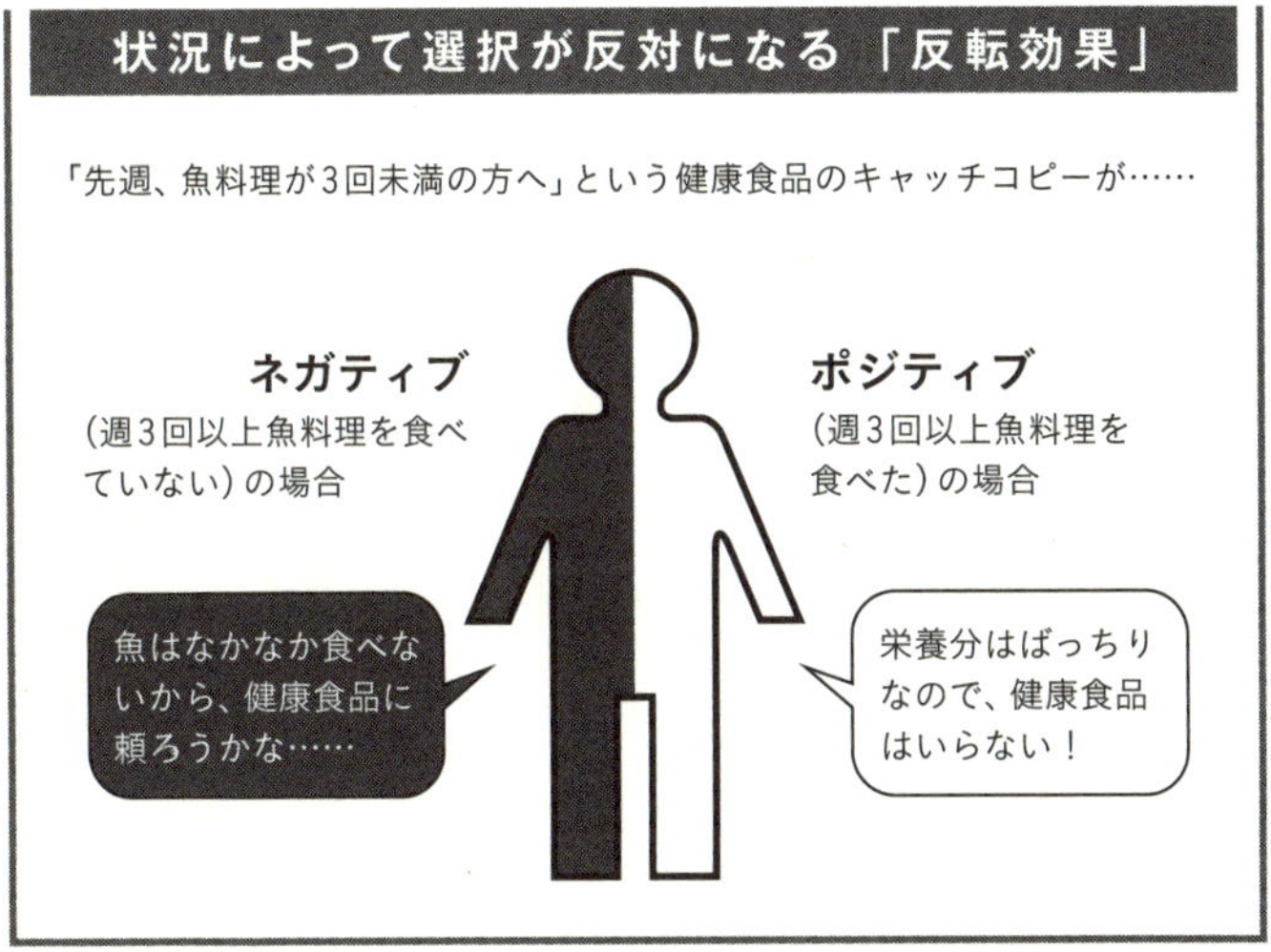
「先週、魚料理が3回未満の方へ」という健康食品のキャッチコピーが……
ネガティブ
（週3回以上魚料理を食べていない）の場合
ポジティブ
（週3回以上魚料理を食べた）の場合
魚はなかなか食べないから、健康食品に頼ろうかな……
栄養分はばっちりなので、健康食品はいらない！
状況によって選択が反対になる「反転効果」

クレジットカードは判断を麻痺させる

行動経済学で見たクレジットカードの〝麻薬的効果〟

KEY WORD
異時点間の選択

心理的ハードルが下がり つい買ってしまう

あなたがお小遣い制のサラリーマンだとしよう。今、今月の残りである1万円が財布に入っている。そして、どうしても行きたいコンサートのチケットをみつけてしまった。それが8000円の場合、財布の1万円札で支払うのと、クレジットカードで買うのとどちらを選ぶだろうか? 使う金額は同じだが、おそらく現金よりもカードのほうが使いやすいという人のほうが多いのではないだろうか。

クレジットカードは目の前にお金がなくても買い物ができるため、そもそも論として買い物の心理的ハードルを下げる。さらにいえば、行動心理学でいう「異時点間の選択」、

つまり買おうと決める時間と損失が出る時間に差があるため、「今、手に入れることの快楽」を重視しがちになるのだ。

カードの使いすぎで支払いに苦労している人は、この歯止めがきかなくなっているタイプの人が多い。当たり前すぎる話だが、カードを持たないのが一番の治療になる。

経済の雑学

カードで気が大きくなる人の管理法

少々面倒な方法ではあるが、カードを使うたびにその額を引き落とし用の口座に入れると、カードを使いながらもお金の管理がしやすくなる。ネットバンキングなどを利用して、自分のお金に自覚を持ってみるといいだろう。

リボ払いはやってはいけない

お金の専門家もNGを出すリボ払い。行動経済学的にみてもやはりおすすめできない

KEY WORD

ヒューリスティック

心が錯覚を起こすリボ払いのしくみ

リボ払いはクレジットカードの支払い方法の一種で、毎月使った額ではなく、あらかじめ決めておいた一定の額を支払うものである。支払い金額が上下しないので家計が安定するというメリットはあるが、行動経済学の観点からみればあまりおすすめはできない。

冷静に考えれば非合理的であるとわかるのに、感覚でものごとを判断してしまうことを「ヒューリスティック」という。リボ払いは構造的に、このヒューリスティックに陥りやすい仕組みを持っている。

リボ払いの場合、借金の残高が残っていても新たにリボ払いをすることができる。一方

利用額以上に支払っている「リボ払い」

リボ払いで支払っている間も、限度額までなら何度でも借りることができる。そのため、自分が今、いくら借りているのかがわかりづらく、思った以上に借りてしまう人が多い。しかも手数料と金利を含めた金額はかなり高額なものとなる場合も多く、デメリットが生じることになる。

月	利用額	定額払い	手数料	合計支払い額	支払い後残高
1月	100,000	10,000	**1,250**	11,250	90,000
2月	74,000	10,000	**2,050**	12,050	154,000
3月	58,000	10,000	**2,650**	12,650	202,000
4月	0	10,000	**2,525**	12,525	192,000
5月	20,000	10,000	**2,650**	12,650	202,000
6月	18,500	10,000	**2,756**	12,756	210,500
7月	0	10,000	**2,631**	12,631	200,500
8月	0	10,000	**2,506**	12,506	190,500
9月	30,000	10,000	**2,756**	12,756	210,500
10月	5,500	10,000	**2,700**	12,700	206,000
11月	90,000	10,000	**3,800**	13,800	294,000
12月	10,000	10,000	**3,800**	13,800	294,000
累計	414,000	120,000	**32,074**	152,074	

リボ払いの例

- リボルディング利用限度額30万円
- 実質年利15％
- 月々の定額払い1万円

1年間の手数料累計（利息相当分）が3万2074円にのぼる

で支払額は一定なので、あまり「使った」という実感がないままに、どんどん借金だけが膨らんでいって支払いが長期化することになる。いわば感覚が麻痺してしまうのだ。

そもそも「リボ払い」という名称が認知バイアスの歪み、つまり錯覚を起こしやすい。単なるクレジットカードの支払い方法のひとつのようにみえるが、当然ながら年利15％程度の金利のかかる借金である。

このリボ払いは、多くのカード会社が特典をつけて宣伝している。ポイントやマイレージが2倍になるなど魅力的な特典にみえるかもしれないが、金利を考えれば微々たる差だろう。見せかけのトクに惑わされて、選好の逆転を起こさないようにしたいものだ。

50円ケチって500円を使う心の仕組み

メンタル・アカウンティングを使って、自分のお金をムダなく使う

KEY WORD メンタル・アカウンティング

無意識で行っているバーチャル会計

ランチ代は50円でも安くと思うのに、飲み会では何倍ものお金を使ってしまう。同じお金でも、どのフレームに当てはめるかで意味合いが変わる。これを「メンタル・アカウンティング（心の会計）」という。無意識に行われているその会計を分析してみよう。

メンタル・アカウンティングは大きく分けて3つである。まず財布の中のお金や生活費は「経常所得アカウント」。住宅や自動車購入などのために積み立てているお金は「将来所得アカウント」で、使うことの心理的ハードルが高く貯蓄に回される。2つの中間に位置するのが「資産アカウント」である。すぐ

3種類ある「メンタル・アカウンティング」

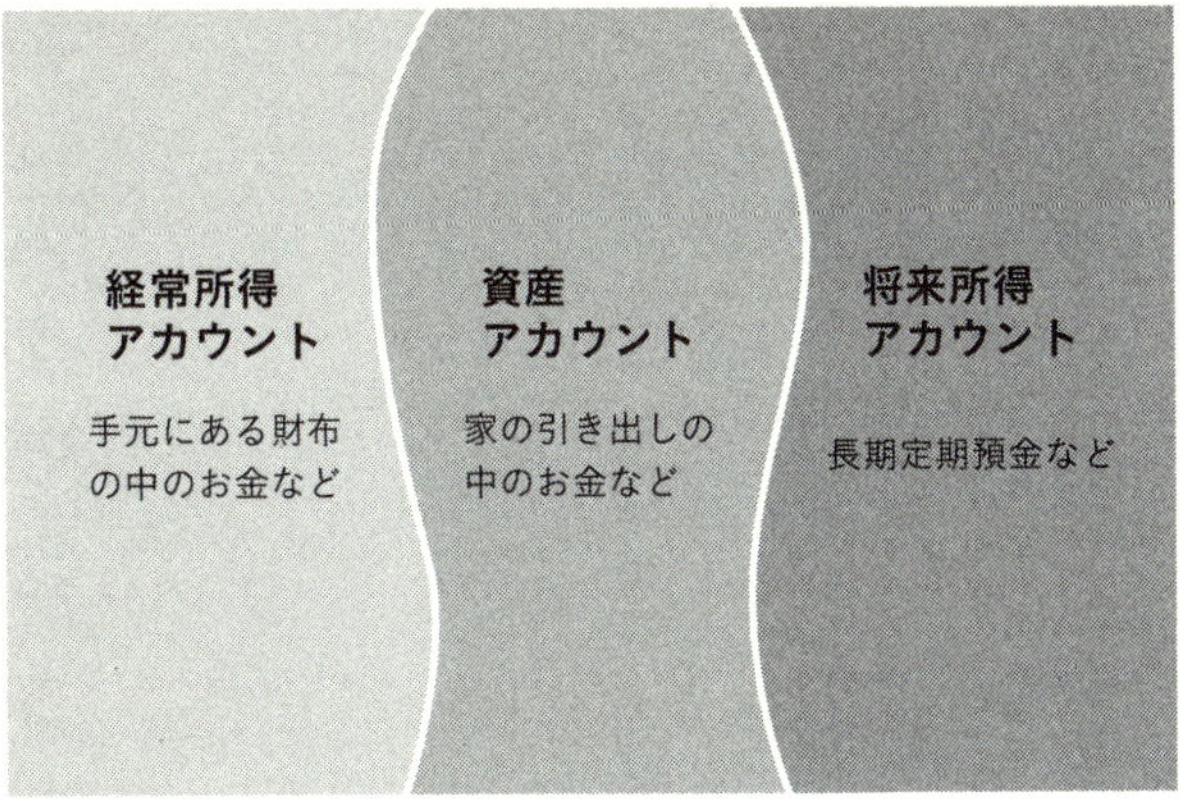
経常所得
アカウント
手元にある財布
の中のお金など
資産
アカウント
家の引き出しの
中のお金など
将来所得
アカウント
長期定期預金など

に使うわけではないが、長期の貯金に回すわけではない、キープのお金だと考えてよい。

メンタル・アカウンティングはときに非合理的な決断をさせることもあるが、これら3つのアカウントを意識すれば、単なるフレームの違いによる錯覚を起こしにくくなる。将来設計や資産運用にも役立つだろう。

経済の雑学

年俸制は要注意!?
心の会計の不思議

給与のもらい方でお金がどのアカウントに入るかが変わる。たとえばボーナスは資産アカウント。一方給与は経常所得アカウントだろう。ということは、年俸制の人の場合はボーナスがある人より貯金がしにくい可能性がある。

不安は人の感覚を麻痺させる

「損をするかもしれない」という不安は、合理的な判断を鈍らせる

KEY WORD

不安に払うお金

実際に起きる確率は関係ない!? 心は行動にこう影響する

いいことであれ悪いことであれ、私たちは未来の出来事を予測するときに、それが起きる可能性について考える。ただ、実際に起きる確率がほとんどないことを高く評価したり、起きる確率が高いことを低く評価したりするのはなぜだろうか。次の質問について、どちらを選びたいか考えてみてほしい。

Q1

A．0・1％の確率で50万円もらえるが99・9％の確率で何ももらえない

B．確実に500円もらえる

Q2

A．０・１％の確率で50万円損するが、
　　９９・９％の確率で何も失わない

B．確実に５００円失う

学生にこの質問をしたところ、Ｑ１については70％がAを、Ｑ２では80％がBを選んだ。確率はまったく同じであるのに、期待値がプラス（Ｑ１）かマイナス（Ｑ２）かに答えが左右されたのだ。Ｑ１では確率が低くても一山当てるほうに賭ける、宝くじのような心理がはたらく。Ｑ２はわずかな確率でも大金を払いたくないと少額で済ます、これは保険に加入するときの心理と同じだろう。心に不安があると、お金を払ってしまうのだ。

自分のお金をもらって喜ぶ不思議

そのお金の出どころはどこ？
保険でカモにされない仕組み

KEY WORD
自分のお金

「お祝い金」をもらって喜んではいけない

医療保険では「お祝い金」という仕組みを取り入れているタイプのものがある。一定期間使わないとお金が出るもので、そこに魅力を感じて入る人も多いようだ。保険会社にとっては、解約を申し出た顧客に対し、引き止め策として有効な手段である。「もう少しでお祝い金が……」と思い留まらせるワケだ。ただ、よくよく考えてみるとこのお祝い金も、自分が払った保険料の一部なのだ。保険会社も慈善事業として払うわけがない。お祝い金分のお金はきちんと計算されて、毎月支払う保険料に乗せられているというワケだ。おいしい〝気分〟を味わうためだけに割高な

一見、おトクに見える保険のお祝い金

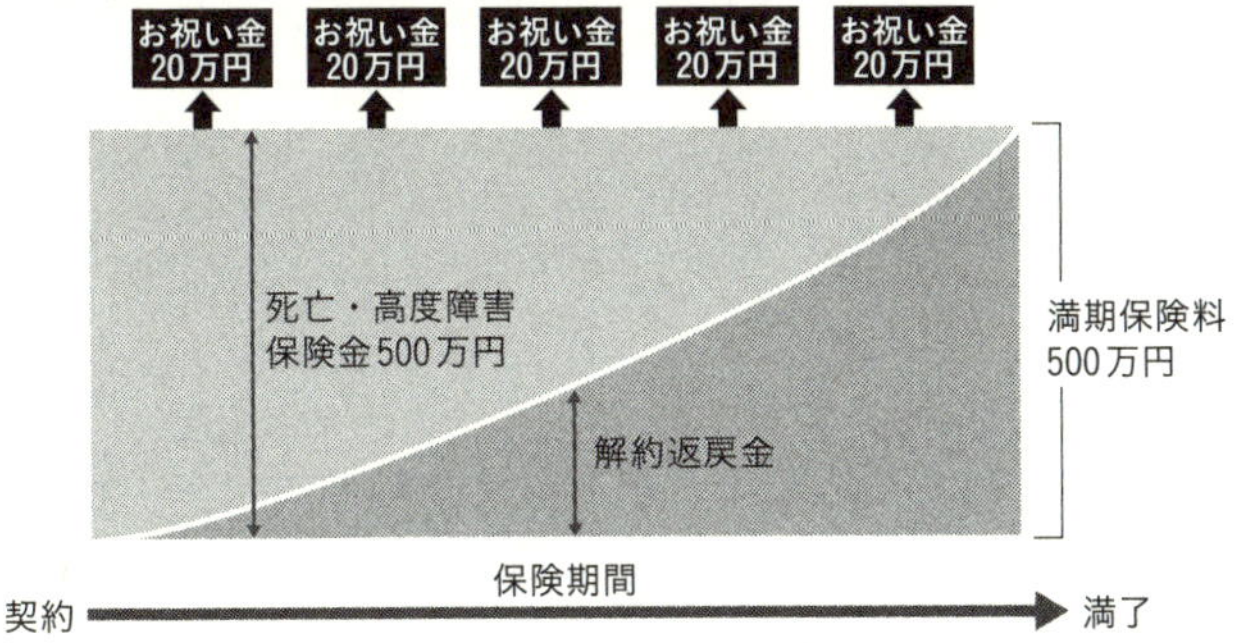
お祝い金
20万円
お祝い金
20万円
お祝い金
20万円
お祝い金
20万円
お祝い金
20万円
死亡・高度障害
保険金500万円
解約返戻金
満期保険料
500万円
保険期間
契約
満了

契約途中でお金をもらえるので一見、おトクのように思えるが
お祝い金が上乗せされた保険料が設定されている！

保険に入っているのだとしたら、皮肉な話である。

　このように、お金をもらうことに関しては、人はうれしくなってバカになりがちだ。たとえば、年末調整で納め過ぎた税金が返ってくると、お小遣いのようでうれしくなって飲みに行ってしまったりする人がいる。しかし、言うまでもないことだが、そのお金はもともと自分のお金だ。

　一方で、年末調整をして追加で払う人は不幸代表のような顔をする。しかし、本来は召し上げられていたはずのお金を手元に置けて、金利までついていたわけだから、むしろ喜んでおいたほうが賢いのである。たとえ、その金利が数円に満たない金額であっても、だ。

退職金の前払いをしてはいけない！

不確実な未来だからこそ、目先の利益に惑わされず合理的な判断を！

KEY WORD

確定拠出年金
メンタル・アカウンティング

退職金前払いか、確定拠出年金か？

長年勤め上げた後に支給されるお金は老後の大事な資産になる。退職時に一度にもらうのが退職金、何年にも分けてもらうのが企業年金である。確定拠出年金というのは企業年金制度のひとつで２０１１年にはじまった。

厚生労働省によれば、平成27年7月末で企業型年金の加入者数は約５３０万人、実施事業主数は２万４３６社にのぼる。

通常の企業年金は会社が社員のお金を一括で運用・管理するが、確定拠出年金は「拠出」が「確定」している年金。会社が一定の金額を毎月拠出して、従業員自身が一人ひとりに設けられた専用の口座で運用を行うものだ。

「確定拠出年金」って何？

	確定拠出年金	
	個人型年金	企業型年金
対象者	●自営業者など （国民年金第1号被保険者） ●「企業年金」がない会社の従業員 （国民年金第2号被保険者） ※すでに「企業年金」に加入している方、また公務員や専業主婦など制度の対象外の方など、加入できない方もいる。	「確定拠出年金」を実施する会社に勤務する従業員 （国民年金第2号被保険者）
掛金の上限額	●自営業者など 68,000円（月額） ※国民年金基金の限度額と枠を共有 ●「企業年金」がない会社の従業員 23,000円（月額）	●「企業年金」を実施していない場合 55,000円（月額） ●「企業年金」を実施している場合 27,500円（月額）
お金を出す人	加入者	会社
換金	原則、60歳以降まで換金不可	
加入方法	加入希望者が確定拠出年金を取り扱う金融機関に申し込む	企業の規定による（全員加入、希望者のみ加入など）

退職金を給与に上乗せして前払いでもらうのは愚の骨頂

確定拠出年金について検討する際、自分で運用するよりも会社に運用してもらったほうがリスクが低いと思う人も多いようだ。ただし、たとえ会社が運用していた場合でも、それが必ずプラスになるとは限らない。

マイナスになった場合は会社が補塡してくれるが、そのお金はもともと、社員が稼いだもの。それによってボーナスが減ってしまうようなことがあれば、まったく笑えない話である。そんな危険性をはらんでいるのであれば、まだ自分で運用していたほうが、たとえ損をしても納得がいくのではないだろうか。

「メンタル・アカウンティング（心の会計）」でパッと決めずに、そのお金はどこから出ているのかを検討するといいだろう。

ところで、確定拠出年金の制度がある場合、退職金を分割し、給与に上乗せしてもらえる企業もある。人は目の前でもらえるお金の価値を重視するものであるから、遠い先の話よりも今、現金を手にすることができるほうに魅力を感じる人もいるだろう。確定拠出年金と同じように、運用にだって回せる。

しかし、それはいささか早計と言えるだろう。毎月の給料に上乗せされれば税金がかかるが、確定拠出年金は非課税だ。長期にわたって続くものだけに、こうした違いにも目を向けておこう。

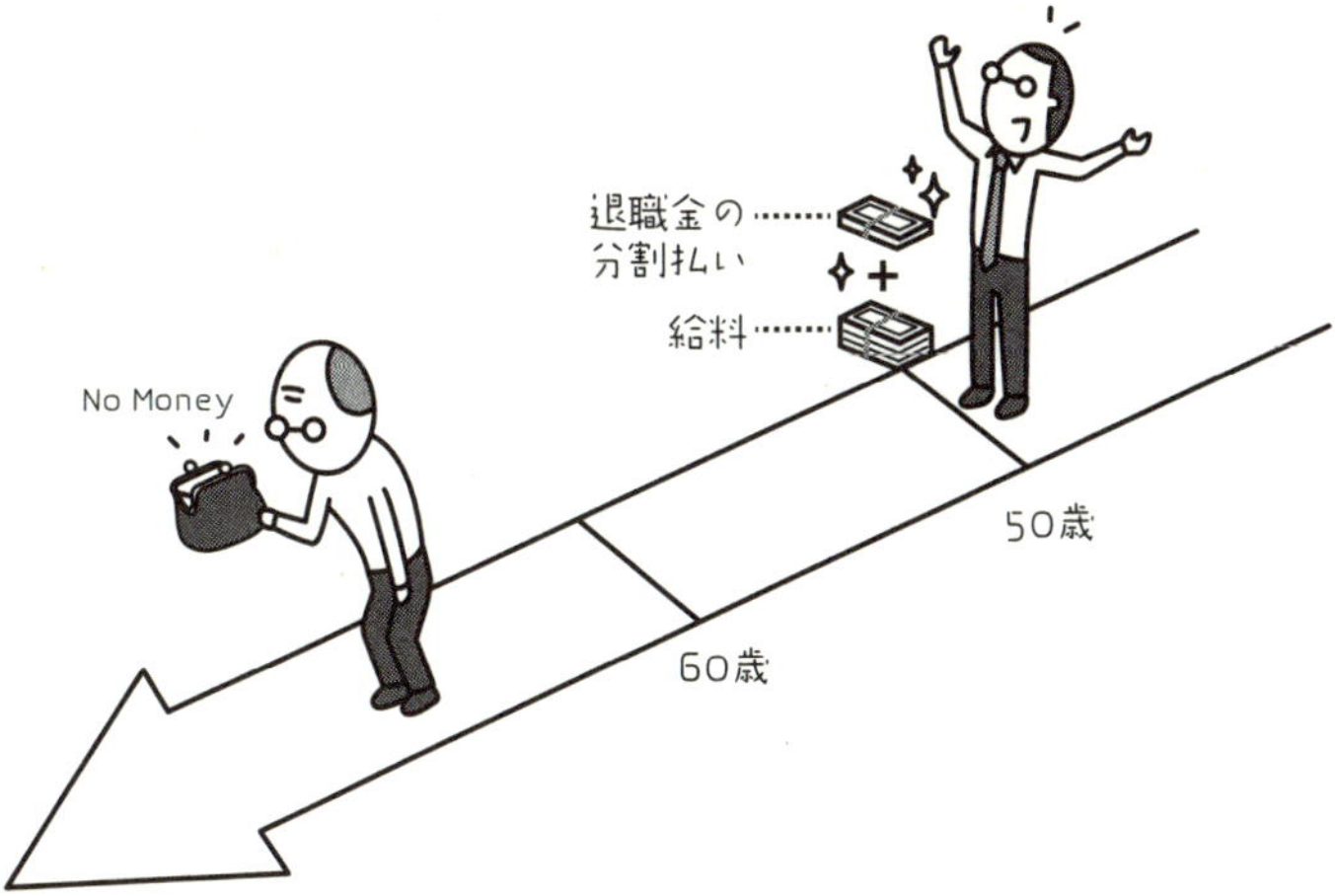
退職金の分割払い
給料
No Money
50歳
60歳

「確定拠出年金」のそのほかのデメリット

転職先で扱い方が変わる

転職先の会社に自分の年金資産を持ち運ぶことができる制度が会社によって違う。

60歳まで払い戻しができない

60歳になる前に退職した場合であっても、退職金として受給することができない。

高額な手数料がかかる

プランにもよるが1カ月3,000～4,000円、年間4万円近く手数料がかかる。

老後の年金額が確定しない

自分で運用する必要があり、それに応じて年金額が増えたり減ったりする。

意味不明な名前の金融商品はキケン

商品名が長くてややこしいものほど、売れている保険や投資信託

KEY WORD
ヒューリスティック

「なんかすごそう」で買うと泣きを見ることに

給与が右肩上がりに増えていかないこの時代、少しでも将来のお金を増やそうと投資を考える人は多いだろう。実際に投資商品をみてみると、やたらと長く説明的なタイトルだったり、横文字だらけにしているものが多い。それでいて「愛称：インドの宝」「愛称：カンガルー・ジャンプ」「愛称：夢満債」などとつけられたりしているのをみるにつけ、余計によくわからなくなってくる。

特定の企業を揶揄《やゆ》するつもりはないが、こうした投資信託や保険の場合、商品名が長く複雑で、投資の仕組みも込み入ったものがよく売れる傾向にあるという。

商品名が長い＝判断する情報が多すぎる

もちろん、そうしたもので、きちんと利益が出れば名前が長かろうが仕組みが複雑であろうが関係がない。ただ、よほど知識が豊富でないかぎりはシンプルな仕組みの金融商品のほうがいいだろう。手数料を余分に抜かれる心配がないし、他社と比べて優位なのかどうかが判断しやすい。

また、もっともらしい名前がついていれば、人はイメージや経験則で「すごい」と思ってしまう「ヒューリスティック」の罠にはまってしまう。もちろん賢明な人であれば説明をきちんと聞いてから購入するはずだが、「よくわからないけどすごい」と思った商品があれば、それはあなたがカモ予備軍という証拠。わかるものを購入したほうがいいだろう。

FXからはじめよう、は大間違い！

FXは簡単というイメージから投資をはじめるなら、スタートから失敗である

KEY WORD

利用可能性ヒューリスティック

投資初心者は株よりFXのほうがなじみがある

一定の証拠金を差し入れ、為替レートの変動を利用して売買差益を得る外国為替取引、FX。通常、外国為替取引を行うときはまず外貨を買う必要があるが、FXは売りから入って買い戻すこともできる。円高・円安を問わず利益を追求できるのだ。ただ「株はよくわからないけど、ドルやユーロは使ったことがあるからなじみがある」といった安易な考えで手を出して大損する人もいる。

少なくとも、投資において「簡単そう」ということはない。特に為替取引というものは、長期間持っていたからといって儲かるものでもないし、誰かが儲ければ誰かが必ず損をす

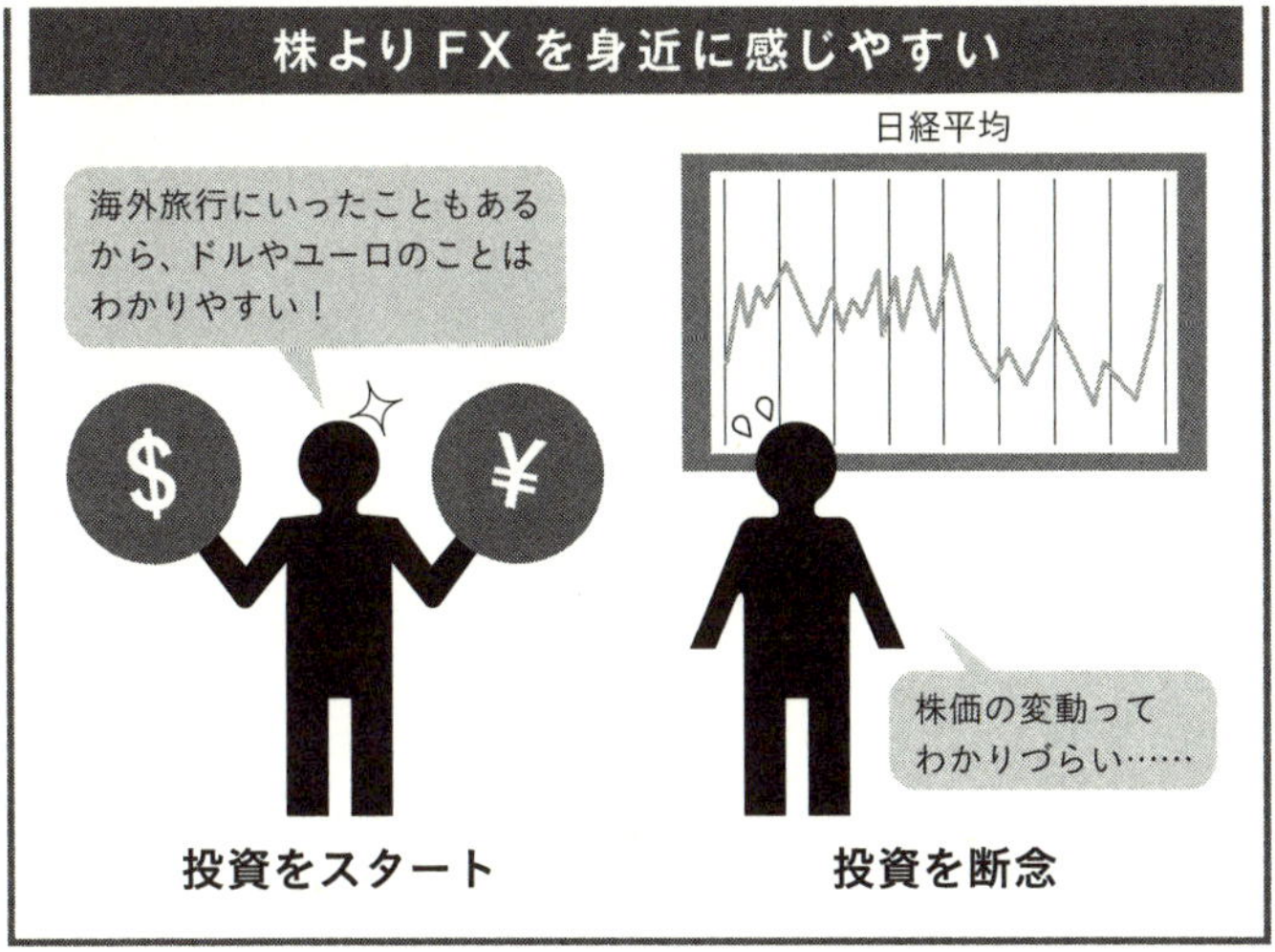
株よりFXを身近に感じやすい
日経平均
海外旅行にいったこともあるから、ドルやユーロのことはわかりやすい！
$
¥
株価の変動ってわかりづらい……
投資をスタート
投資を断念

る。しかも株式投資よりも需給関係が値動きに強くかかわってくる。「ドルやユーロは身近」という発想は、なじみのあるものや自分が知っていると思っているものはよいものと考え、本質がみえなくなってしまう「利用可能性ヒューリスティック」の典型的な例である。安易な判断は禁物だ。

経済の雑学

FXの危険性はレバレッジ

FXの最大の特徴は、レバレッジといって自己資金の25倍もの取引ができる点にある。為替は株式ほど大きな変動が起きにくいため、そうやって利益を最大限に増やすのである。当然ながら、マイナスの振れ幅も膨大なものとなる。

目先のトクに惑わされる毎月分配型投信

冷静に考えれば不利益なのに、どうして人は選んでしまうのか？

KEY WORD

現在思考バイアス

自分のお金で損している金融商品の仕組み

根強い人気のある「毎月分配型投資信託」。毎月分配金がもらえるのが大きなメリットとして謳われているが、実はトクでもなんでもない。むしろ、進んで損をしているということを知らない人が多いのだ。

そもそも投資というものを考えてみると、利息が利息を生む複利効果で長期的に資金を形成していくことが大きなポイントとなる。また、運用して利益が出た分から、分配金が支払われる。一方、毎月分配型投資信託の場合は分配金が支払われるたびに投資信託としての価値は減る。また運用利益が出ていなくても分配金を出す必要があるため、そのとき

初心者はやってはいけない「毎月分配型投資信託」

仕組みと特徴

投資信託のうち、収益の決算が1カ月ごとに行われ、分配金が毎月支払われるものを毎月分配型投信という。投資信託の運用成果を毎月受け取りたいという人にとっては、利益が出ているうれしさと安心感につながって人気がある。

デメリット

投資が順調ならいいが、収益を出せないと元本を削って分配金に充当するところがほとんどである。また、本来なら年1度の分配金を毎月もらえば、税金も増える。わずかな分配金のために元本割れを起こし、税金面でも損では本末転倒と言えるだろう。

は元本を取り崩して支払うことになっているのだ。

しかも、分配金として支払われたものには税金がかかる。オイシイ思いができる可能性はかなり低いのである。

実はこれをよくわかっておらず、「毎月もらえるとうれしい」「しっかりと運用してもらっている安心感がある」などと、本質とは別のところに着目してしまう人が多い。売る側がそうみせているといえばそうなのだが、このとき人の心には「現在思考バイアス」が働いている。つまり目先の利益にとらわれて、将来に得られるであろう大きな利益を逃してしまうのだ。一見おトクそうにみえるわかりやすさこそが、実はワナなのかもしれない。

株は「売りたくなったとき」に見誤る

今、この株を売るか？ 持ち続けるか？
損をしているときこそ要注意！

KEY WORD
損失回避

損をしていると賭けに出たくなる

株式投資をしている人なら誰でも「ここで売るか、それとも持っていたほうがいいか」と迷った経験があるだろう。利益が発生しているときであれば、まさにここが株の醍醐味と言えるかもしれない。しかし、損をしている場合は切実だ。人は損失を嫌うもの。損失をすることによる心の負担は、トクをしている場合の2倍以上にもなる。つまり、どうしてもバイアスがかかりがちなのだ。

実際、利益が出ている場合、人は利益を確定するために、売って確実に儲けるほうを選びやすい。一方、損をしている場合は「持ち続ける」ほうを選ぶ人が多い。損をすると思

うと、人間は賭けに打って出たがるのだ。目先の損をしたくないばかりに、一発逆転をねらうというワケだ。

もちろん、これが裏目に出ることは少なくない。損を避けるために損をする、そして稼ぐときは大幅には稼げない。心に左右されると、投資はうまくいかないのだ。

経済の雑学

感情で決めるより
基本ルールの徹底を！

株は感情に左右されるかぎり、いつまでも損のパラドックスから抜け出せない。10％下がったら売る、などと自分の中でルールを決め、こまめな損切りをすることで大損をするリスクを避け、資産を増やしていけるだろう。

投資は〝プロ〟に相談しない

「資産の○○プランナー」が、
実はあなたの味方にはなっていない

KEY WORD
ネーミングによる権威づけ

いいカモになりたくないなら〝プロ〟には相談しないこと

株式投資や投資信託などで資産運用をはじめるにあたり、銀行や証券会社の窓口で相談する人は非常に多い。まずは〝プロ〟の話を聞いてから判断しよう、というつもりであれば、これはまったく不合理な話である。彼らは全員が資産運用のプロというわけではなく、ほとんどは販売のプロ。一企業のセールスマンなのだ。世間一般の営業マンと同じく、自社のメリットを最大限に伝える一方で「お客様は投資をしないほうがいいですよ」「他社のほうがいいですよ」といったアドバイスはしてくれない。「○○アドバイザー」「○○プランナー」といった肩書きをつけている人も

人間は「権威」に弱い！

おすすめ！
自信あり！
もう最高！
効果あり！

医師、弁護士、大学教授などの肩書きを持つ人が、何かの商品を推薦してたら「なんかいいかも……」と思ってしまいがち。
実際にその職についてなくても、広告などで白衣を着て健康に関する専門家と言っているだけの場合も。「専門家」というのは医師や弁護士のように資格が必要なものと違い、勝手に名乗っても何の問題もない。こういう権威づけに惑わされないようにしよう。

いるが、行動経済学でいえば「ネーミングによる権威づけ」にすぎない。

結局、投資はスタートするときからすでに自己責任なのだ。初心者だからと思っていると、相手のいいように話を進められてしまう。

もし、どうしても誰かのアドバイスがほしいなら、お金を払ってプロに相談するしかない。

経済の雑学

お金のことは
知識よりもまず常識を

お金についてうまい話はない。「あなただけにお知らせ」「無料セミナー実施」など、一見おいしそうにみえる言葉の裏では、誰かが確実に儲かるシステムになっている。知識やカンよりも、常識的に考えることが大切だ。

素人投資家はこうやって失敗する

行動経済学でみた投資世界の負けパターンをわかりやすく解説

KEY WORD

損失のダメージヒューリスティック

損のショックはトクの喜びの2倍以上負担が大きい

投資はいわば心理戦である。意思決定のパターン、心の強さと弱さ、欲などがそのまま映しだされると言っても過言ではない。たとえば損失非対称性、つまりプラスの刺激よりもマイナスの刺激のほうにより敏感に反応するという心理のクセに流されるままになっていると、あっという間に損失を出してしまう。たとえ利益を出すことができたとしても、かけた労力のわりに報われないことも多い。もっとも大切なのは、人の心理のクセをつかみ、自分をコントロールすることなのだ。素人が陥りがちな失敗パターンを、わかりやすくまとめてみよう。

失敗パターン①自分でダメージを強める

特に投資をはじめたばかりの初心者であれば、物珍しかったり不安になったりして、頻繁に株価や為替の値動きをチェックする人がいる。適切なタイミングを見計らうことは必要だが、あまりにも頻度が多いのは逆にダメージを強めてしまう。というのも、すでに述べたとおり人は損をするのを異常に嫌う。「一喜一憂」というが、一喜と一憂の精神的な負担は損失非対称性により、マイナス感情のほうが大きく感じられるのだ。そのため、何度か上下して結局プラマイゼロだった場合でも、確認の数だけ心理的には消耗してしまうということになる。そして冷静な判断を欠き、失敗してしまうのだ。

心の性質を把握して冷静にものを考えること

失敗パターン②損失にハマる

素人投資家は損をしたまま、そこから抜け出せなくなることがある。損切りができないのだ。なぜなら、人間は損をしているなどマイナスの状況に陥っている場合、冷静に損をしない選択をするよりも、一発逆転をねらって賭けに出ることのほうを好むからだ。

さらにいえば、損切りを行うということは「自分は間違っていた」と認めることでもあり、二重の意味でハードルが上がる。一度でも塩漬け株が上がった経験があるなら、それに期待をして余計に損切りが難しくなる。

失敗パターン③ナメてかかる

好景気に伴って相場が上がるなど、誰もが利益を上げやすいときがある。ここで自分の才能を過信し、一方で投資対象の危険度を過小評価することがある。こうなると、カンや思い込みでものを考える「ヒューリスティック」の状態になり、根拠のない判断を繰り返して大きな損失を出してしまうのだ。

こうした失敗パターンを避けるためには、どうしたらいいのだろうか。損失非対称性など、無意識の心の性質はどうしようもない。素人でもプロでも、うまくつき合っていくしかないのだ。自分がその株を持っていないよ

初心者が損をする投資パターン

1　ダメージを強めるパターン

絶対価値ではなく、何らかの基準をもとに相対比較で評価をし、冷静な判断ができない。

3　ナメてかかるパターン

損切りできずに、儲けのチャンスを見逃す。まさに損のスパイラルにハマるパターン。

2　損失にハマるパターン

好景気時の儲けを自分の才能によるものだと勘違いしてしまう。

うな気分で値動きを見る、というのもひとつの手だ。勝とうが負けようが、気持ちを鎮めて考えること。メンタルは一朝一夕に強くできるものではないが、「冷静になる」ことならそう難しくはないはずだ。投資はプロでも大きく儲けるのは難しい。冷静な気持ちでコツコツと地道に続けるのがポイントだ。

経済の雑学

投資対象選びは
リスクをまず考える

投資を決める前は、ついリターンに目がいきがちである。ただ、それよりも過去のデータからリスクを推し量るほうが失敗は少ない。自分で許容できるリスクを決めて選べば、仮に値下がりしたときでも冷静さを保ちやすいだろう。

経済学の格言

この世で一番難しいのは
新しい考えを受け入れる
ことではなく、
古い考えを忘れることだ。

経済学者
ジョン・メイナード・ケインズ

第5章

日常に隠れている経済学の行動

経済学で世の中の仕組みがわかり、どの方向に努力したらいいかを判断できる。経済学の概念を知っておくと、モノの見方が変わるかも!?

人は自分中心で生きている！

自分の間違いは認めたくないし、自分だけがトクをしたい。それが人間、なのだ

KEY WORD

認知的不協和

無意識のうちに過《あやま》ちや失敗を正当化する認知的不協和

頑張ってプレゼンをしたのにコンペに落ちてしまった。そんなとき「あんな大きな仕事、受注してもうちじゃできなかっただろうな」「うちの提案はよかったはずだけど、お客さんの見る目がなかったな。予算ばかり気にしていたし」などと考えることがある。このように、人は自分にとって不都合な失敗や不本意な出来事が起こると、受けいれたくないと考え、いろいろな言い訳を自分にする。これを「認知的不協和の解消」と呼ぶ。

認知的不協和理論はアメリカの心理学者、レオン・フェスティンガーが提唱した理論である。自分や、自分の周りの環境、行動など

の間に矛盾があるとき、不協和状態という緊張状態に陥る。これは自分にとって不快なため、できるだけそれを回避したい。しかし事実は変えることができないので、自分の考え方をねじ曲げ、都合のいい方向にとらえて矛盾を解消しようというわけだ。

いい例として、喫煙に関するものがある。健康によくないことはわかっていても「喫煙者にも長生きする人はいる」「交通事故による死亡率のほうが高い」と自分を正当化する。

当然ながら、その場ではせいせいした気分になれても、自分の実力や健康がどうにかなるわけではない。〝心の損失〟をなんとかするのも大事だが、取り返しのつかないことになる前に、しっかりと真実に向き合いたい。

自己チューな人こそが社会を豊かにしている!?

「自己チューな人」というのは、世間的にみるとあまりいい人とは受け取られないことが多いようだ。いつも自分のことばかり考えて、他人のことはお構いなし。確かに、そんな人ばかりでは仕事は成り立たないし、人間関係もギスギスしそうである。

ただ、経済学的な観点からいえば、人はみんな自己中心的なところはあるし、自己中心的だからこそ社会が豊かになると考えられる。

たとえば、車という市場を考えてみよう。数十万円で買える中古車から、何千万円もする高級車までさまざまなモノがある。「走ればいいから安いモノを」という人は古い中古車を買えばいいし、「車が大好きで、あの車にならいくら支払っても惜しくない」という人は、世界に数台といった珍しい車を買えばいいのだ。言ってみれば「電車で十分だからいらない」と思えば、買わなくたっていい。

世の中にあふれるモノは、その希少性によって価格が決まってくる。希少であればあるほど値段が上がってくるのだ。

経済学では、こんなふうに消費者が自分の好きな車を選ぶことを、それぞれの人にぴったりの車が最適配分されている、というふうにみなす。誰もが自己中心的に決めたことこそが、みんなが満足できる社会につながっているということだ。

自己チューのわがままが経済を発展させる

市場では資源の希少性によって
価格が決まる
希少な服は
高価に
5,000円
500円
希少でない
服は安価に
消費者が自分の好きな服を積極的に選ぶことでそれぞれの
好みに合った服の最適配分が達成される
希少な服を買いた
い人は高額を出し
て手に入れる
買いたくない人は
買わなくてOK
服にこだわりのな
い人はそれなりの
お金で手に入れる
誰もが自分の意思で服
＝ほしいモノを買っているので
みんな満足し、経済も発展！

「他人のため」は自分のため？

経済学でいえば、利己的な個人が「合理的」。
利他的な行動を取る意味はあるのだろうか？

KEY WORD
合理的経済人

人間は利他的なのか？
それとも利己的なのか？

経済学で議論をするときに前提とされるのは「合理的経済人」。つまり他人のことは顧みず、自分がトクをする機会は逃さない。そして感情をコントロールできる……という具合である。利己性の塊のようなモデルだが、現実には他人のために行動する人は多い。

たとえば、募金や寄付は利他的な行動のひとつに数えられるだろう。海外では、資産家による大規模な寄付もよく話題にのぼる。また、災害が起こると物資を送ったり、ボランティアに行ったりする人は多い。これらは一見すると利他的な行動だが、実は自分のために行われているとする考え方がある。

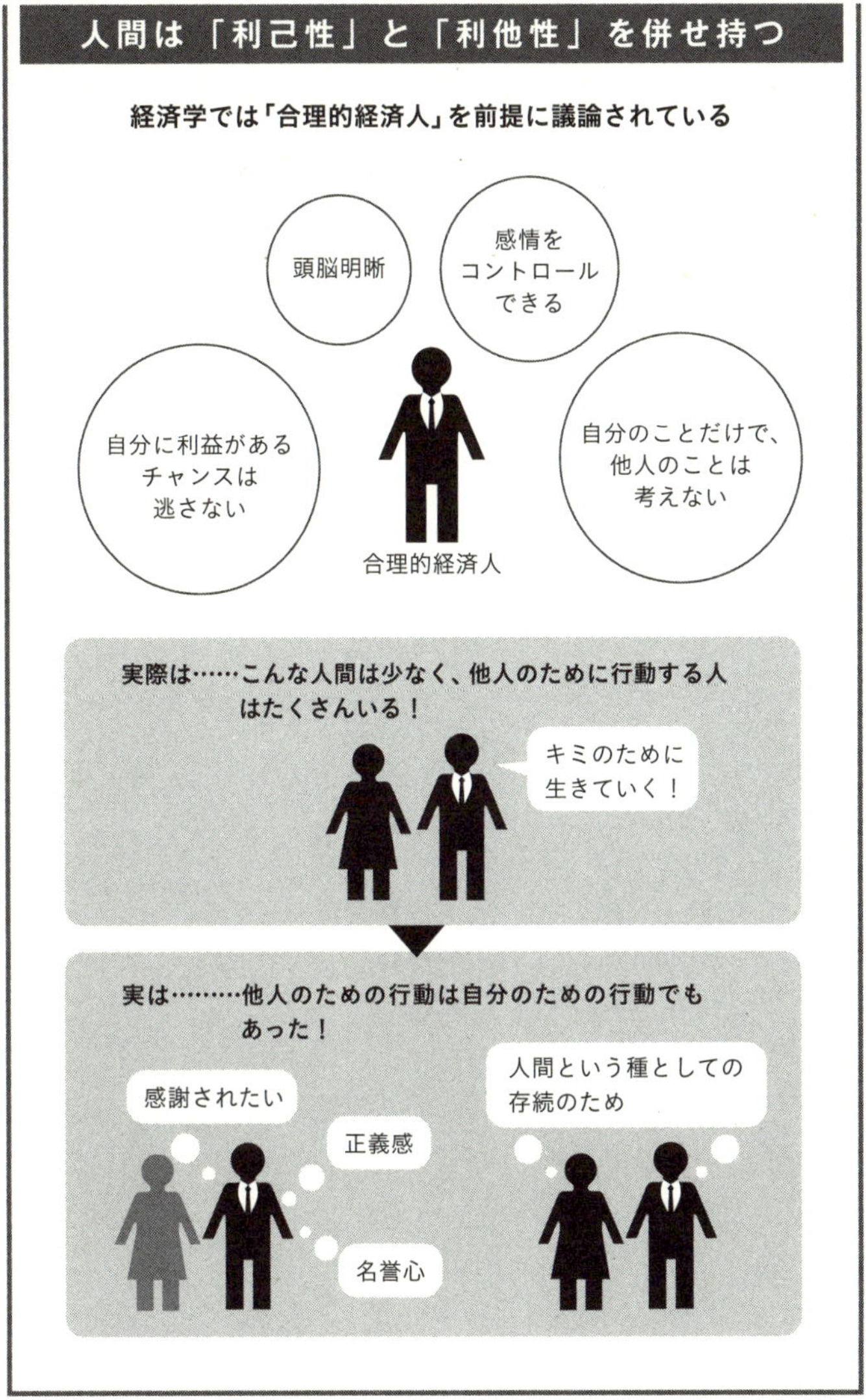
人間は「利己性」と「利他性」を併せ持つ
経済学では「合理的経済人」を前提に議論されている
頭脳明晰
感情をコントロールできる
自分に利益があるチャンスは逃さない
自分のことだけで、他人のことは考えない
合理的経済人
実際は……こんな人間は少なく、他人のために行動する人はたくさんいる！
キミのために生きていく！
実は………他人のための行動は自分のための行動でもあった！
感謝されたい
正義感
名誉心
人間という種としての存続のため

人のために行動できる人は何を考えているのか

人間はときに、人のためにお金を出したり、身をていして困っている人を助けたりと、利他的な行動を取る。前ページでは、利他的な行動は「種の存続のため」、つまり結局は自分のためのことと考えたが、もう少し深く掘り下げて考えてみたい。

まずひとつ目は、助け合いがお礼につながるケースである。純粋な利他性とは言えないかもしれないが、誕生日プレゼントをあげれば自分の誕生日にお返しがもらえる。財布を拾って届ければお礼がもらえる、といった具合である。

２つ目は、名誉心が強いケースである。「利他的な人だ」と周囲の人に思われれば、その優しさや勇気、献身的な姿勢などが尊敬を集めることになる。それを得たいという気持ちがモチベーションの発端となる、擬似的な利他行動といえるだろう。

３つ目は、自分の信念によるものである。「人には親切にすべきだ」「弱い立場の人は守らなければいけない」といった信念があり、これを満足させるために他人に優しくするというワケだ。

「情けは人のためならず」とはよく言ったものだ。純粋な利他性とは「喜んでもらえてうれしい」という気持ちであるが、多くの場合、人は自分の利益を考えて行動している。

本当の「利他性」と「利己的な利他性」

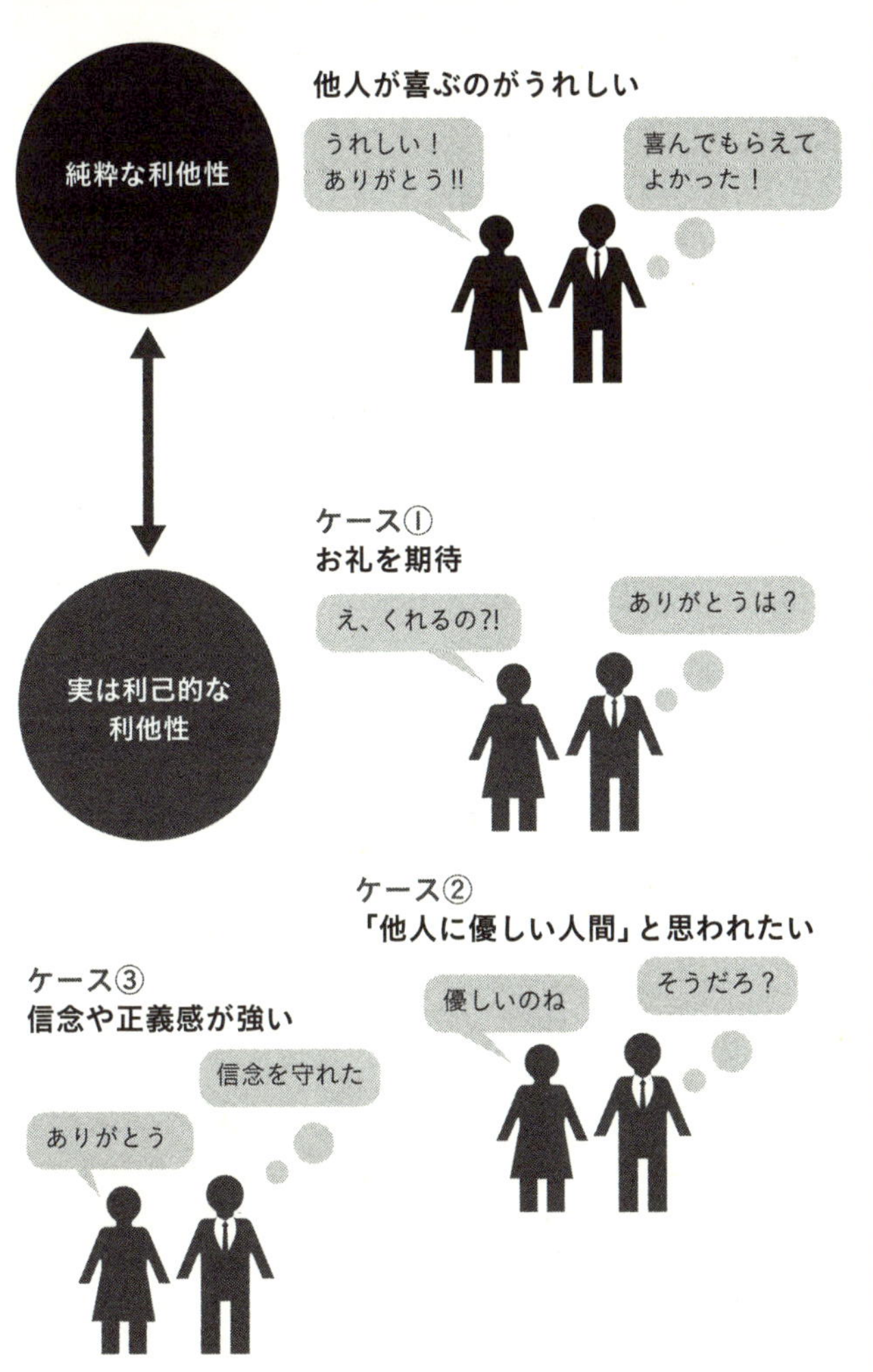
純粋な利他性
他人が喜ぶのがうれしい
うれしい！ ありがとう!!
喜んでもらえて よかった！
実は利己的な 利他性
ケース①
お礼を期待
え、くれるの?!
ありがとうは？
ケース②
「他人に優しい人間」と思われたい
優しいのね
そうだろ？
ケース③
信念や正義感が強い
ありがとう
信念を守れた

経済学で考えるあなたがやせない理由

毎日のように「やせたい」と言っているが、
実はそんなにダイエットしたくない!?

KEY WORD
選好

ダイエットを経済学で考えてみよう

ダイエットが成功しないのは、一番には意志が弱いという理由があげられるだろう。「野菜を多くしてやせる」と「肉ばかり食べて太る」を天秤にかけて、野菜のほうを選ぶわけである。

ただし、経済学的に分析をするのであれば、そもそも意志が強くないということや、流されやすい環境などは問題にならない。ダイエットをするということは「野菜を多くしてやせる」という選択肢を選び、こちらのほうがいいと考えることとみなす。

そしてその逆、つまり「肉ばかり食べて太る」という選択肢がいいと思うことはありえ

経済学で考えるダイエット失敗理由

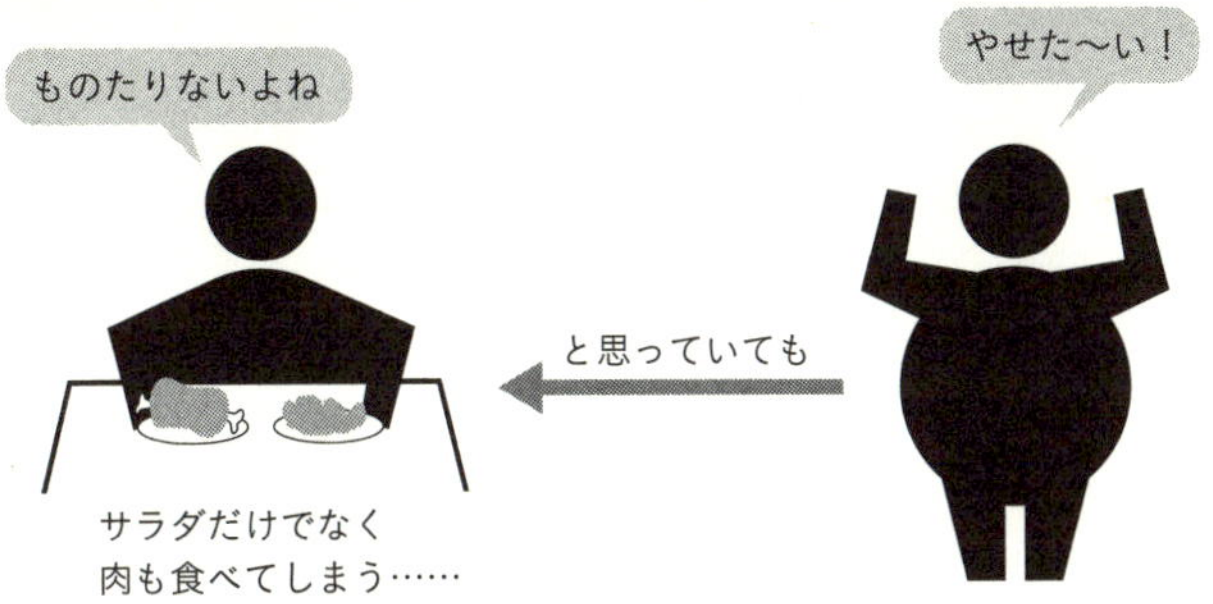
やせた〜い！
と思っていても
ものたりないよね
サラダだけでなく
肉も食べてしまう……

経済学では有益な選択肢しか前提にないため、やせたいと思っていても肉を食べてしまう選択は、そもそも論として「ダイエットしたくない」という結論になる！

ないのだ。

経済学の考え方によると、消費者の嗜好による「選好」により、ＡがＢよりよければ逆の選択はないと考える。これをダイエットに応用すると、野菜より肉を選択した時点で、そもそも「ダイエットはしなくてＯＫ」という結論になる。

経済の雑学

続かないものといえば禁煙も同じ

何度も繰り返し禁煙の誓いを立てては挫折することを繰り返している人がいる。ダイエットと同様、経済学的にみるとタバコをやめるのも同じ。禁煙したいと言いつつ、本当はさほど真剣に禁煙しようと思っていないのかもしれない。

早とちりは性格だけの問題じゃない

冷静に考えれば明らかにおかしいのに、そのときは「そうだ!」と思う理由

KEY WORD
利用可能性ヒューリスティック

早とちり、思い込み、早合点……人が判断を誤る仕組み

航空機の事故が起こった後「怖いから飛行機に乗りたくない」と言いながら、毎日車に乗っている人がいる。航空機の事故で命を落とす人に比べて、自動車事故で亡くなる人のほうがよほど多いにもかかわらず、だ。

こうした早合点は、「利用可能性ヒューリスティック」と呼ばれる。ヒューリスティックとは不確実なものごとに対して答えを出す考え方のことで、経験などを参照して答えを導き出す。当然ながら早とちりや早合点、思い込みなどで誤った判断を下してしまうこともある。

実際の確率よりも、テレビでよくみたり、

自分の記憶に強く残ったものは「よくある」と感じやすくなり、誤った判断をしてしまうのだ。

「再認ヒューリスティック」は、過去に見聞きしたり、すでによく知っていたりするものを、はじめてみるものより価値が高いと考えるバイアスだ。

そのほか「代表制バイアス」と呼ばれるものもある。特定の集団における特徴に着目しすぎ、相手グループ全体を過剰に評価することだ。たとえば、合コンに行く女子大生が「広告代理店＝カッコいい」「商社マン＝お金持ち」と期待するようなものである。もちろん実際そうでないケースも多いことは、大人になればだいたいわかるのだが。

経済学効果で日本一売れるクルマ

人気車とはいえなかったクルマが、一気にスターダムにのし上がった背景

KEY WORD
ハロー効果

これぞ行動経済学の粋 プリウスが使ったハロー効果

今ではすっかり人気の車種となったトヨタ自動車のプリウスだが、１９９７年の発売当初は金額の高さ、また走行能力や居住性などもあいまって、まだまだ人気とは言いがたいポジションだった。２００３年にフルモデルチェンジが行われ、燃費や最高時速などさまざまな機能において飛躍的な改善が行われたことで注目を集めたが、何よりもそのプロモーションがセンセーショナルなものであった。

米国アカデミー賞の授賞式に出席する有名ハリウッド・スターが、プリウスに乗って会場に現れたのだ。

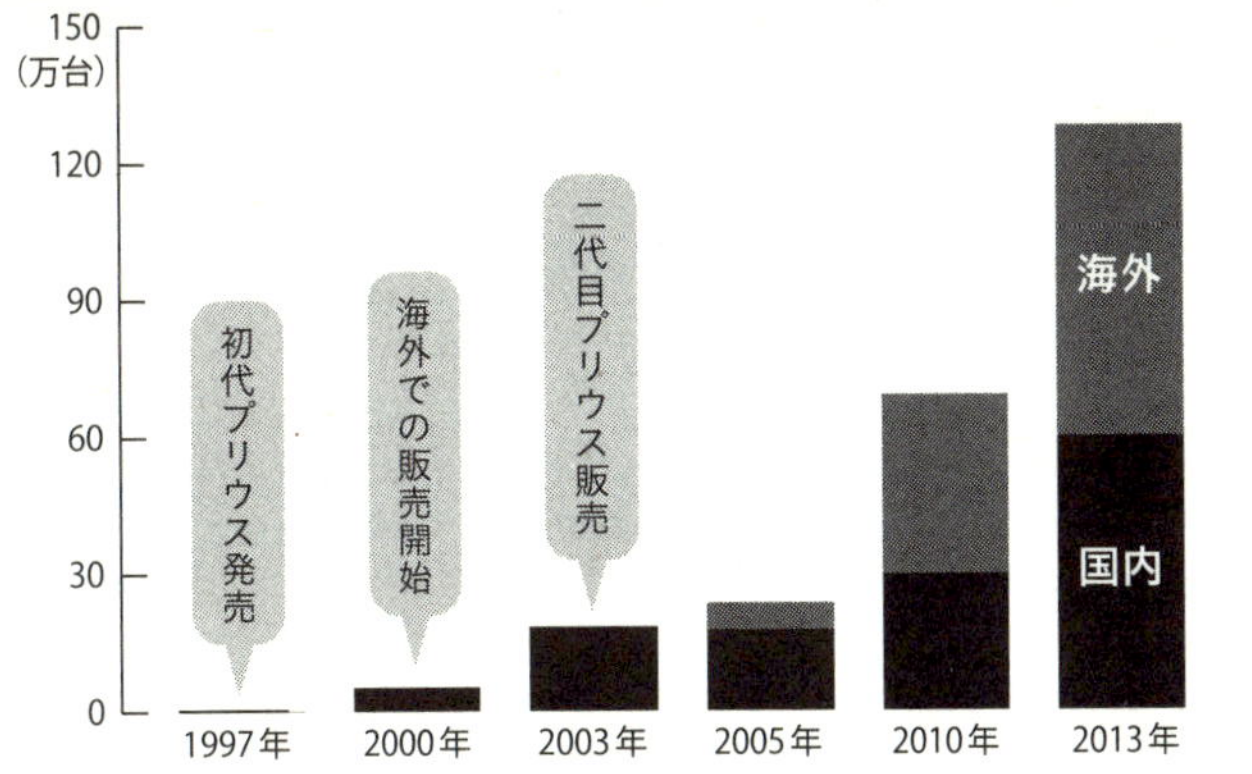
150
（万台）
120
90
60
30
0
初代プリウス発売
海外での販売開始
二代目プリウス販売
海外
国内
1997年
2000年
2003年
2005年
2010年
2013年

トヨタ・ハイブリッドの販売台数の推移

出典：トヨタ自動車

このプロモーションそのものは「グローバルグリーン」という環境保護団体が手がけたもので、プリウスというハイブリッド車を提供することは、環境保護という趣旨に沿ったものであった。それでも、世界各国のメディアがこぞってハリソン・フォードとプリウスを報道した。ある意味、広告よりも効果は高かったのではないかと言われている。

かくして「ハリウッド・スターも認める、ステイタスがあって優れたクルマである」というイメージを獲得したプリウスの販売台数は右肩上がりに伸び、２００９年には国内でもっとも売れたクルマという名誉を得た。

行動経済学の観点からみれば、見事なハロー効果の事例といえるだろう。

つまらない映画でも最後まで観る謎

「おもしろくない……」と思っても、一度お金を支払うと、絶対に席を立たない不合理

KEY WORD サンクコスト

損をしたくないと思って損をすることになる

一人で映画を観に行ったら、上映がはじまってすぐに駄作であることが判明してしまった。もはや興味すら持てない……。そんなとき、あなたならどうするだろうか？

この場合、けっこうな数の人が、途中で退場するよりも残って見続けるほうを選ぶということがわかっている。行動経済学的に分析すると、これは完全に「サンクコスト」にハマって抜けられなくなった状態だ。ムダな時間を過ごすくらいならほかの楽しいことや仕事でもしたほうがよっぽど生産的なのに「損をしたくない。もとを取りたい」という気持ちがその場に留まらせるのだ。

ただ、考えてみればお金はもう払っているのだから、すでに損をしている。さらに時間のムダという損を重ねているのだ。ここで言うコストは、お金だけでなく時間や気持ちなども該当する。「ここまでやったら引き返せない」「6年もつき合ったのに今更別れられない」などと思ったら要注意だ。

経済の雑学

日常生活にはびこる サンクコストの罠

損するまいとかえって損を拡大してしまう人は非常に多い。体調不良にもかかわらずコンサートに出かけてこじらせる、高い教材の元を取ろうと睡眠時間を削って勉強に取り組み、仕事に支障をきたすなど、例をあげればきりがない。

そんなに保険ばかり入ってどうするの？

「日本人は保険に入りすぎ！」と言われるが
ホントのところ、どうなのか？

KEY WORD

確率荷重関数と確実性効果
利用可能性ヒューリスティック、
リスク評価

世界的にみても日本人は保険大好き

生命保険に医療保険、学資保険、自動車保険に火災保険、大切な家族の一員のためにペット保険……。ありとあらゆる保険商品が世の中にあふれているが、あなたはいくつ加入しているだろうか。

日本人は世界的にみても保険好きとして知られている。日本人の人口は世界のたった２％に満たないが、保険料の総額が占める割合は18％。ひとりあたりの支払額は３５００ドルで、世界一である。生命保険料にかぎっていえば、日本では１世帯あたり年間45万４３００円を支払っている計算になる。もちろん、額は家族構成や将来設計によっても変

わってくるし、必要な保険であれば多くてもかまわないだろう。ただ、明らかに保険に入りすぎているケースもあり、保険業界では「オーバーインシュアランス」と呼ばれている。

統計学的には、保険に加入して損をする人のほうが多いこともわかっている。それなのになぜ、みんなは保険を選ぶのだろう？

経済の雑学

実は貯金でいいかも？
備える理由をよく考えよ

リスクに備える保険は保険料が高い。一方、日本人は全員公的医療保険制度に加入しており、高額な医療費がかかっても大部分は戻ってくると考えられる。リスクに備えるつもりなら、貯金をするほうが合理的なケースもある。

「保険文脈」で読み解く保険に入りたくなる仕組み

保険料という損失はあっても、健康や家族など大切なものを守れるというポジティブなとらえ方をするのが「保険文脈」だ。その上で、保険に加入してしまう3つの理由をあげてみよう。

①確率荷重関数と確実性効果

死ぬ、病気になるといったリスクを考えるとき、人は損失回避・リスク回避を再優先に考える。それゆえに、保険に入って「リスクがゼロである」となると、それだけで価値があるように感じてしまいがちなのだ。

②利用可能性ヒューリスティック

将来がわからないなど不確実性の高い状態では、人はどうしても自分が見聞きしたことのあるかぎられた情報や、印象的だった出来事を連想し、実際よりも高い確率で起こるように思えてしまうのだ。たとえば、がん保険や介護保険は、身内にがん患者や要介護の家族がいた場合、加入意向が高まるという。

③リスク評価

災害や事故など、人生を揺るがしかねない事態が起こる恐怖は、それが実際に起きる確率よりも高いものと感じがちだ。正しく備えるのは悪いことではないが、客観的な

実は保険はおトクな商品ではない

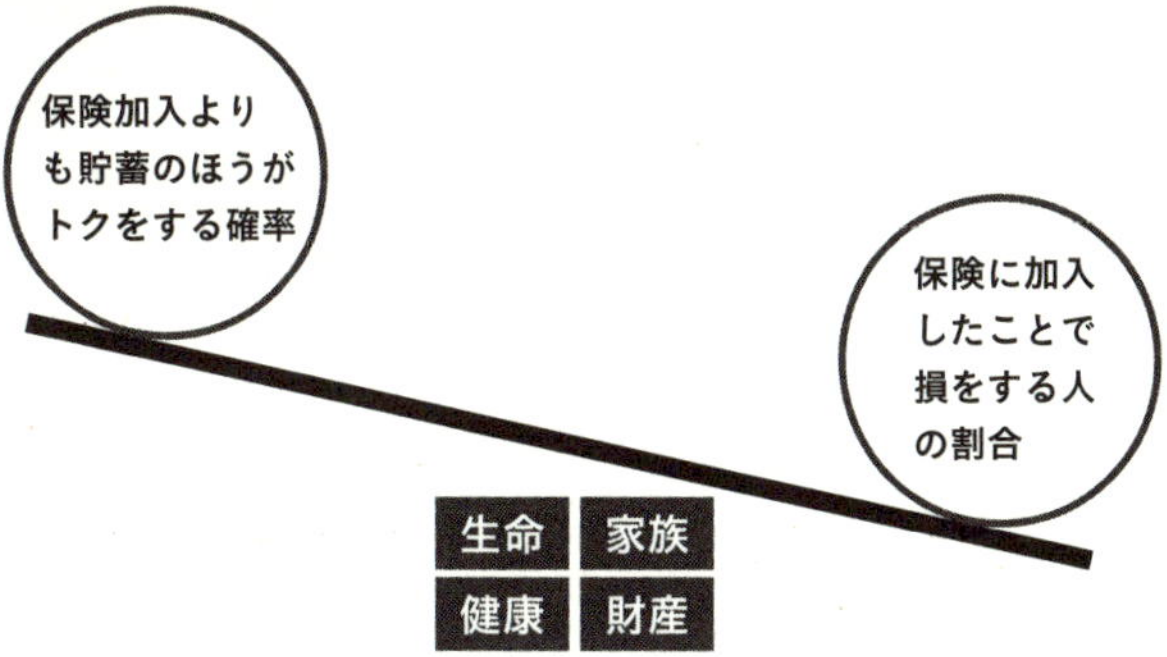
保険加入よりも貯蓄のほうがトクをする確率
保険に加入したことで損をする人の割合
生命
家族
健康
財産

保険商品は人間がもっとも大切にしているものを補償しようとする性格を持っているため、もしものときに生じるであろう損失・被害を避けるために保険に入ってしまう。

判断は大事にしたいところだ。

保険はその存在からして、「気にならずにはいられない」性質を持っている。なおかつ、見直しもほとんどなされない。保険会社からしてみれば、ものすごくオイシイ商品なのである。

経済の雑学

保険的なものは他にもたくさんある

この「保険文脈」と同じ構造は、お金にかぎらない。老化予防のサプリ、トクホの飲料、スポーツクラブの入会なども同じ構造である。「○○を使えば××に備えられる」という方式で、ビジネスを考えてみるといいかもしれない。

ワケあり商品の「ワケ」は気にしない

「ワケあり」と書いてあるだけで、安心感と好感まで生まれてしまう

KEY WORD
後悔の回避

人は失敗したくない生き物だから

ネット通販では「ワケあり商品」が人気である。野菜の形が不揃いであるとか、カニの脚が1本だけもげているからとか、仕入れすぎたからだとか、枚挙にいとまがないほどだ。実際に安いこともあり、出品と同時に売り切れてしまうこともあるという。この「ワケあり商品」、行動経済学的にみると非常に賢い構造である。というのも、人は「後悔の回避」というバイアスがあるからだ。

損失の痛みを味わいたくないがゆえに、そうした状況をできるだけ避ける「損失の回避」とよく似た言葉だが、「後悔の回避」は損失をした上で、さらに自分を責めるなど、心理

心理的負担が大きい「後悔の回避」

損失は利益より大きく感情を揺さぶる。損失を受けたとき感じる後悔が嫌で、買い物や投資などの消費行動をしないことも可能だが、行動をしないことで損をするのも後悔につながる。そのため、後悔につながる情報は無視してしまう……。

的な負担が大きい。「損をした。本当はあっちを買おうと思っていたのに自分のバカ」と感じる瞬間は切ないものである。

「ワケあり商品」の場合、まず安いことに「ワケ」というストーリーがあるため、後悔をしないための根拠となる。きちんと判断した、という納得材料にもなる。さらにいえば「こんなおトクなものを見つける自分は偉い」とまで思うかもしれない。

もっといえば「おトクな情報を開示してくれた気持ちに応えたい」と、「返報性の原理」がはたらくのも、買いたい気持ちに拍車をかける。「ワケあり」と書かれただけでこれだけのバイアス。本当に価値あるワケなのか、確かめる選択眼も持ちたいものである。

伝統的なクジ引きはなぜ廃《すた》れない？

「当たったー!!」と喜ぶ人を何人もが目撃することのインパクトは大きい

KEY WORD
利用可能性ヒューリスティック
確実性効果

自分も当たりそうと思わせるテクニック

２００２年、全日空があるキャンペーンを行った。空港の自動発券機を使ってチケットを受け取ると、50人に１人の割合でチケット代がキャッシュバックされる。つまり、片道分がタダになるのだ。当時は自動発券機でチケットを受け取る人がまだ少なく、認知拡大目的で行われたキャンペーンだったという。

行動経済学的にみると、これは「利用可能性ヒューリスティック」、つまり目の前で起きたことや聞いたことのある出来事は、自分にも起こりそうだと錯覚する、という心理を活用したうまい手法である。家族や友達ときている人なら、その場で「当たったー！」と

歓声をあげるだろう。ひとりでも「おめでとうございます！」等と係員が盛りあげれば、そこにいる数十人が利用可能性ヒューリスティックを起こすのである。

数字的にみれば、50人にひとりというのは２％に過ぎないが、「ひとりあたり２％割引」では、これほどまでのインパクトはないだろう。実際、搭乗者数も伸びたということだ。

この手法は家電量販店などでも使われている。１００人にひとりはレシートがタダになるというもので、誰かが当選するとフロア中に響くような鐘の音と「おめでとうございます～!!」という声がかかる。そのたびに来店者は「自分も当たるかも?」「必要なモノだし、せっかくだから今買おう」と考えるのだ。

ハズレのないくじが一番魅力的

人は確実なことが好きである。それを示すのが、架空の宝くじを使った実験だ。あなたならどちらを選ぶだろうか？

くじA　80％の確率で4000円が当たる

くじB　100％の確率で3000円が当たる

実験では、24％がくじA、76％がくじBを選んだ。圧倒的に100％当たるほうが人気である。続いて、同じ人に下記のどちらを選ぶか質問をした。

くじC　20％の確率で4000円が当たる

くじD　25％の確率で3000円が当たる

今度はくじCが84％、くじDが16％で、圧倒的にCが多いという結果になった。

くじC・Dは、それぞれくじA・Bの確率が4分の1になったものである。人はできるだけ多くの効用を得るために動くという理論を「期待効用仮説」というが、それに基づけばくじAを選んだ人はCを、Bを選んだ人はDを選ぶことになるはずだ。

ここではBの「100％」がキーである。人はハズレがなく、確実に利益が得られることを好む。これを「確実性効果」という。

人間は確実なものを好む

Q.1

くじAとくじB、
どちらがいいですか？

くじA …80%の確率で
4,000円が当たる

くじB …100%の確率で
3,000円が当たる

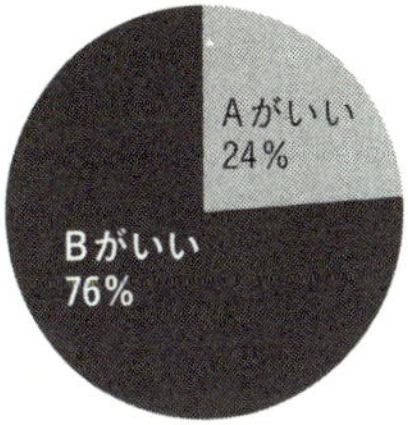
Aがいい
24%
Bがいい
76%

AよりBを好む人が多い

Q.2

くじCとくじD、
どちらがいいですか？

くじC …20%の確率で
4,000円が当たる

くじD …25%の確率で
3,000円が当たる

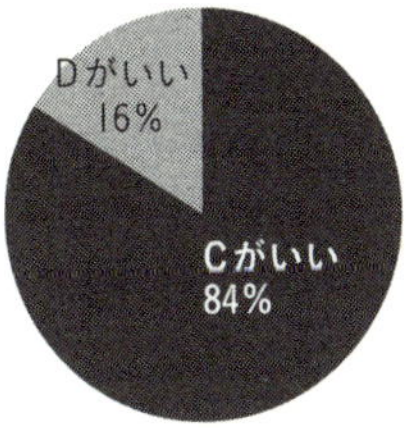
Dがいい
16%
Cがいい
84%

DよりCを好む人が多い

本来ならBを選んだ人はDを選ぶはずだが……
実際はCのほうが多かった！

Bの「100%」という、
絶対当たる確実性効果に
人間は惹かれるのである

経済学の知識で合コンにも勝つ！

合コンはメンバー選定がすべてである！
行動経済学で完璧な布陣を敷こう

KEY WORD

おとり効果

イケメンだけど低収入
顔は普通だけど高収入

仮にあなたがイケメンだったと仮定しよう。しかし残念ながら、収入はイマイチである。

さて、きたる合コンに備えてメンバーを集めているあなたはA君に声をかけた、顔は普通だが、大手企業に勤めており収入はよい。あなたからすれば、人気をかっさらっていかれかねない脅威の存在である。効果的に自分の存在をアピールするにはどうすべきだろうか。

正解は、自分よりも少しだけ劣るルックスと収入のB君を〝おとり〟としてメンバーに組み入れることだ。行動経済学でいう「おとり効果」である。

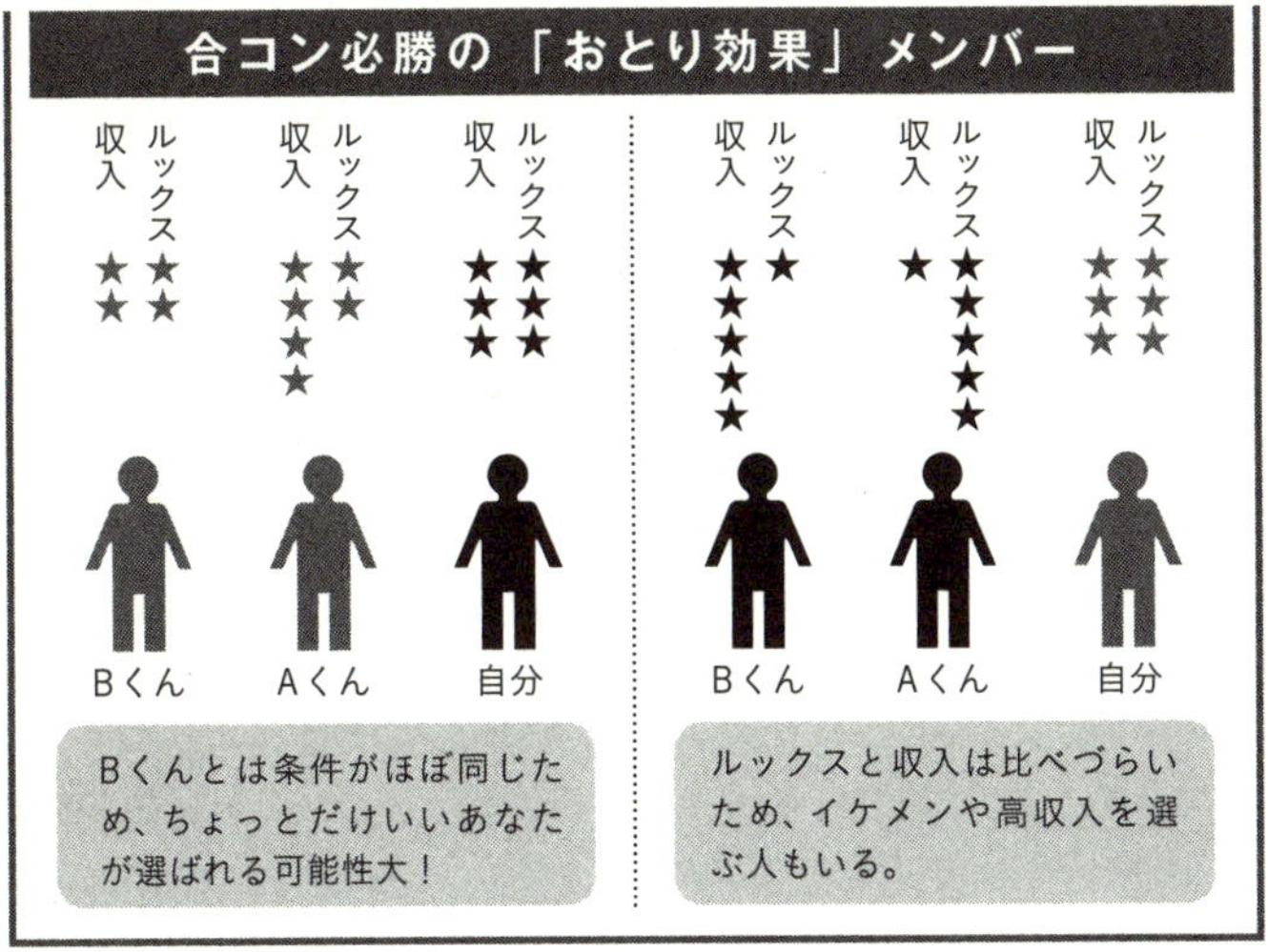
合コン必勝の「おとり効果」メンバー
ルックス★★★
収入★★★
自分
ルックス★★★★★
収入★
Aくん
ルックス★
収入★★★★★
Bくん
ルックスと収入は比べづらいため、イケメンや高収入を選ぶ人もいる。
ルックス★★★
収入★★★
自分
ルックス★★
収入★★★★
Aくん
ルックス★★
収入★★
Bくん
Bくんとは条件がほぼ同じため、ちょっとだけいいあなたが選ばれる可能性大！

顔か収入か。あなたとA君は異なる次元での比較となるので、選ぶほう（女子）は非常に迷うことになる。そこにB君を投入すれば、あなたとB君を比べて「顔も収入もいいし」という理由であなたを選びやすくなるのだ。おとり効果は、人間がどんなときも損をしたくない、最良の結果を選びたいという本能にバイアスをかけるのである。

もちろん恋愛は理屈どおりにうまくいくものではないし、おとりと思ってナメていたB君が予想以上に隠れた逸材で、女子の人気が集中する可能性もある。ただ、選択にはバイアスがかかりやすいもの。真っ向勝負もいいが、知っているとビジネスなどにも応用できるはずだ。

結婚はコスパがいい？悪い？

結婚しない若者が増加中！
行動経済学でみえてくる「しない理由」

KEY WORD
機会費用

結婚することの機会費用はそんなに大きくない!?

結婚せず、独身でいる人は増加傾向にある。まず、現代は独身でいても日常生活はさほど困ることがない。男女格差も昔に比べて少なくなり、スーパーやコンビニも遅くまで開いていて食事にも困らない。人間は自分が持っているものや環境を実際よりもいいものと考える「保有効果」がはたらくので、なかなか現状を変えようとしない。人は不確実なことより確実なことを望む。結婚するということはある意味、リスクなのだ。

また「機会費用」も影響していると考えられる。何かを選択するということは、何かを捨てることでもある。そして、その捨てた選

択肢によって得られたであろう利益のことを機会費用と呼ぶ。結婚した場合、しない場合、どちらがトクだろうか。男女の格差が明確であった時代は、男女で機会費用の損得のバランスは取れていたのだろう。ただ、現代では結婚で失われるもののほうが大きいと判断する人が増えているのだ。

経済の雑学

結婚しない男女が増えている

生涯未婚率（50歳の時点で結婚したことがない人）は2010年時点で女性が約10.6%、男性が20%である。内閣府の調査では、生涯結婚するつもりのない人は18～34歳の男性で9.4%、女性で6.8%にのぼり、増加傾向にある。

お見合い結婚は何人目で決める？

お見合いでベストなご縁は何人目か？経済学で考えてみよう

KEY WORD
最適停止問題

理想の相手と巡り合えるのは何人目？

以前に比べれば減っているお見合い。昨今では友達の紹介や結婚相談所、合コンなど、古典的なお見合いにとらわれない紹介スタイルも増えているので、実際に誰かに紹介されて縁をつかむ人はさほど少なくないのかもしれない。

ところで、仮にお見合いをする場合、何人目くらいで決めるのがベストなのだろうか。もちろんひとり目で「この人」と思える人が見つかればそれでいいのだが、その後にもっといい人がいるかもしれない、と考えることもあるのではないだろうか。

実は、経済学者にはこういった縁の確率に

経済学的にはお見合いは４人目が勝負時!

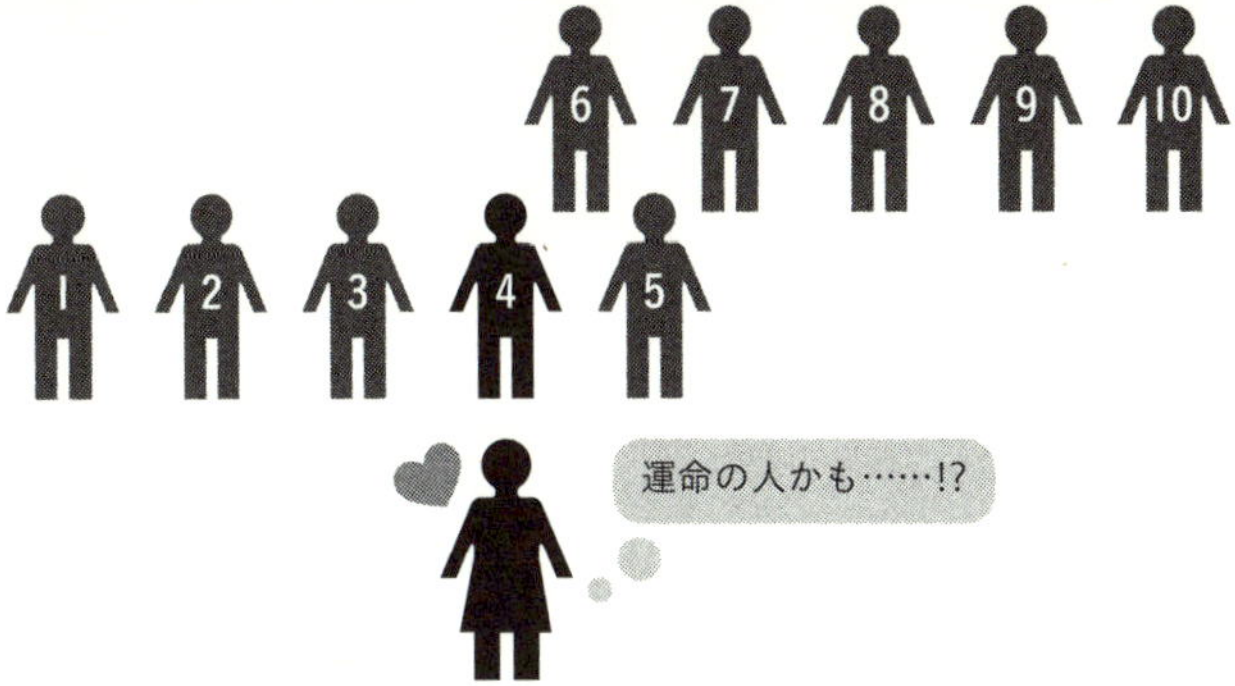

10人お見合いをするとしたら、1～3番目がどんなにステキな人でも「もっとステキな人、自分に合う人が現れる」と思ってしまう。

ついて研究している人がいる。たとえば10人の人とお見合いをする場合、何人目でいい人と出会う確率が高くなるか、確率を計算するのだ。それによれば、もっとも運命の相手と出会いやすくなるピークは4人目となるそうだ。もちろん、すべて確率どおりにいくほどオイシイ話はないのだが。

経済の雑学

採用や買い物にも使える秘書問題

本文でご紹介したのは、もともと「秘書問題」と言われる理論だ。特定の行動をとる最適なタイミングを見計らう「最適停止問題」の一種で、本文の例でいえば４人目に会った人がベストである確率は36.8％と、もっとも高くなる。

女性より男性のほうが幸せは少ない!?

新たな格差社会なるか？
主観的な幸福感の差を探ってみよう

KEY WORD
主観的幸福感

世界的にみても女性のほうが幸福感が高い

幸福であることは、人生においてとても大切なことである。この普遍的なテーマはさまざまな国で調査がなされているが、多くの国で女性のほうが「自分は幸福である」と高い「主観的幸福感」を持っていることはご存じだろうか。

ただし、これは男性優位の社会でみられる傾向で、女性優位の部族で調査を行ったところ、男性のほうが主観的幸福感が高かったという。また、世帯主であることを前提に調査した結果、幸福度は男女で差が出なかったという研究もある。

ちなみに、喫煙をするか否かで分類すると、

喫煙者は男女とも幸福感が低く、男女の差はみられなかった。

幸福感が生物学的なもので先天的にそなわっていたものなのか、社会の中で後天的に身につけたものなのかについては完全に解明できているわけではないが、少なからず環境からの影響は受けやすいようだ。

経済の雑学

気温がちょうどいいと人は幸福になる

大阪大学では学生に毎日幸福度を尋ねる調査を１年以上かけて行った。それによれば、気温の変化により幸福度は上下し、17.5℃程度がもっとも幸福度が高かった。ほかにも、天気と幸福度について調べた研究は世界中で行われている。

お金があれば人生は幸せになるか？

もっと年収を上げたい、もっと稼ぎたい……。それが満たされている人は幸せなのか？

KEY WORD

パラドックス

日本人の幸福度は40年間変化していない

財布を開いて「ああ、もっとお金があったら幸せなのに……」と思ったことはあるだろうか。お金があればあれが買える、旅行に行ける、ステキな家に住める、などと想像は広がるものだ。では、お金があれば幸せ、なのだろうか？

大阪大学でアンケート調査を行ったところ、所得の多い人ほど幸福であるという結果が出た。しかし、所得が低い階層では所得と幸福度は比例して上がったが、７００万円以上になると伸びはストップし、幸福度は高まっていかなかった。

一方、幸福度を時系列で比較してみると、

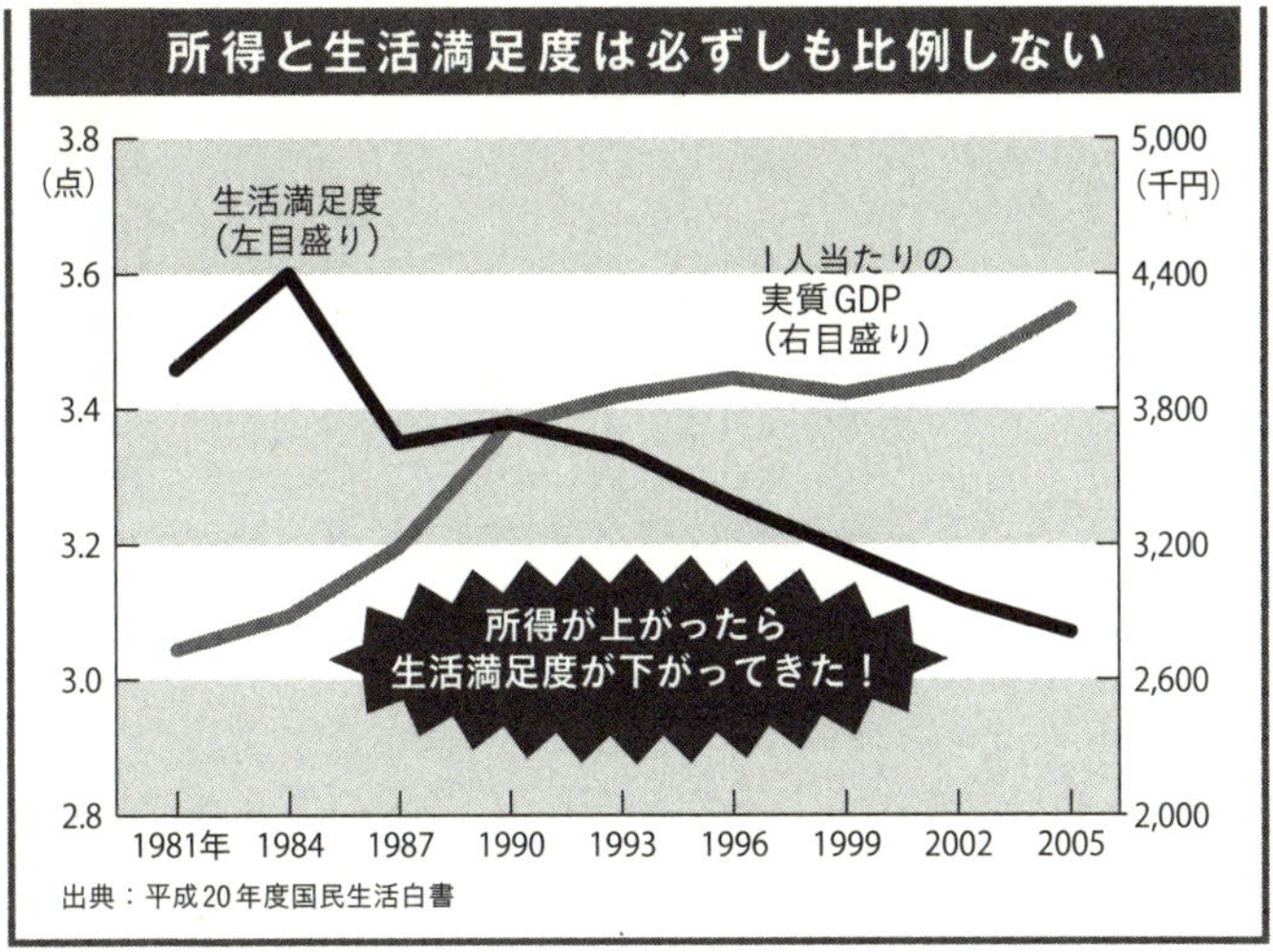
所得と生活満足度は必ずしも比例しない
3.8
（点）
3.6
3.4
3.2
3.0
2.8
5,000
（千円）
4,400
3,800
3,200
2,600
2,000
生活満足度
（左目盛り）
1人当たりの
実質GDP
（右目盛り）
所得が上がったら
生活満足度が下がってきた！
1981年
1984
1987
1990
1993
1996
1999
2002
2005
出典：平成20年度国民生活白書

1958年から40年以上、日本人の幸福度はほとんど変化していない。高度成長期を経て世の中が豊かになり、GDPは6倍以上になったのに、幸福は比例しなかったのだ。実はアメリカやヨーロッパでも同様の事実が確認されており、イースターリンの「パラドックス」と呼ばれている。

経済の雑学

人間は他人との比較で満足したりしなかったり

生活が豊かになっても幸福感が上がらないのは、人は絶対所得よりも相対所得で幸福かどうかが決まるという「相対所得仮説」で説明できる。つまり、日本人全員が同じように豊かになれば、幸福感はさほど感じられないのだ。

行動経済学からみる〝贈り物の極意〟

「あいつ、なかなか目が高いな」そう思わせる最強のプレゼント選び

KEY WORD

自分では買わないほしいモノ

お金もいいけど モノのほうがもっといい

お歳暮やお中元を贈る習慣は減ってきているようだが、もし贈るなら何が一番喜ばれるのだろうか？　身も蓋もない話ではあるが、マナーや常識を抜きにして考えるなら現金が一番だろう。お金を渡すのに気が引けるなら商品券でもいい。相手もほしいモノが買えて満足するはずだ。さりとて、現実的にはそういうわけにはいかない。そこで、誰でも使う洗剤や油、砂糖などが人気なのである。

さて、行動経済学の視点からみれば、もっともいいプレゼントはモノである。といっても洗剤などではなく、贈り先の人にとって高級で、なかなか手を出しにくいと思っている

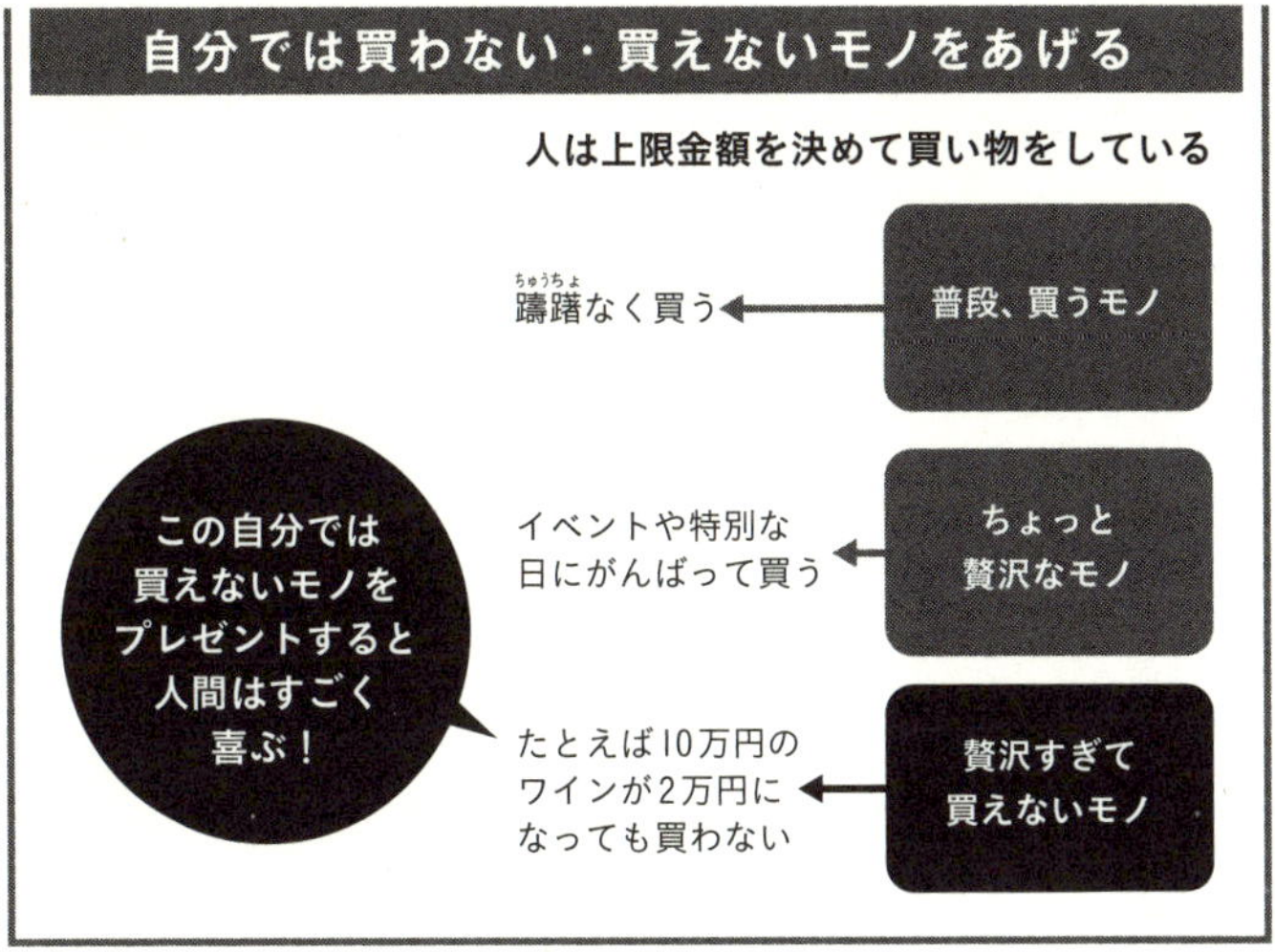
自分では買わない・買えないモノをあげる
人は上限金額を決めて買い物をしている
普段、買うモノ
躊躇《ちゅうちょ》なく買う
ちょっと贅沢なモノ
イベントや特別な日にがんばって買う
贅沢すぎて買えないモノ
たとえば10万円のワインが2万円になっても買わない
この自分では買えないモノをプレゼントすると人間はすごく喜ぶ！

ものだ。といっても本当に高価なものというわけではない。高級レストランのお食事券、高級ブランドのチョコレートといった高級イメージがありながら、自分ではなかなか買わないモノが望ましい。そんな金額は簡単に買える収入の人でも、喜ばれることは確実である。お金よりも相手の心をとらえるだろう。

経済の雑学

巨額の年俸を稼ぐプロ選手もモノに弱い

アメフトのオールスター戦・プロボウルで、高い報酬を提示しても選手が集まらないことがあった。そこで会場をハワイに移し一流ホテルのスイートルームとファーストクラスのペアチケットを用意したところ、集まったという。

夏休みの宿題と糖尿病の意外な関係

イヤなことは後回し！
子どもの頃の習慣が暗示する未来の姿

KEY WORD
双曲割引

糖尿病患者にみられる顕著なパターン

糖尿病はその予備軍も含め、日本国内に2200万人もの患者がいるという。その95％がⅡ型、つまり食べ過ぎや飲み過ぎといった生活習慣を原因とする糖尿病だ。治療は投薬もなされるが、基本的に運動不足を解消し、栄養バランスの整った適度な食事が改善のためには欠かせない。

しかしこれがなかなか難しく、つい運動をサボったり、好きなものばかり食べたりといった行動がやめられなかったりする人が多いようだ。

ところで、糖尿病患者に向けてアンケート調査を行ったところ、患者の7割が子どもの

頃、夏休みの宿題を休みの終わり頃にやることが多かったという回答が得られたという。

行動経済学的にみれば、夏休みの宿題をギリギリまでやらないのも、糖尿病なのに改善しようとしないのも、イヤなことは先送りして目の前の誘惑に負けてしまう「双曲割引」という理論で説明することができる。

子どもの頃、夏休みに入ったら夢中になって遊び、宿題は後回しにして泣きをみたタイプは、おいしそうなお菓子を食べて糖尿病になってしまうリスクより、今目の前にあるお菓子を食べないと損をする感情のほうが大きく上回ってしまうのだ。子どもに夏休みの宿題を計画的にやらせることは、将来の健康維持にもつながっているのだ。

非合理な人間のクセをよく表した曲線

ダイエットをしてスリムになるという目標を立てておきながら、ついケーキや焼肉を食べてしまったという人は少なくないはずだ。遠い未来に得られることよりも、人は目の前のことを重視しがちである、という概念を表したものである。これまで経済学で想定されていた「合理的経済人」とは違い、非合理的な人間の考え方を説明するものとして注目されている。

この曲線（P65、P89の図を参照）は今日や明日といった直近の時間に関しては割引率が高くなるが、「１００日後」「1年後」といった遠い出来事については、割引率はほとんど感じられず、あまり関心を持たなくなる。

お酒やタバコに関しても同じことで、将来のリスクは知りつつも、まだまだ先のことだと割り引いて考えてしまうから「この1杯だけ……！」「最後の1本……」とやめられなくなってしまうのだ。

経済の雑学

時間感覚の違いは割引率の違い

今、目の前の快楽を優先する時間割引率が大きな人は、基本的にせっかちである。そして、将来をどの程度割り引くかは人によって異なる。「アイツは何やらせても遅いんだよ！」というのは、単純に割引率の違いだけかもしれない。

「時間割引率」が一定でない人は将来、苦労する!?

現在(01年)のAさんが思う価値

現在(01年)の10,000円
02年の10,000円……………………10,000×0.8＝8,000円
03年の10,000円………………10,000×0.8×0.9＝7,200円
04年の10,000円…………10,000×0.8×0.9×0.9＝6,480円
05年の10,000円……10,000×0.8×0.9×0.9×0.9＝5,832円

時間割引率が一定でない

2年後(03年)の12,000円!

Q 1年後(02年)の10,000円と2年後(03年)の12,000円どちらが欲しい?

現在(01年)の自分が思う価値
02年の10,000円　10,000×0.8＝8,000円
03年の12,000円　12,000×0.8×0.9＝8,640円
こっちのほうが高いので2年後(03年)の12,000円を選ぶ

……………… 1年経過 ………………

現在(02年)のAさんが思う価値

02年の10,000円……………………10,000円
03年の12,000円………………12,000×0.8＝9,600円

今の価値が高い

後悔しています……どうしてこんな選択をしてしまったのだろう

Q 1年前に「2年後(03年)の12,000円」を選んだのは後悔していませんか?

時間割引率が一定でない人が計画を立てると長い目でみて最適な計画ではない場合が多い!

人の直感は「ウソの確率論」だらけ

なんとなく考えたことはほとんどデタラメ!?
さらにはカモにされるかも

KEY WORD
利用可能性ヒューリスティック

知らないことはだいたい外れる

自動車事故で死ぬ確率と胃がんで死ぬ確率、どちらが高いと思われるだろうか。実験では交通事故のほうが高いだろうと予測する人のほうが多いのだが、実は胃がんで死ぬ確率のほうがそれを上回るのである。

すでに何度かふれてきたが、ニュースや新聞でみた印象的な情報や、もともと持っている知識をもとに行われる判断は「利用可能性ヒューリスティック」と呼ばれる。たとえば、自分が恐怖を感じる場合はそのリスクが起きる確率を高く感じる。地震や病気への恐怖が大きいほど「将来起こるに違いない」と考えるのだ。また、未知のものについても同じで、

データ等の背景知識がないと、むやみに恐れたり感情移入したりすることになる。

　これらのバイアスをうまく使っているのが、リスクに関係した産業だ。保険や化粧品、健康食品などが当てはまる。巧みなマーケティングによって人は健康や若さを失うことを過剰に恐れ、モノを買うというわけだ。

経済の雑学

ほぼ当たらない宝くじで４億円を夢見るワケ

ジャンボ宝くじで４億円が当たる可能性は0.00001％である。しかし買わなければ当たる確率はゼロ。あまりにもわずかな差だが、人はこれを実際以上に大きなもののように感じる。４億円の夢はこうした人々に支えられている。

確率論も吹っ飛ばす伝え方の妙

言い方しだいで人を操れる!?
フレーミング&プライミング効果を活用せよ

KEY WORD
フレーミング効果
プライミング効果

言ってることは同じなのに受け取り方が変わる

ときに生死にかかわる重要事項を説明する立場に置かれる医師。患者への伝え方にもさまざまな配慮がこらされるという。

たとえば、ぜひすすめたいと思っている治療法の場合は「手術の成功率は95％です」と伝える。ただ、自分では疑問がある治療法だがやってほしいと泣きつかれたときは「20人に1人の割合で亡くなります。それは覚えておいてください」と伝えることがあるそうだ。これは行動経済学でいう「フレーミング効果」で、前者なら楽観的な気持ちを引き出すのに対し、後者は自分がそのひとりになる確率が実際以上に高く感じられることになる。

「直接的プライミング」と「間接的プライミング」

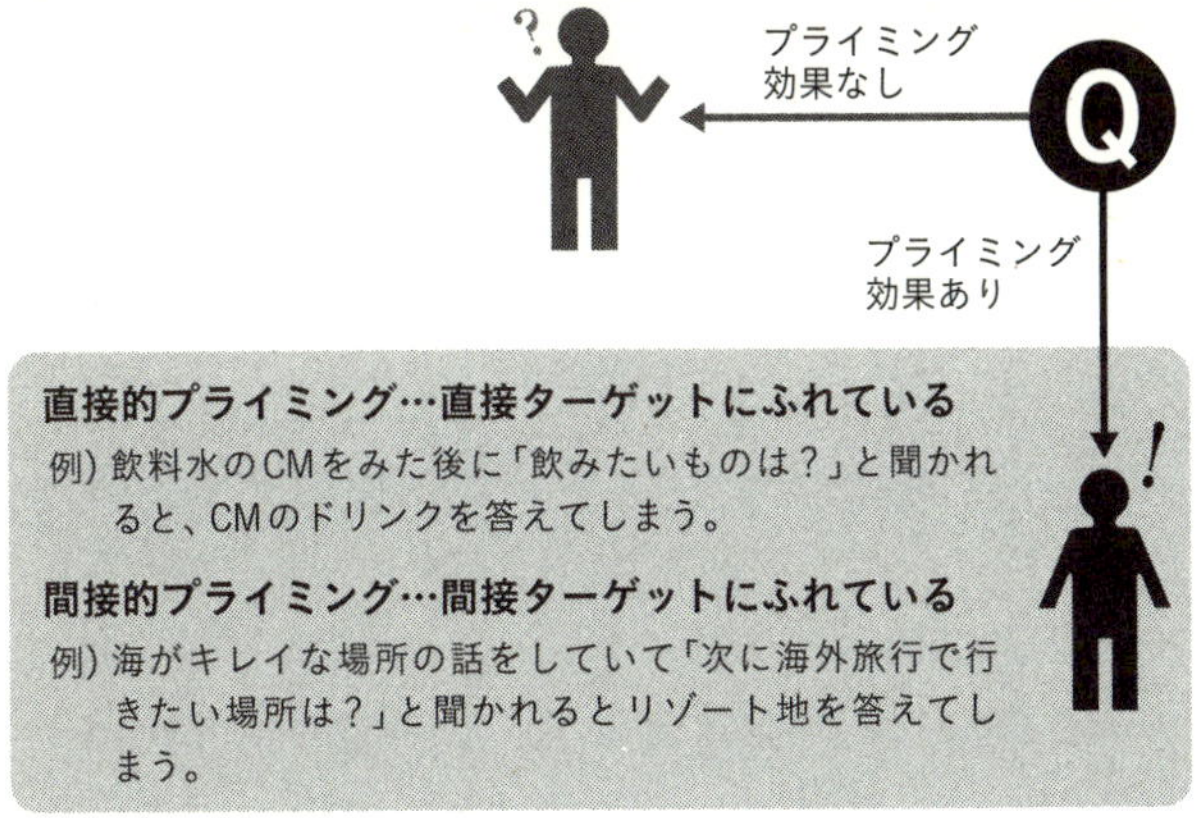
プライミング
効果なし
Q
プライミング
効果あり
直接的プライミング…直接ターゲットにふれている
例）飲料水のCMをみた後に「飲みたいものは？」と聞かれると、CMのドリンクを答えてしまう。
間接的プライミング…間接ターゲットにふれている
例）海がキレイな場所の話をしていて「次に海外旅行で行きたい場所は？」と聞かれるとリゾート地を答えてしまう。

また、治療法の成功率が50％と告げたあと、「先週の患者さんは成功しました」と言うのと、「先週の患者さんは失敗しました」と言うのでも印象が異なる。これは先に見聞きしたことに判断が影響を受ける「プライミング効果」と言える。このように、脳内では確率論など簡単に吹っ飛んでしまうのである。

経済の雑学

懐かしのピザ10回クイズもプライミング効果

「ピザ、ピザ、ピザ……」と10回繰り返させる、懐かしのクイズ。その後に質問者がひじを指さして「これは？」と言うと思わず「ひざ」と答えてしまうというものだが、これも先行刺激に影響を受けるプライミング効果である。

経済学の格言

経済学を学ぶ目的は、
経済問題に対する
出来合いの対処法を得るため、
ではなく
そのようなものを受け売りして、
経済を語る者にだまされない
ようにするため、である。

経済学者
ジョーン・ロビンソン

第6章

知っておいて損はない マクロ&ミクロ経済学

経済学は「世の中で何が起こっているのかを把握できる力」を身につける学問。
つまり経済学を知っておくと、この先の変化を予想できるのだ。

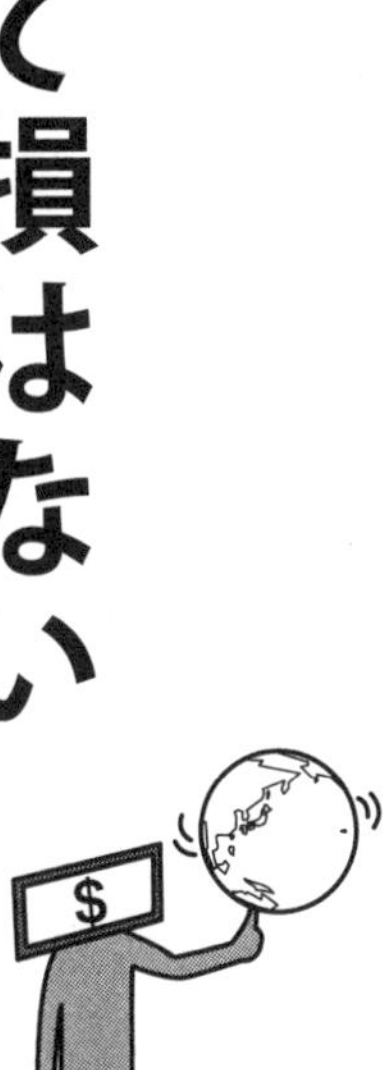

そもそも経済学とは何か？

人はどんなふうにモノとお金を交換するのか？
経済活動全体を研究する学問

KEY WORD
最適化行動

目的を達成するために望ましい選択をする行為

経済学（エコノミクス）の語源はギリシャ語で「共同体のあり方」を意味するオイコノミクスである。その名が示すように、社会のなかで人や組織がモノやお金を交換し合う行動を経済活動と呼び、その仕組みを研究する学問が経済学である。

経済学では、基本的に「人は合理的に行動する」という前提に立って仮説を立てる。つまり、人は常に物事を正しくみて損得を計算し、それを正しく判断して合理的な行動を取っているだろうと考えたうえで分析が行われるのだ。こうした行動は「最適化行動」とも呼ばれる。

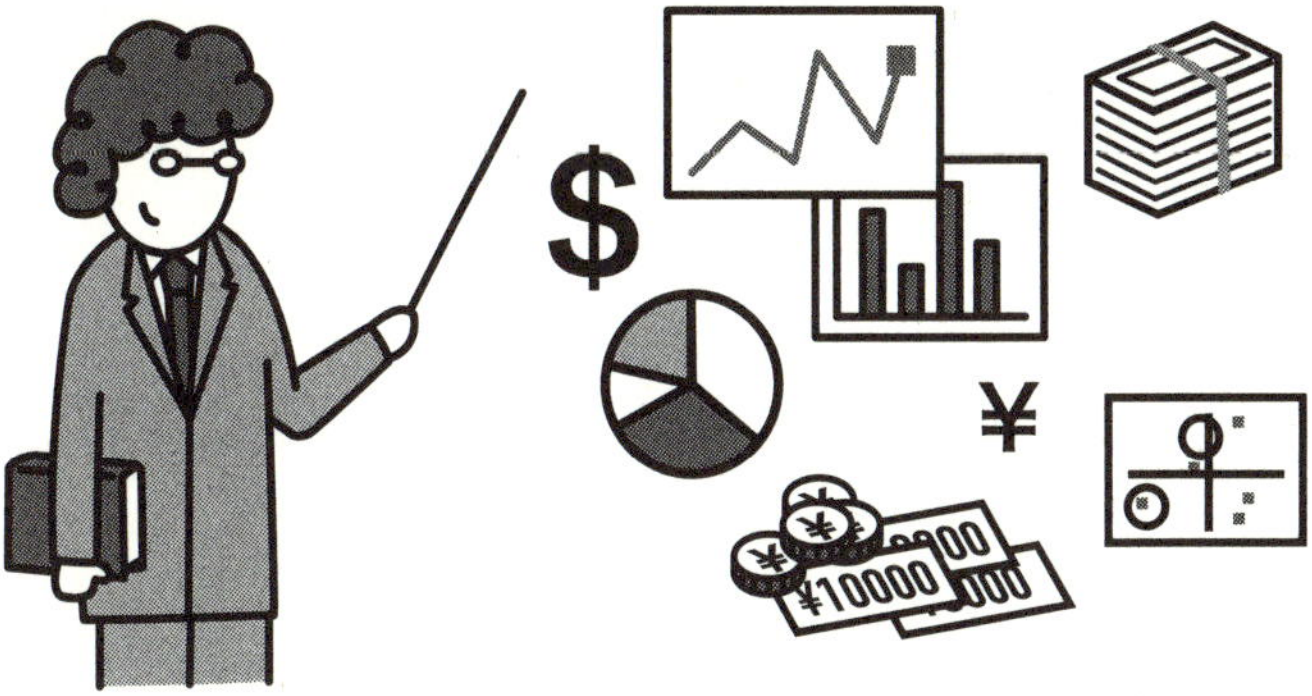

たとえば目の前に、みた目も産地もまったく同じ大根が、片方は50円、もう片方は１００円で売られていたとする。ほとんどの人が、ここで50円の大根を買うだろう。あるいは、目の前にあるのは１００円だが、車で１時間離れた場所にあるスーパーでは50円だったとする。この場合は目の前の１００円の大根を買うだろう。

ただし、人間は主体的にモノを買うなかで、さまざまなインセンティブ（誘因）によって行動を変える。ときに不合理な行動をすることもあるだろう。それでも、じっくりと時間をかけて世の中をみていくと、経済活動はその多くが合理的な行動に結びついていることが多いのだ。

世の中を経《おさ》めて民衆を済《すく》う

経済学はしばしば「お金儲けのための学問」「株式投資とか先物とか、お金を増やす知識」などと受け取られていることがある。ただし、それはまったくの誤解だ。確かに広くお金にかかわるテーマではあるが、ただのマネーゲームではない。言葉の意味やその歴史を探ってみよう。

経済とはもともと、中国の古典にある「経世済民」を略したものである。「世の中を経（おさ）めて民衆を済（すく）う」と本来の意味にあるように、当初は封建社会のなかで国の財政や富の管理に主眼が置かれていた。

世の中の変化とともに、経済が持つ意味や内容もしだいに変わっていく。市民社会が成立すると、研究の対象は自律的な市場の機能に移っていった。現在では生産や価格など、経済活動の変化に対する法則を記述することが目的のひとつになっている。さまざまな法則を明らかにして、私たちの暮らしがもっとよくなっていくことをめざしているのである。

たとえば、お金を儲けたいと思っている人がたくさんいるときに、政府がどんな仕掛けをしたら社会全体のためになるだろうか。税金、社会保障、規制緩和……。さまざまな方法があるはずだ。まさに「経世済民」である。時代が移ろっても、その意味は現代にもしっかりと受け継がれているのだ。

経済学の真の目的

経済とはどのように生まれた言葉？

英語の「Political Economy」を
▼
中国の古典にある「経世済民」と訳し
▼
日本語で「経済」と略した！

経済学に対する誤解

- FX
- 株価
- REIT
- 資産運用
- お金儲けをする学問

経済学の真の目的

みんながお金儲けをしようと行動したとき、どんな仕掛けをしたら社会全体が恩恵を受けることができるか、を考える。

20世紀の経済学の基礎「ケインズ経済学」

20世紀最大の経済学者が、大恐慌のなかで打ち立てた理論とは？

KEY WORD
雇用・利子および貨幣の一般理論

古い理論を打ち破ったケインズの新理論

20世紀の経済でもっともインパクトの強い存在は間違いなくケインズだろう。１９２９年に勃発した大恐慌によって、世界中が深刻な経済危機に見舞われた。

回復の見通しも立たないなか、ケインズは当時主流だった経済学を修正する理論である『雇用・利子および貨幣の一般理論』を発表。恐慌下で起こっている経済現象が、「需要と供給の調整により価格が決定される」という当時の古典派経済学の理論では説明できないことを明らかにしたのである。ケインズ経済学では、経済全体の消費や所得、生産などについて、それぞれ関連し合うと想定した。

古典～現代の経済学の流れ

古典派経済学

経済学の父と謳われるアダム・スミスの思想からはじまった

- 資源の効率配分の問題を解決するためには、市場メカニズムがもっとも有効である、という理論
- モノの価格は需要と供給によって決まる、という理論

1929年10月24日 世界大恐慌が発生

原因はニューヨーク証券取引所での株価の大暴落

↓

そこで、イギリスの経済学者
ジョン・メイナード・ケインズは……

ケインズ経済学

古典派経済学の理論では説明できない部分を修正した理論『雇用・利子および貨幣の一般理論』を発表

- 需要が供給を決定するカギである「有効需要の原理」という理論

↓

ケインズ経済学から発展

マクロ経済学

マクロ＝巨視的という意味の経済理論

- 国の経済がどのような仕組みになっているか、総体的な経済を研究する

↓

マクロ経済学から派生

ミクロ経済学

ミクロ＝微視的という意味の経済理論

- 家計の消費活動や企業の生産活動を分析し、モノやサービスの価格や生産量を研究する

国全体の大きな経済と身近な小さな経済

20世紀の経済学における重要な課題を読み解いてみよう

KEY WORD
マクロ経済学
ミクロ経済学

家庭や企業をみるか国家全体をみるか

現代の経済学には、大きく分けて2つの専門分野がある。ひとつは「マクロ経済学」、もうひとつは「ミクロ経済学」だ。

マクロ経済学は、国民全体の経済がどのような仕組みになっているのか、大きいひとまとまりとして経済を研究する。たとえば物価にインフレ、失業、国民総生産など、さまざまな視点から景気を調整するための経済政策を考えるのだ。景気はどう変動するか、世界金融危機はなぜ生じるのかなど、研究対象は非常に幅広い。

対するミクロ経済学は、経営者や消費者、企業など、ひとつひとつの経済主体を分析の

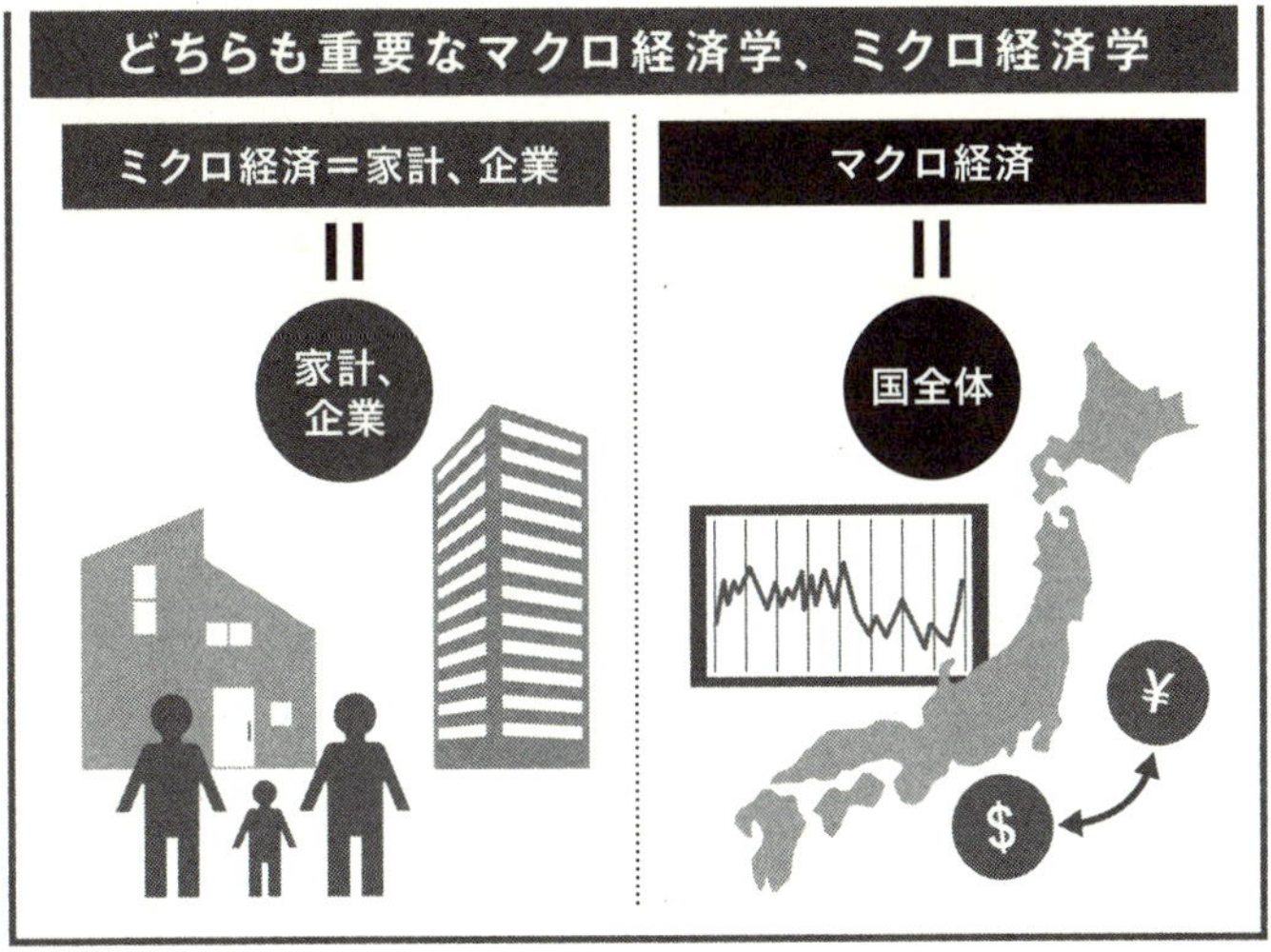
どちらも重要なマクロ経済学、ミクロ経済学
ミクロ経済＝家計、企業
マクロ経済
家計、企業
国全体
¥
$

対象とする。このとき、すべての人は職につき需要と供給のバランスが取れているという「完全雇用・完全競争・市場均衡」という仮定で経済活動を分析するのが特徴で、個別の市場での経済活動を分析したり、複数の産業の連携をはかったりする。

　マクロ経済学とミクロ経済学はどちらかのみで成立するものではないし、どちらが優れているというわけではない。マクロ的な分析にもミクロ的な要素（個々の経済主体が最適化行動をとる、という前提の分析）が必要とされる。またミクロ経済学も、理想的なモデルだからこそうまく説明できない部分をマクロ経済学で補うなど、お互いに支え合う関係と言えるだろう。

行動経済学は経済学でいう「合理性」を否定しているか

ミクロ経済学が人間を合理的な存在だとして分析しているのに対し、人間は非合理な存在であることを示して経済学を再構成しようとしているのが行動経済学だ。損失を回避しようとして損をする、間違った思い込みで行動するといった、古典の経済学では説明ができない人間の不思議を、これまで数多くご紹介してきた。

伝統的な経済学では、人間は合理的な存在であると考える。ただし、これは仮定の話であって、本当に合理的であると証明されたわけではない。

行動経済学は人間の非合理な行動に焦点を当てるが、それは決して人間の合理性を完全否定しているわけではない。実際に、行動経済学では経済実験やアンケート調査を通じて、人が合理的であるという証拠も揃えているのだ。

そもそも、人間が動物の一種であることは周知の事実だが、合理性は生物一般に当てはまる概念であることが脳科学や行動科学によって明らかにされている。

たとえば、鳥の集団に関する実験だ。この実験では鳥の群れに対し、2箇所で餌まきが行われる。一方は比較的短時間で少ない量の餌をまき、もう一方では多めの量を比較的長時間まいた。すると、鳥は1羽あたりの食べ

る餌の量が、ちょうど同じくらいになるように分かれたという。

ほか、脳科学ではサルの脳の研究によって、サルが最適行動を取るときに対応する脳の部位があることがわかっている。人間でも、心理学でいう「強化学習理論」を裏づける脳の部位が判明している。

経済の雑学

合理性を仮定してもいいフリードマンの主張

ミルトン・フリードマンは非合理性を無視し、合理性を仮定するのは正しいと主張した。自然淘汰せず生き残っているのは合理的個人である、また結論がきちんとしているなら前提は気にする必要がないというのが理由だ。

マクロ経済学

マクロ経済学ってなんだろう

国の経済を分析するマクロ経済学は、国全体の経済活動を分析する

KEY WORD

国民経済計算（SNA）

付加価値を生んで世の中が回っていく

インフレやデフレ、経済成長や不況、失業……さまざまな国民経済全体の動きを分析するマクロ経済学。その経済活動が生むのは付加価値である。

付加価値とは、生産額から中間投入額を引いたもので、サラリーマンでいえば所得にあたる。必要経費を差し引いた後、労働や資本、土地などに配分される。

生産活動に携わった家計や企業は配分されたものから税金や保険料を納め、政府から年金などを給付される。こうして再分配が行われると、経済主体はモノやサービスを購入し、住宅や土地に投資を行うのだ。

こうしたマクロ経済学の経済活動を数字で把握するために「国民経済計算（ＳＮＡ）」が使われる。ＳＮＡはマクロ経済の状態を記録する基準で、フロー面（生産、消費・投資など）やストック面（資産、負債など）を体系的に記録することをねらいとした、いわばモノサシである。企業でいえば、財務諸表作成における企業会計原則に相当する。

ＳＮＡは国際的に用いられている基準で、日本をはじめ世界の多くの国がこの基準に従って所得水準や経済成長率などを算出、発表している。ＳＮＡによって描かれる国の経済活動は、生産と所得の分配、所得の受け取り・処分と資本の蓄積・調達、制度部門別貸借対照表である。

マクロ経済学

GDP（国内総生産）ってなんだろう

ニュースでよく聞くGDPって、そもそもどういうものなのか？

KEY WORD

フローとストック

その国のある一定の経済活動の大きさを表す指標

モノの価値は、それを把握する指標がないとはかることはできない。国民経済全体を分析するにあたり用いられるのがGDP（国内総生産）という指標で、ある一定の期間に、ある国内で新しく生産された財やサービスの合計がそれにあたる。

GDPはある一定の期間に生み出された付加価値だが、そのほか国内には国富、つまりある時点までに持っている資産もある。つまり、GDPは「フロー」であり、国富は「ストック」という関係性だ。

GDPが示すのは生産額の合計ではなく、一定期間に利用可能な資源がどのくらい増加

フローとストックとは？

したのか、という点だ。たとえば、ある外食企業が米を１億円、肉を１億円仕入れて牛丼を作り、５億円売り上げたとする。この場合、他の人が生産した米、肉の計２億円を除き、３億円が経済全体の生産活動を増加させたということができる。これを国内全体で合計したものがＧＤＰなのだ。

経済の雑学

GDPに含まれないものもある

土地の値上がりによる売却益(キャピタル・ゲイン)は、生産活動の付加価値とはいえないのでGDPにはカウントされない。家事労働の市場で取引されず、価値を推定することができない家事労働もGDPには計上されない。

生産・分配・支出が等しくなるのがＧＤＰの基本

ＧＤＰ（国内総生産）は生産されるだけでなく、必ず分配されて誰かの所得となり、必ず使われている。分配についてはＧＤＩ（国内総所得）といって「固定資本減耗」「間接税－補助金」「企業・財産・雇用者所得」からなっている。一方、支出はＧＤＥ（国内総支出）と呼ばれ、「民間・政府最終消費支出」「国内総資本形成」「在庫増加」「輸出－輸入」からなっている。ＧＤＰ、ＧＤＩ、ＧＤＥはすべて同じ額であり、これを「三面等価の原則」と呼ぶ。ちなみに国民所得の計算は、貯蓄と投資が等しくなるように取り扱ってバランスを取っている。

ＧＤＰがマイナスになると、ニュースはこぞって「前年比○％のマイナス」などと取りあげ、景気悪化を嘆く声が聞かれるようになる。確かに、ＧＤＰが上がるのは一般的にはよいこととされている。現に１９６０年代の高度成長期時代のＧＤＰは右肩上がりで、日本全体が豊かになった。

しかし、市場で取引されないものはＧＤＰに反映されていないということは意識しておく必要がある。たとえば生産の結果、公害や環境破壊が進めばそれはマイナスの生産活動である。格差や過労などの問題も指標には反映されない。数字だけみていては見逃すこともあるということを覚えておきたいものだ。

経済はさまざまなモノサシで測られる

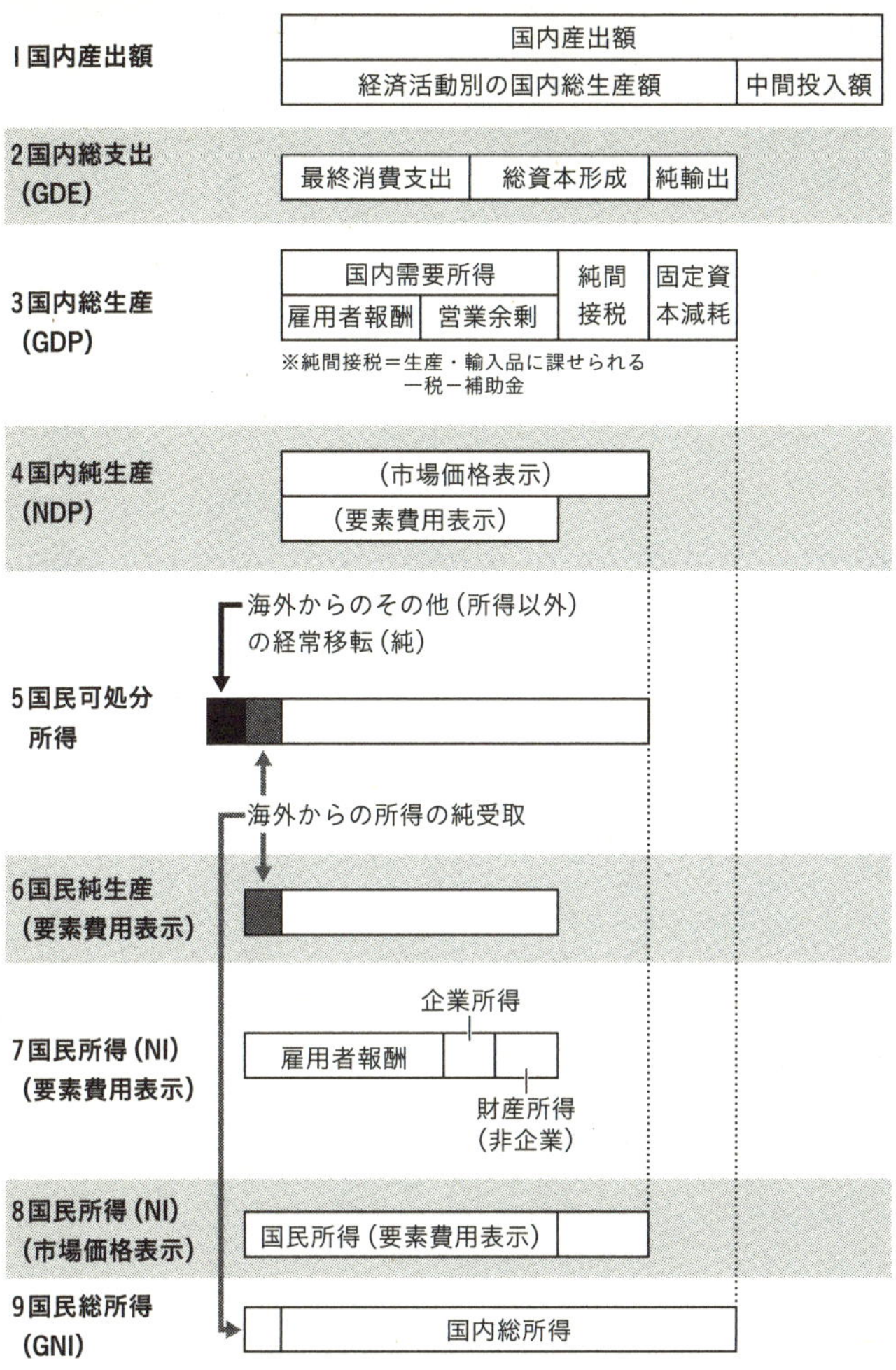
1国内産出額
国内産出額
経済活動別の国内総生産額
中間投入額
2国内総支出
(GDE)
最終消費支出
総資本形成
純輸出
3国内総生産
(GDP)
国内需要所得
雇用者報酬
営業余剰
純間接税
固定資本減耗
※純間接税＝生産・輸入品に課せられる
一税－補助金
4国内純生産
(NDP)
(市場価格表示)
(要素費用表示)
海外からのその他(所得以外)
の経常移転(純)
5国民可処分
所得
海外からの所得の純受取
6国民純生産
(要素費用表示)
企業所得
7国民所得(NI)
(要素費用表示)
雇用者報酬
財産所得
(非企業)
8国民所得(NI)
(市場価格表示)
国民所得(要素費用表示)
9国民総所得
(GNI)
国内総所得

マクロ経済学

家計の消費を考えてみよう

マクロ経済において、家計はどう行動する？
いつもの消費を考えてみよう

KEY WORD
消費関数

所得と消費の関係を表す消費関数がある

「家計」という言葉を、普段はどんなふうに使っているだろうか。「今月は家計が苦しいわ」と使われるときは、今月はやりくりが厳しく買い物も思うままにならない、という状況を意味するなど、一定期間の収入や消費を表す言葉ととらえている人も多いだろう。経済学で「家計」というときは、需要（消費）側の最小単位を意味する。家庭のなかで行われる経済活動と、その結果を貨幣面からとらえたものを指す。

家計は消費と貯蓄に配分される。月給が30万円のときは28万円を消費し、2万円を貯蓄。40万円になったら30万円を消費し、10万

国民所得決定のメカニズム

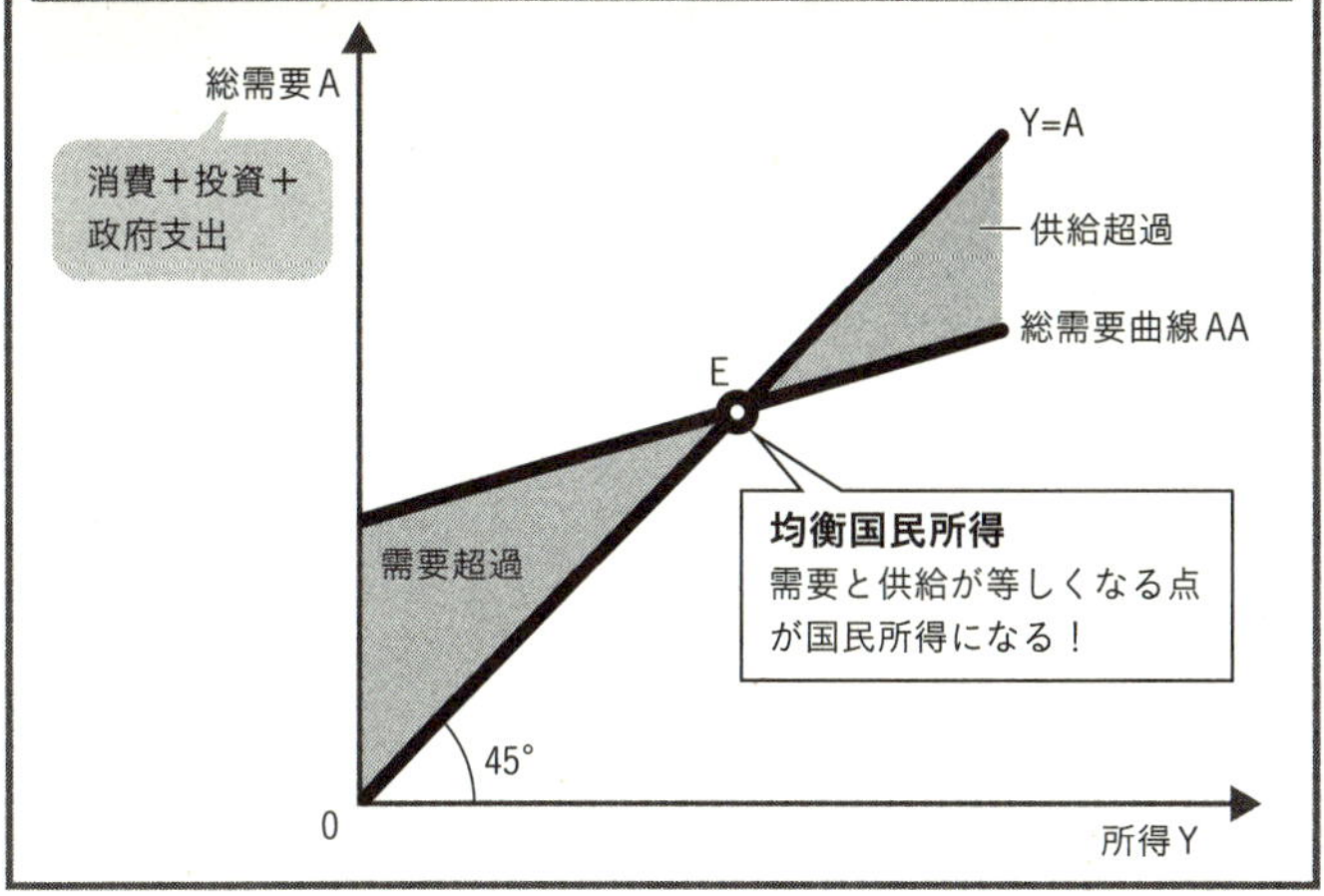
総需要A
消費＋投資＋政府支出
Y=A
供給超過
総需要曲線AA
E
均衡国民所得
需要と供給が等しくなる点が国民所得になる！
需要超過
45°
0
所得Y

円を貯蓄する。こうした、家計の所得と消費の関係を表すのが「消費関数」だ。要は「消費が何によって決定されるか」という決定要因を定式化したもので、ここでは消費は所得によって決定される、となる。

消費は所得とともに増加する。ただし所得（Ｙ）が増えても、消費（Ｃ）は同額ではなく、少し下回る金額であるはずだ。そのため、消費関数の傾きは45度を下回ることになる。このとき、所得と消費の差が貯蓄というワケだ。

所得がゼロの場合でも、最低限度の消費をしないと人は生きていくことができない。そのため、同じ地点から線がはじまることになっている。

マクロ経済学

家計ではどのような消費行動？

日常生活でどのように消費行動をしているか、マクロ経済学の視点からみてみよう

KEY WORD

貯蓄と消費のバランスをライフサイクルで探る

収入として得たお金は、使うか貯金するかの2択となる。ここでは貯蓄の観点から家計を考えてみよう。

人が貯蓄をするうえでもっとも大きな要因は将来に対する備えである。死ぬまで働くことができる人はそう多くないことを考えると、引退後の生活費は貯金しておく必要があるからだ。

貯蓄と消費のバランスをライフサイクルで探る

所得が増加したとき、増加した消費の大きさを所得の増加分で割った比率が限界消費性向である。一方、貯蓄が追加して増えた分を所得の増加分で割った比率を限界貯蓄性向という。両者の合計は常に1だ。

ライフサイクルでの消費者の貯蓄行動

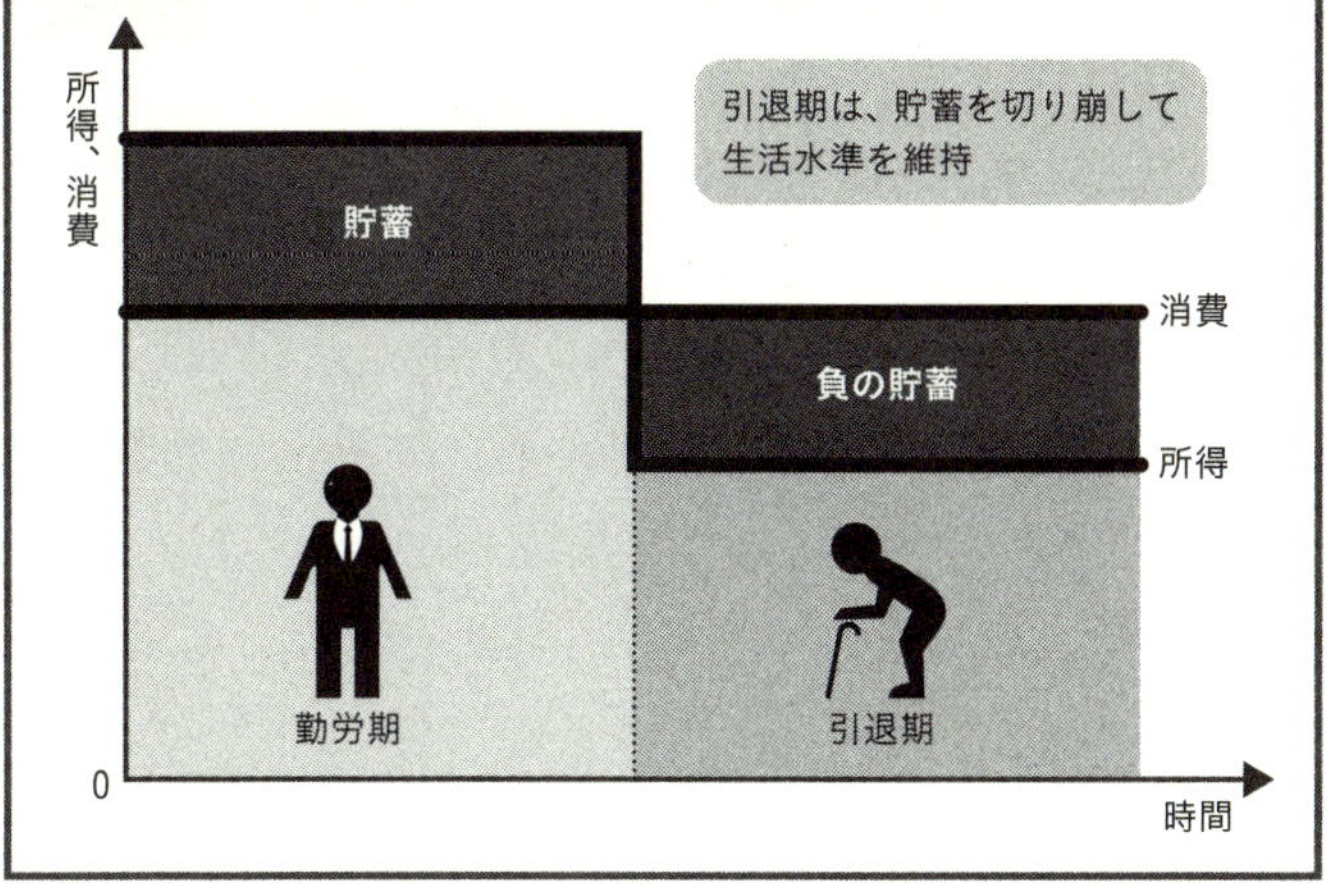
所得、消費
引退期は、貯蓄を切り崩して
生活水準を維持
貯蓄
消費
負の貯蓄
所得
勤労期
引退期
0
時間

そのために現在の消費が多くなりすぎないようにして貯蓄に回し、資産を増やして将来のために残しておくのだ。

貯蓄にばかり回していては現在の消費による効用（経済的な満足）が得られない。しかし、現在受けられる効用を最大にすれば、貯蓄が減少して将来の消費による効用は危うくなる。貯蓄し過ぎと消費し過ぎ、どちらに傾いてもバランスが取れない。人生全体を長い目でみて、現在と将来の消費水準においてちょうどいいポイントを見極めることが重要だろう。若いときに稼いで貯蓄をし、引退後にそれを取り崩して生活することで、消費水準を一定に保つのだ。

マクロ経済学

インフレ、デフレって何？

アベノミクスで大きく取り上げられたインフレだが、そもそもそれって何なのか

KEY WORD
インフレ供給曲線
インフレ需要曲線

インフレ＝物価アップ？その仕組みをみてみよう

インフレーションというのは、一般物価水準が継続的に上昇し続ける現象である。それに対してデフレーションは、一般物価水準が継続的に下落し続ける現象だ。

インフレを理解するためには、「インフレ供給曲線」と「インフレ需要曲線」について知る必要がある。インフレ供給曲線は供給サイドからインフレ率とＧＤＰの関係をみたもので、フィリップス曲線とマークアップ原理、オークンの法則の３つから導き出される。インフレ率上昇は失業率の低下、ＧＤＰの増加につながる。これらは正の相関関係にあり、インフレ供給曲線は右肩上がりとなる。

インフレとGDPの関係

インフレ供給曲線

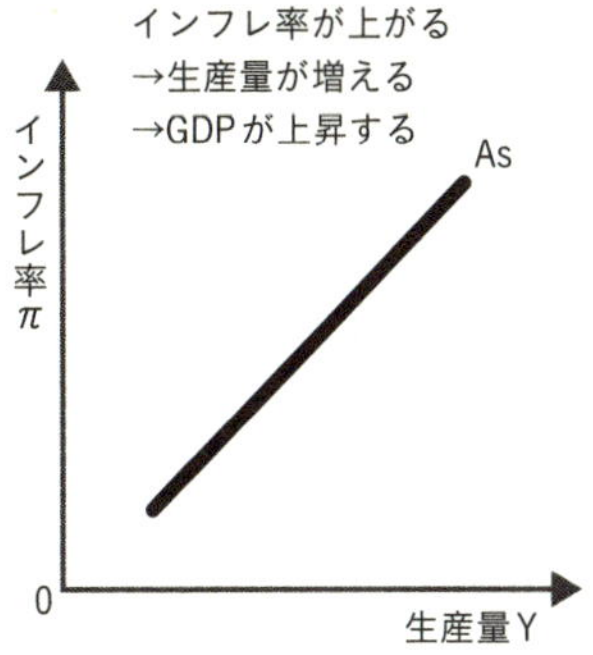
インフレ率が上がる
→生産量が増える
→GDPが上昇する
As
インフレ率π
0
生産量Y

インフレ需要曲線

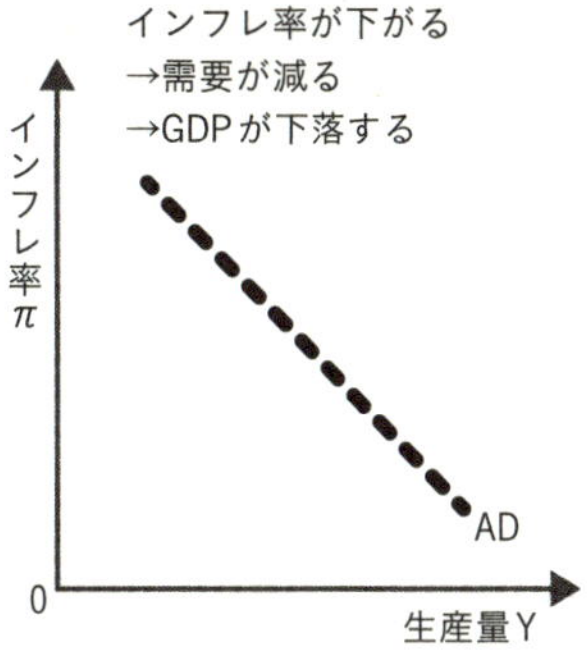
インフレ率が下がる
→需要が減る
→GDPが下落する
AD
インフレ率π
0
生産量Y

マクロの均衡

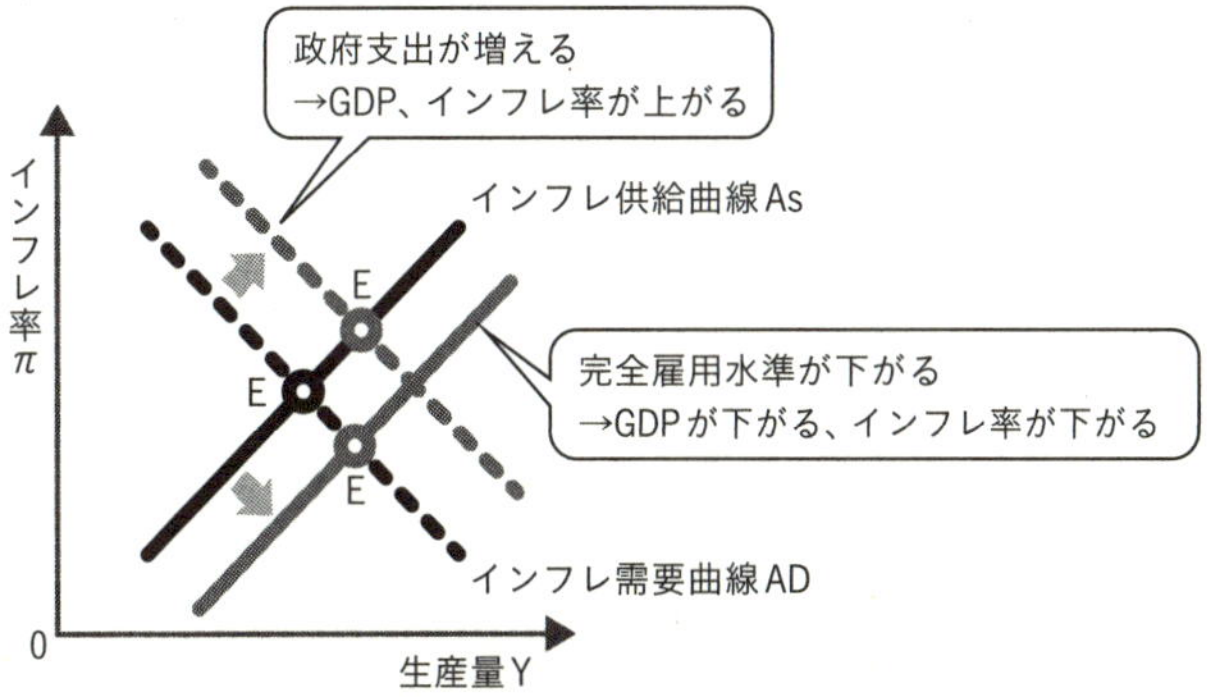
政府支出が増える
→GDP、インフレ率が上がる
インフレ供給曲線As
E
E
E
完全雇用水準が下がる
→GDPが下がる、インフレ率が下がる
インフレ需要曲線AD
インフレ率π
0
生産量Y

政府支出、完全雇用水準が変化すると、GDP、インフレ率も変化する

よいインフレ
悪いインフレ

インフレを予想することを「インフレ期待」という。物価が上昇し続けていれば、多くの人はこれからもインフレが続くとみて行動を決めるようになる。この場合、名目賃金率がインフレ期待に見合った情報幅でないと、賃金率が低下したと考えるようになる。貨幣錯覚（貨幣の価値を額面だけでみて実質でみないこと）がなければ、労働者は名目賃金率の引き上げを求め、企業は賃上げを認めることになる。

日本経済は戦後50年というもの、ほぼインフレの時代を歩んできた。１９７０年代には年率20％以上にもなったくらいである。しかし１９９０年代に入り、長期的なデフレを経験する。現在はアベノミクスによる施策のひとつとして、インフレ率２％上昇がめざされている。

さて、ひと口にインフレといっても、いいものと悪いものがある。需要の増加に生産量が追いつかないために生じる「ディマンド・プル・インフレ」は景気がいいときに起こるインフレなので、悪いインフレではない。

たいして賃金や原材料費などのコスト上昇率が上がりすぎることによる「コスト・プッシュ・インフレ」は、不況でも生じる悪いインフレと言える。また、上昇率１００％以上などと猛烈なスピードで上昇するハイパーイ

日本のインフレ率の推移

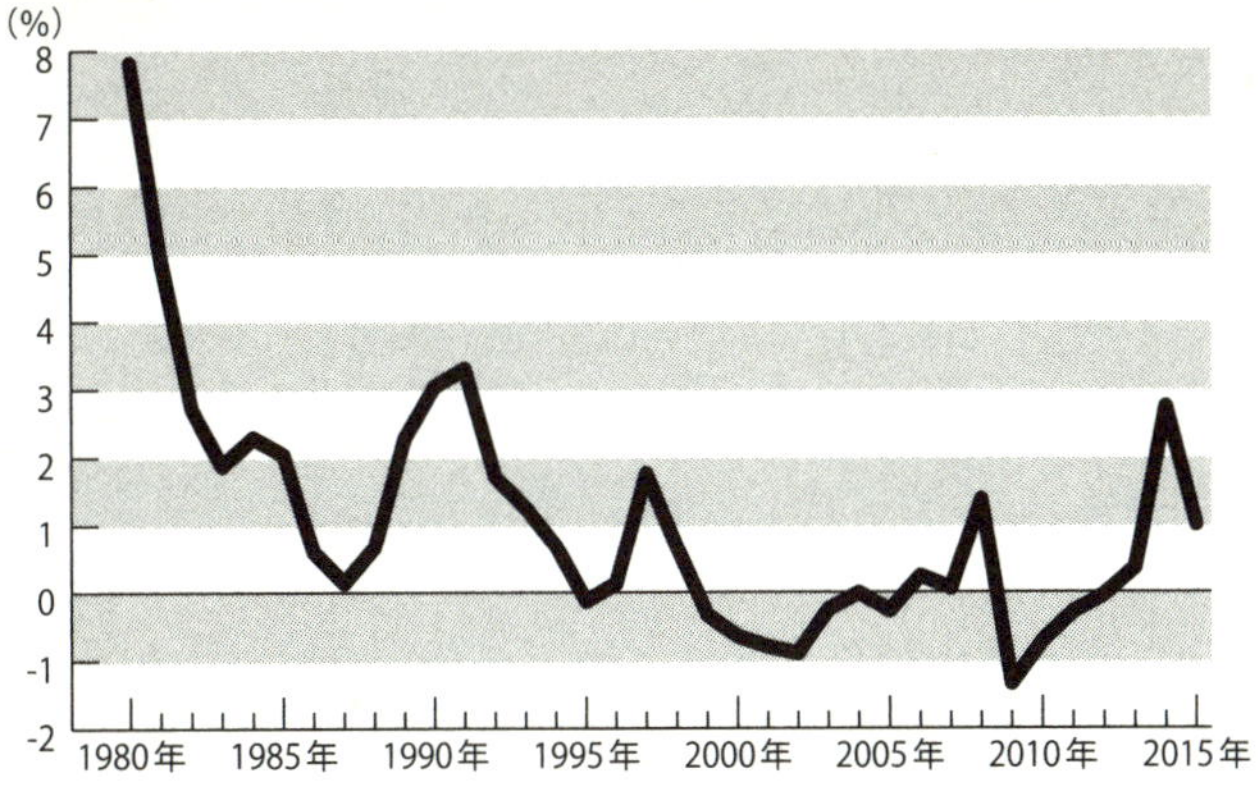

出典：IMF

ンフレも悪いインフレの典型例といえるだろう。

物価が安定することは、経済活動を円滑に運ぶためには重要な要素である。景気がいいときであれば2％程度のインフレは理想的だが、さてアベノミクスは一体どうなるだろうか……？

経済の雑学

バブル経済・バブル崩壊とは何だったのか

1980年代後半、地価や株価が急激に値上がりするバブル経済が起こり、90年代にそれが急落するバブル崩壊があった。資産価値の理論値と現実の値がかけ離れた状態がバブルであり、崩壊は免れられぬ道であったといえる。

ミクロ経済学

ミクロ経済学の基本

最適な消費行動とはどのようなもの？
ミクロ経済学で読み解いてみよう

KEY WORD
限界コスト
限界メリット

価格が上がると需要は下がる

モノの値段はどうやって決まるのだろうか。店主の気分しだい……ということもあるだろうが、経済学では需要と供給の相対的な関係で決まると考える。

家計は何かを購入するとき「与えられた価格のもとで、どのくらいのコストをかけてその財を購入し、消費すると一番トクになるか」と考える。財を購入する際にかかる総コストの増加分が「限界コスト」だ。ここで得られる満足度を「限界メリット」という。最適な消費決定は、この限界コストと限界メリットが一致することが条件となる。限界コストよりも得られる限界メリットが多いなら、それ

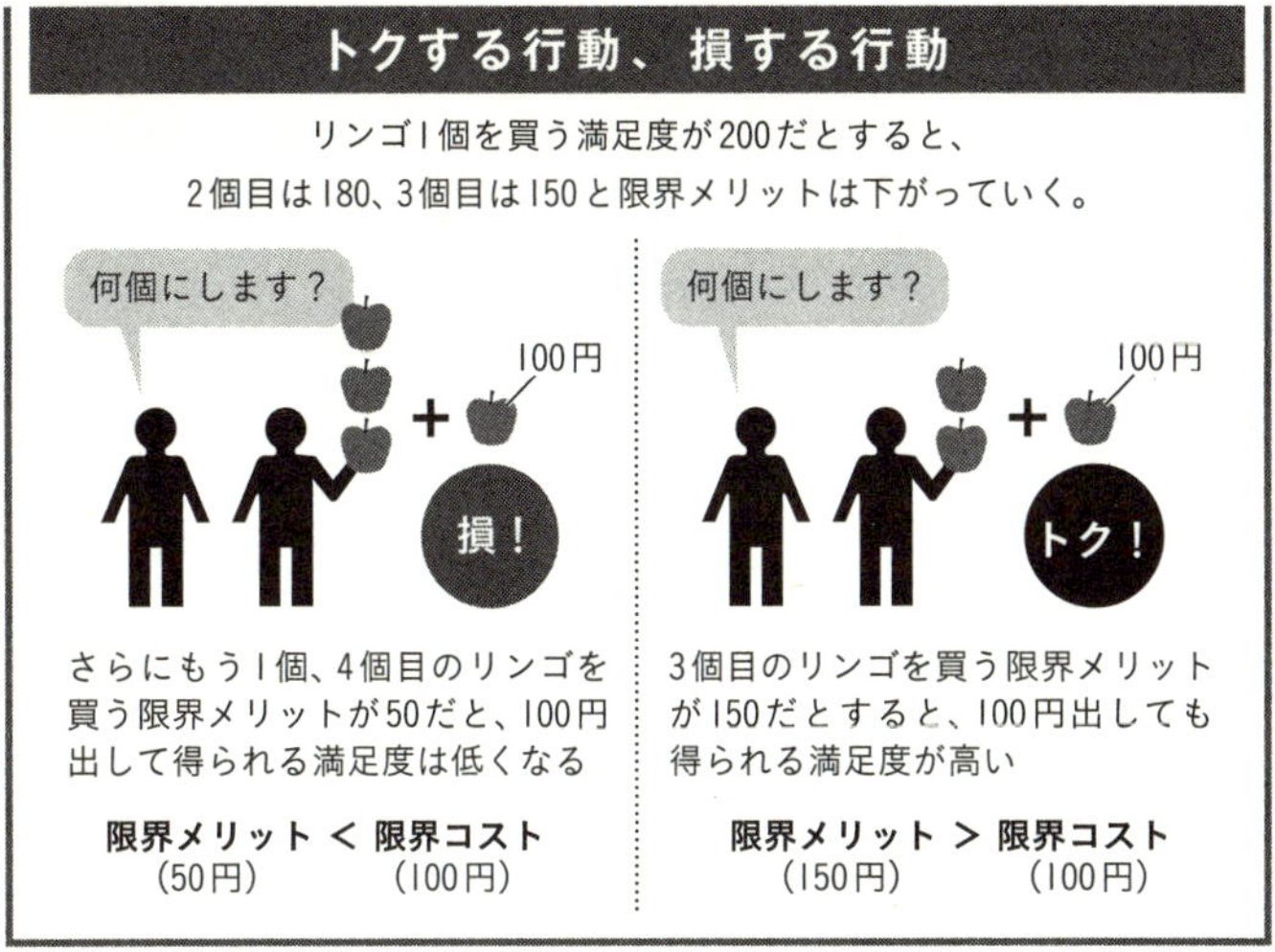
トクする行動、損する行動
リンゴ1個を買う満足度が200だとすると、
2個目は180、3個目は150と限界メリットは下がっていく。
何個にします？
100円
損！
さらにもう1個、4個目のリンゴを買う限界メリットが50だと、100円出して得られる満足度は低くなる
限界メリット < 限界コスト
(50円) (100円)
何個にします？
100円
トク！
3個目のリンゴを買う限界メリットが150だとすると、100円出しても得られる満足度が高い
限界メリット > 限界コスト
(150円) (100円)

はトクをしたということである。

では、モノの価格が上がるとどうなるだろうか。この場合、限界コストも上がるものの、限界メリットはそのままである。すると、買うのは控えるという選択になる。こうやって消費行動を分析すると、モノの価格が上がると限界コストも上昇し、需要が下がるのだ。

経済の雑学

供給需要曲線の生みの親・マーシャル

アルフレッド・マーシャルは19世紀から20世紀初頭にかけて活躍した新古典派を代表するイギリスの経済学者である。現在でもよく使われる供給需要曲線を確立し、ケインズやピグーら優秀な経済学者を多く育てた。

ミクロ経済学

私たちの毎日の消費は、どう読み解くことができる？

ミクロ経済学では家計をどう考える？

KEY WORD

限界効用逓減の法則

ビールが一番おいしいのは最初のひと口

需要（消費）側の最小単位を意味する家計。家計はいろいろな財やサービスを消費して、経済的な満足度を高める活動を行う。消費から得られる満足度は効用と呼ばれ、その水準はある時点の消費量が増加すれば増加する。

しかし、両者は無限に同じレベルで増えるわけではない。消費が増えるにつけ、効用が増える程度はだんだん低下していく。財の消費量の増加分と、効用の増加分の比率を限界効用という。限界メリットは効用をお金で評価するが、限界効用は効用にたいする主観的な評価がなされるという違いがある。

限界効用は常にプラスであり、財を購入す

れば必ず満足感が得られる。同じ財を何度も消費したり、飽きがきている場合にはあまり新鮮ではないものの、それでもプラスには間違いがない。

さらに、限界効用は一定ではない。仕事が終わった後に飲みに行き、よく冷えたビールを飲むことを想像してみよう。最初のひと口が一番おいしく感じられ、後は自然に慣れていくように、財の消費とともに減っていく。これを「限界効用逓減の法則」という。

ただし、限界効用はしだいに減っていくものの、全体としての満足度は増加することに注目したい。つまり、限界効用が増えるスピードは落ちるものの、効用全体の量が低下することにはならないのだ。

もっとも家計にいい買い物はどうやってするか

せっかく儲けたお金を使うのだから、満足度は上げたい。家計にとって効用（消費することによる満足感）を最大にするにはどうしたらいいだろうか。ミクロ経済学の観点から考えてみよう。

ここで、リンゴを買うときのことを考えてみよう。リンゴの消費を1単位拡大すると、その消費から限界効用が得られる。この限界効用は限界効用逓減の法則にしたがって低下するので、限界メリット曲線も右肩下がりに低下する。

リンゴの消費量が増加すれば効用水準も増加するものの、消費を拡大し続ければほかの財やサービスを購入する資金は減ってしまう。リンゴを1個買うたびに、その分の資金が他の財・サービスに回らなくなるのだ。結果として、限界デメリットはリンゴの価格と同じになる。

家計の効用が最大化できるのは、限界メリット曲線と限界デメリット曲線の交点だ。

左図にあるように、交点の左側であればリンゴを買うことのメリットのほうがデメリットより大きいため、もっと買ったほうがいいと考える。逆に右側であれば、リンゴを追加で買うことのデメリットのほうがメリットより大きいため、購入しないでおいたほうがトクということになる。

消費量はどう決まる？　～リンゴの例～

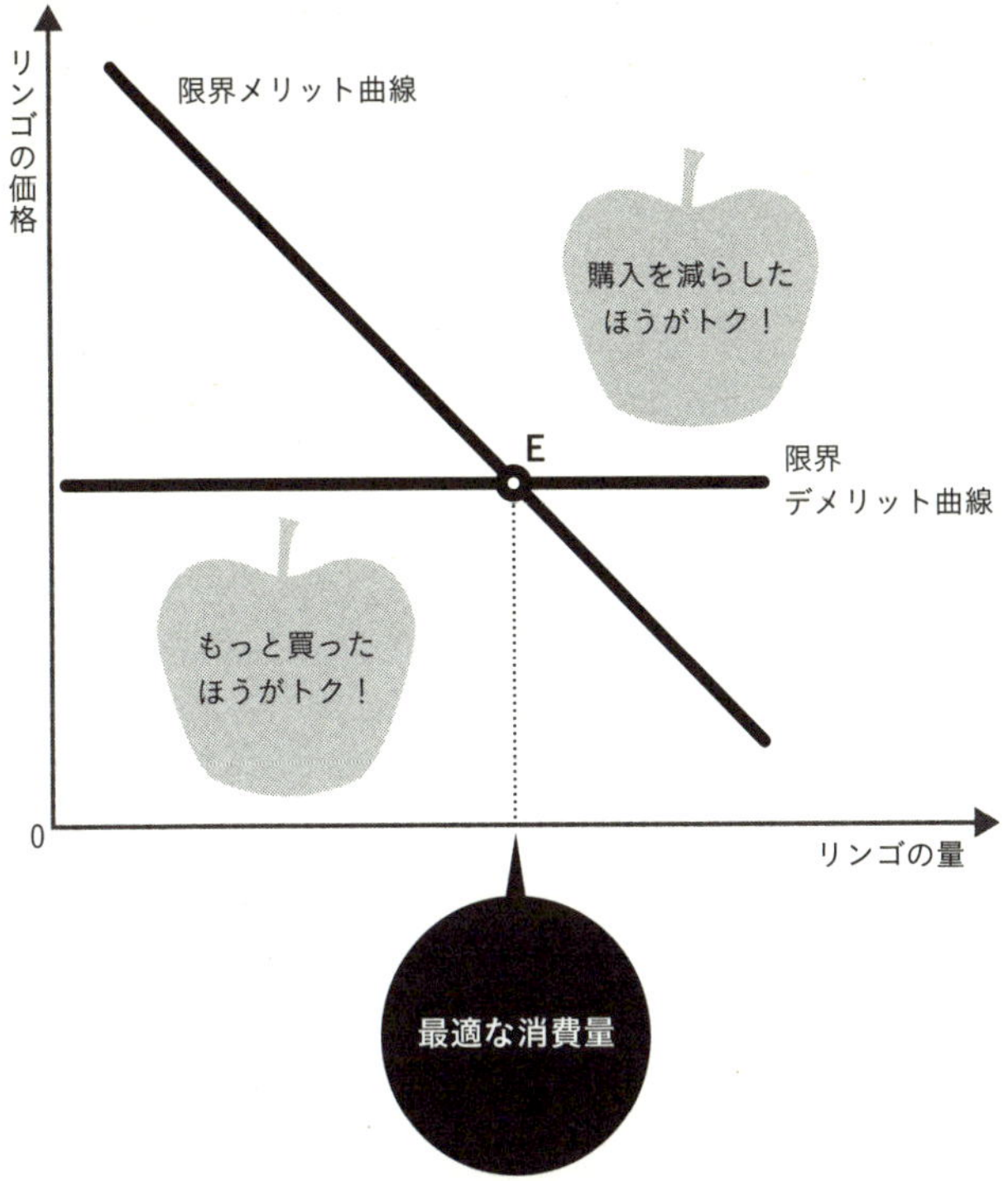
リンゴの価格
限界メリット曲線
購入を減らしたほうがトク！
E
限界デメリット曲線
もっと買ったほうがトク！
0
リンゴの量
最適な消費量

E点よりも左側では、リンゴを追加購入するメリットがデメリットより大きいため、リンゴの購入を拡大させるのがおトク！

逆にE点よりも右側では、リンゴを追加購入するデメリットがメリットより大きいため、リンゴの購入を縮小させるのがおトク！

ミクロ経済学

経済学で企業をみてみよう

企業は何のために存続し、どうやって儲けるのか？　経済学でひもといてみよう

KEY WORD

限界生産
限界生産逓減の法則

企業の目的と生産活動

企業は、労働者を雇用し、資本設備を用いて生産活動を行う経済主体である。目的はより大きな儲けを出すこと、つまり利潤の追求だ。もちろん、株主の利益確保や従業員の生活のため、また社会貢献のためなど、企業によって目的は異なるかもしれないが、それらも利益あってこその話であろう。

また、社会貢献などに力をいれている企業も、すべてを慈善事業と考えてやっているわけではない。社会における自社イメージの向上、雇用において優秀な人材を集めやすくなるなどのメリットもあるはずだ。

さて、ここからは実際に企業が行っている

ひと目でわかる！　限界生産逓減の法則

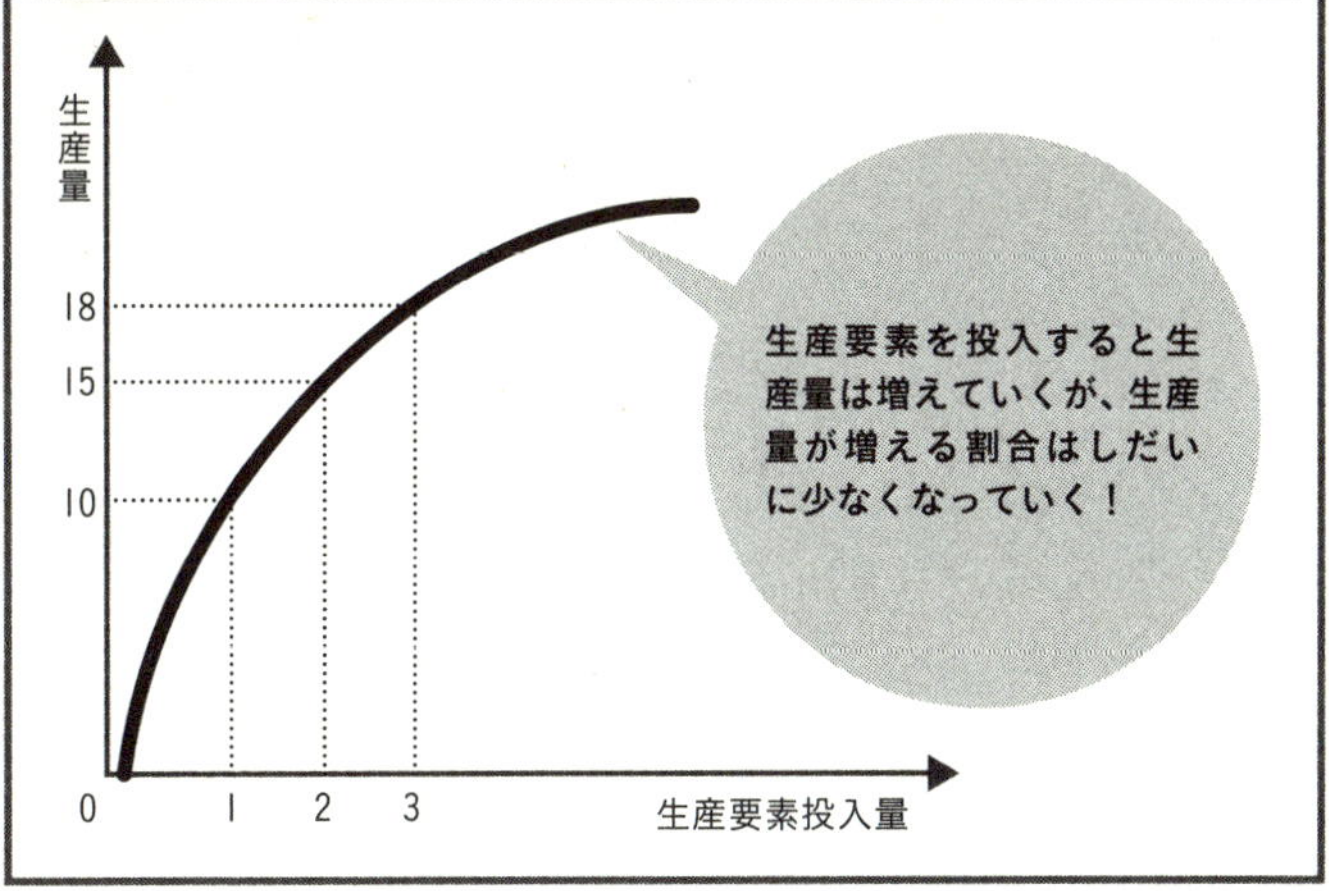
生産量
18
15
10
0
1
2
3
生産要素投入量
生産要素を投入すると生産量は増えていくが、生産量が増える割合はしだいに少なくなっていく！

生産活動をマクロ経済学の視点からみてみよう。企業の生産活動を理論的に考えるときに必要なのが、生産関数という概念だ。ここでは労働力や資本を生産要素といい、生産物の技術的な関係をみる。

　ある企業で効率的な企業経営が行われ、安定的な生産工程があると仮定して生産関数をみてみると、生産要素の投入量が増加するのに伴って、生産量も増加する。ただし、図にあるように、増加の大きさは一定ではなく、生産要素を増やした量に比べて生産量の増加はゆるやかになる。生産要素を増やしたときに追加で増える生産量は「限界生産」と呼ばれ、生産幅の拡大がしだいに小さくなっていくことを「限界生産逓減の法則」という。

効率的に儲けるために企業は何をしているのか

企業の儲けとは、収入から費用を引いた金額である。当然ながら、いくらたくさん稼いでもその分出ていくお金が多かったら意味がない。利潤の最大化をねらうためには、費用を最小にする必要があるのだ。

生産量が増加すると、生産のために必要な総費用も増加する。これを費用曲線というが、生産量が増えるごとに費用の右上がりの傾きが大きくなる。たとえば労働者が長時間働けば生産の増加スピードは落ちる。しかし賃金は一定額を支払うことになっているので、企業にとっては負担が増加するのだ。

さて、完全競争市場において、企業はどのように利潤を最大化していくのだろうか。

売上額は生産量×市場価格で決まってくる。それに総費用曲線を重ねてみよう。限界費用がしだいに増えるので、曲線の傾きはしだいに大きくなっていく。垂直距離の差が、利潤にあたる。

利潤は生産量と共に変化する。生産量が小さいときには増加するが、十分に大きくなると今度は減少傾向になる。限界収入と限界費用が一致する点は、これ以上生産を増やしても、逆に減らしても企業の利益にはならないことを示している。これを企業の利潤最大点といい、利潤の最大化において企業がもっとも意識すべきところである。

総費用と限界費用の関係

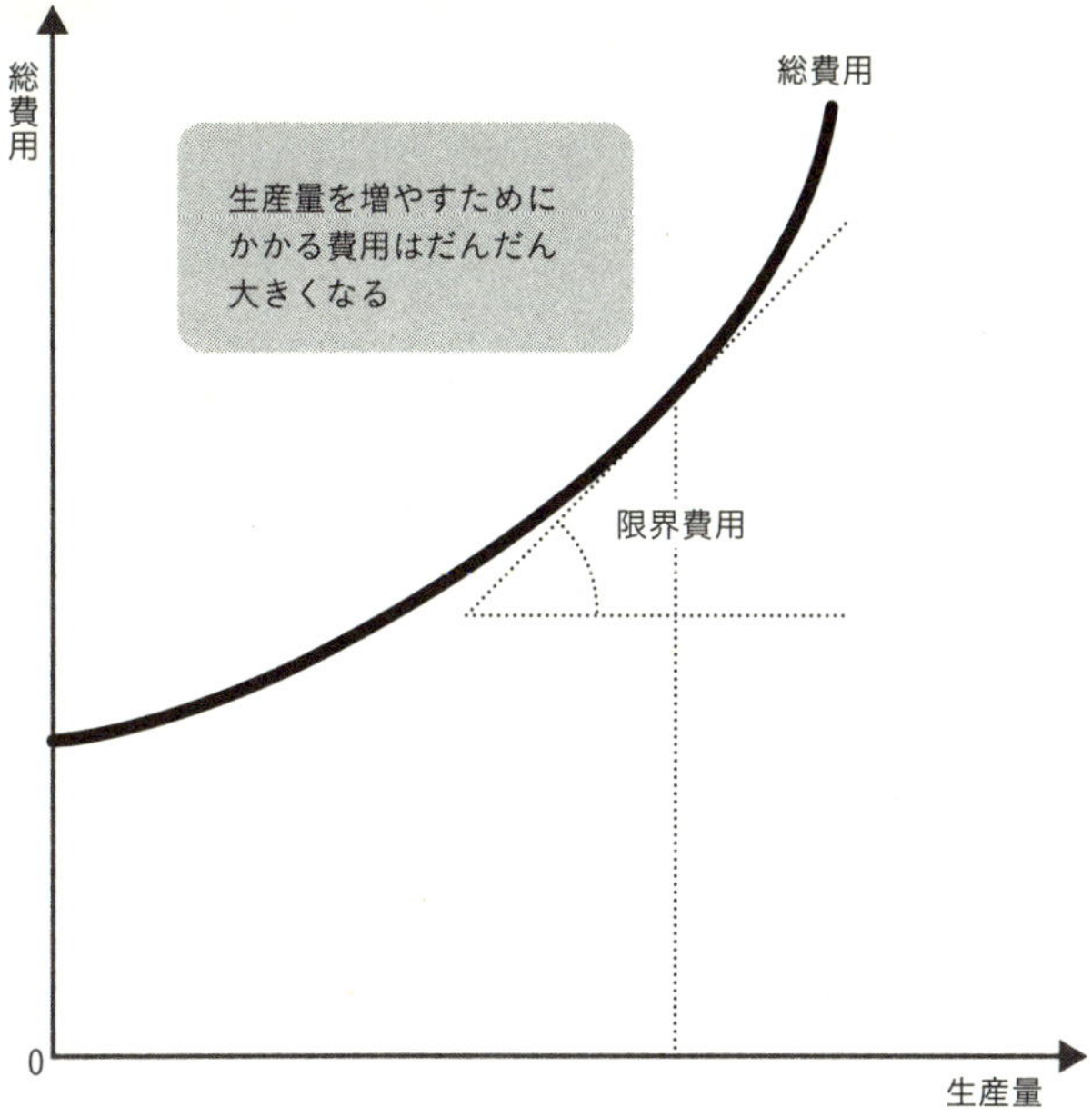
総費用
総費用
生産量を増やすためにかかる費用はだんだん大きくなる
限界費用
0
生産量

数値例

生産量	1	2	3	4	5	6	7
総費用	20	22	25	30	37	48	60
限界費用	2	3	5	7	8	12	
平均費用	20	11	8.3	7.5	7.4	8	

この場合、4までは限界費用よりも平均費用のほうが大きい。この領域では平均費用は減少しているが、5以上の領域では、限界費用のほうが平均費用よりも大きくなり、平均費用は増えている。

ミクロ経済学

仕事に活かすミクロ経済学

仕事に取り入れても役立つゲーム理論や囚人のジレンマ

KEY WORD
ゲーム理論

自分にもっとも有利なのは？ゲーム理論で読み解いてみよう

「ゲーム理論」という言葉をご存知だろうか。国際政治やビジネスの場でよく用いられる、戦略的意思決定に関する理論である。テーマとしてよく戦況・戦術分析が選ばれるように、寡占市場における企業の行動を読み解くには非常に都合がよく、経済現象を解明するための分析ツールとして用いられる。昨今では学習や認識、言語、進化といった心理学や認知科学などの関連も視野に入れた分析もなされるなど、ますます関心が高まっている。

ゲーム理論の基本は、ある主体が意思決定をするとき、ほかの主体の対応を予想した上で、自分が有利となる行動を選択するという

ナッシュ均衡とは？

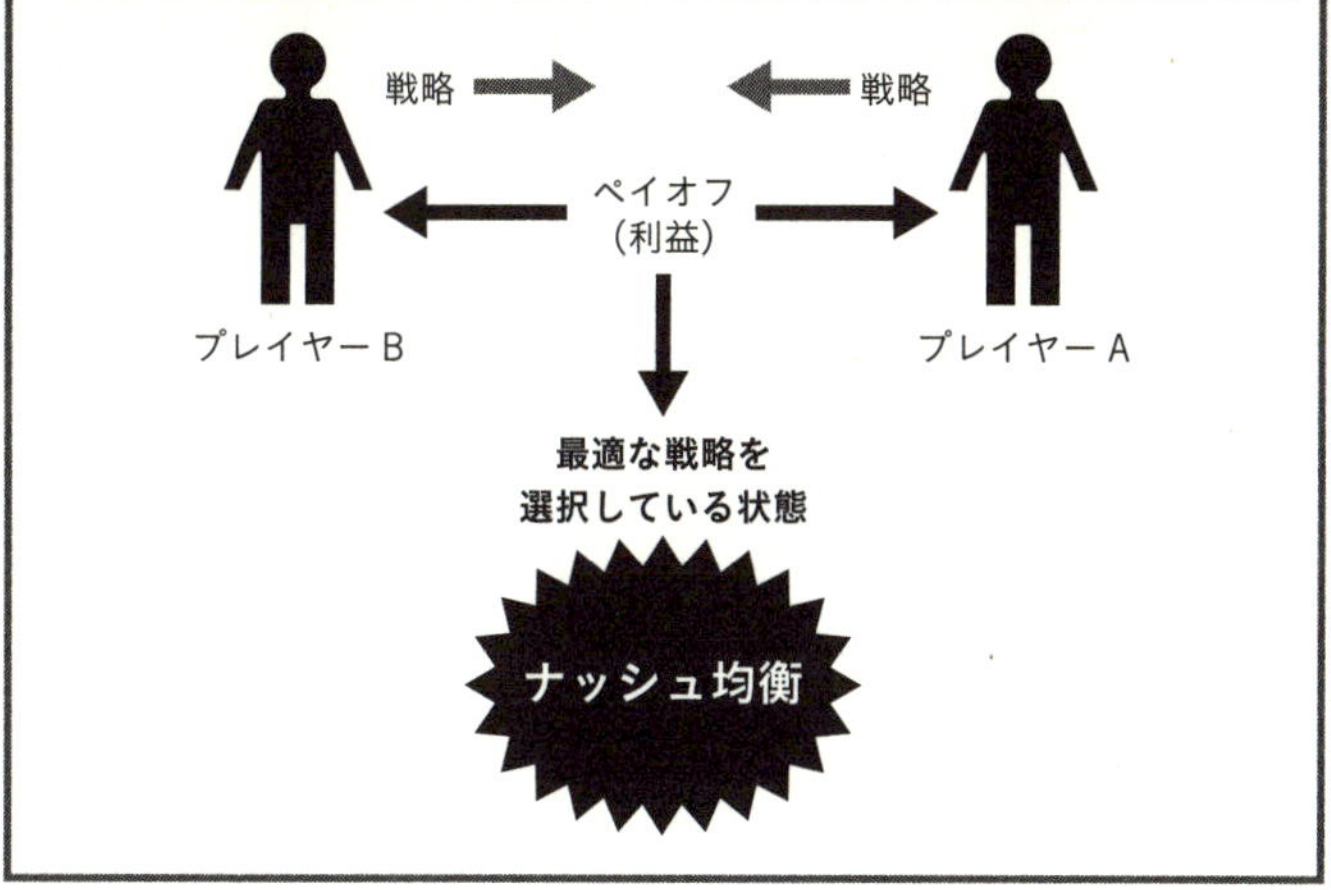
戦略
戦略
ペイオフ
(利益)
プレイヤーB
プレイヤーA
最適な戦略を
選択している状態
ナッシュ均衡

ものだ。意思決定の主体が選択できる手のことは戦略と呼ばれ、それぞれが得られる利益をペイオフという。そして、それぞれの主体はお互いの状況をみながら最適な戦略をとるが、その状態をナッシュ均衡という。これは決して最適な状態ではないが、新しい均衡と言えるだろう。

経済の雑学

ナッシュ均衡の名は天才数学者から

ジョン・ナッシュはアメリカの数学者。微分幾何学が専門で、ゲーム理論の研究も行っており、ナッシュ均衡を証明した。1994年、ゲーム理論の経済学への応用に貢献したとしてラインハルト・ゼルテンらと共にノーベル経済学賞を受賞。

ビジネスに活かす「囚人のジレンマ」

ゲーム理論のひとつで有名なものが「囚人のジレンマ」だ。そのストーリーを紹介しよう。

一緒に犯罪をしたと思われる囚人A、Bに対し、検事が別々に司法取引を持ちかけた。

・2人とも黙秘なら、2人とも懲役1年

・ひとりが自白したらその場で釈放。自白しなかったほうは無期懲役。

・2人とも自白したら、2人とも懲役20年。

ゲーム内では2人は連絡や相談ができないことになっているが、この場合、両者にとってもっともよいのは「協力」であることは言うまでもない。たとえば国際的な争いについて、互いに協力的に振る舞えば解決への道もあるかもしれない。ただ、どちらかが出し抜こうとすれば、最悪の事態に発展するのは目にみえているのである。

経済の雑学

利己的に振る舞ったばかりに……共有地の悲劇

「共有地の悲劇」はゲーム理論のひとつ。社会的ジレンマや環境問題についての言及でよく用いられる。放牧を行う共有地で誰かがヤギを増やしたので他の人も合理的・利己的に増やしたら土地もヤギも痩せてしまったという話。

ゲーム理論で有名なのは「囚人のジレンマ」

強盗共犯のAとBが別々に取り調べを受けている

- 共に自白をすれば2人ともに懲役20年
- 共に黙秘をすれば2人とも、軽い窃盗罪の1年の懲役
- 一方が自白をし、一方が黙秘をした場合。自白したほうは釈放、黙秘したほうは無期懲役になる

Bの立場に立つと……

- A が黙秘の場合、自白したほうがトク
- A が自白した場合も、B は自白したほうがトク

Aの立場に立つと……

- B が黙秘の場合、自白したほうがトク
- B が自白した場合も、A は自白したほうがトク

		Bの行動	
		黙秘	自白
Aの行動	黙秘	2人共 懲役1年	A→無期懲役 B→懲役0年
	自白	A→懲役0年 B→無期懲役	2人共 懲役20年

しかし、両方が「最適と思われる」「自白」を選んだ結果、懲役年数は本来の「1年」から「20年」になってしまう。

知っておきたい経済学用語

毎日のようにニュースや新聞、ネットで目にする
経済学に関するさまざまなトピックス。
知っておけば生活に役立つ、経済学の用語をご紹介。

二重システム理論

人間に備わった２つの情報処理システムのこと。システムⅠは直感的、自動的、感情的、労力がいらない等の特徴がある。システムⅡは分析的、規則支配的、労力を要する等の特徴がある。

現在志向バイアス

遠い未来のことは過小評価し、目の前にあることを過大評価するという心のクセ。経済的な意思決定においては、決定する時期と損失や利益を得る時期にズレがあるという、異時点間の選択によるものである。近視眼性とも言われる。

フレーミング効果

表現の仕方や枠組みの違いによって、ものの判断や選択、行動に影響を及ぼすこと。生存率 90%という場合と、死亡率 10%という場合とでは受け取り方がまったく異なり、意思決定に影響を与えるようなことを指す。

限定合理的

行動経済学では、人は感情で動くものととらえ、従来の経済学の「経済人」を否定するが、完全合理的であるということを否定しているにすぎない。また、行動心理学が扱う「非合理性」はランダムではなく、一定の法則がある。

機会費用

ある行動を選択することによって失われる、ほかの選択可能な行動のうちの最大利益。選択しなかったほかの行動は実現されないことから、仮に選択しなかったほかの行動をした場合に得られたであろう利益が犠牲になっていること。

おとり効果

2つの選択肢があるときに、第3の選択肢を加えることで選ぶ選択肢が変わってしまうバイアス。たとえばAとBという選択肢があり、どちらもそれぞれ魅力があって選びにくい際、Aより少し劣るCを投入するとAが選ばれやすくなる。

メンタル・アカウンティング

心の会計、心の家計簿とも呼ばれる。人が自分のお金を評価し、管理し、記録する際に感じる心のはたらきで、無意識になされることが多い。そしてその会計は必ずしも正しいとはかぎらない。

後知恵バイアス

何か不本意なことが起こった際に「そうなると思っていた」と、さも見通していたかのように考えてしまうバイアス。事前に予測した値を過大評価してしまう利用可能性ヒューリスティックのひとつ。

ハウスマネー効果

ハウスマネーのハウスとはカジノのこと。つまり、カジノで勝って得たお金という意味になる。こうした幸運などで得られた利益（収入）はハイリスクな使い道に投資をしたり豪遊するなどして使い道が荒くなるなどのヒトの心理的な傾向を指す。

プロスペクト理論

ダニエル・カーネマンとエイモス・トベルスキーによって展開された、不確実性下における意思決定モデルのひとつ。人がすでに確率を知っている選択肢を選ぶときに、どのように意思決定するかを記述した。

確証バイアス

ある物事を判断する際、自分に都合のいい情報を集め、自分の考えを補強するバイアス。その判断をするにあたって都合の悪い情報は切り捨てが行われる。その結果を過大評価することもある。

反転効果

利得と損失それぞれの場合で、リスクに対して反対の反応を示すこと。利得を思わせる文脈では確実でリスクの少ない選択肢を選び、損失を思わせる文脈ではリスクの多い投機的な動きをする。

ヒューリスティック

正しい答えを必ず導けるわけではないが、ある程度のレベルで正解に近い解を得ることができる発想法。答えの精度が確かではないというデメリットの一方、回答に至るまでの時間が少ないというメリットもある。

損失回避性

プロスペクト理論のひとつ。人は同じ大きさの損か得をした（1,000円失う／1,000円得る）場合、損得の大きさは同じでも、利得より損失のほうが2倍以上大きく評価する。そのため、なんとかして損失を避けようとする。

利用可能性ヒューリスティック

ある事柄が起きる頻度や確率を予想するときに、思いつきで判断を下してしまうこと。家族や友人、権威のある人からもたらされた情報や、身の回りで印象に残った出来事などが判断や行動に大きな影響を与える。

上昇選好

物事が連続して起きる場合、時間の経過につれて満足の度合いが増していくことを好むこと。身近な例でいえば、食事のとき、大好きなものを最後まで取っておくことも上昇選好にあてはまる。

中央化効果

人事評価など、人を評価するときに陥りやすいエラーで、よくも悪くも極端な評価をつけることができず、真ん中寄りに評価が集中すること。相手に嫌われたくないという意識がはたらくほか、評価者の自信の欠如がみられる場合もある。

再認ヒューリスティック

すでに知っているもの、過去に聞いたことがあるものを、はじめて見るものよりいいもの、優れたものとして評価するバイアス。選挙で政策を吟味するのではなく、名前を聞いたことがある人に投票するようなこと。

ブレークイーブン効果

ブレークイーブンとは損益分岐点のこと。株式投資などで損をすると、せめて最初の状態にまで戻そうとして、リスクの高い大きな賭けに出ようとする。その傾向を指した言葉である。

代表制ヒューリスティック

特定の集団やメンバーについて、そのグループに典型的にみられる特徴や事象を過大に評価し、属している集合の特性と類似しているとフィルターをかけてみてしまうバイアス。

ギャンブラーの誤謬

コイン投げをする際、裏と表が出る確率は半々である。しかし4回も5回も続けて表が出ると「次は裏が出るだろう」と考えてしまいがちだ。しかし、何回投げても確率は1/2回のはずである。表が出る確率は減っていかないのである。

現状維持バイアス

現状とは人が今、置かれている状況のこと。そこからの移動をできるだけ避け、今のままでいたいと考える心理を指す。「保有効果」と似ているが、現状維持バイアスの場合はもう少し抽象的な概念となる。

自己投影効果

自分と発想や行動が似ている人を高く評価し、そうでない人を低く評価する傾向である。人事評価の際、上司が無意識のうちにこのバイアスをかけたものの味方をしていることがあり、問題となる。

希少性原理

希少性の高いものには価値があるというのは広く一般に伝わる認識である。入手困難なものは心理的な自由も奪うので、なおさらほしいという気持ちをかきたてる。そのため、少ないものには価値があると思いがちな傾向を希少性原理という。

初頭効果

最初に聞いた出来事や最初に見たモノのほうが印象に残りやすいという現象。たとえば会社の場合、最初に聞いたことが記憶に残りやすい。これとは逆に、最後のほうが記憶に残りやすい現象を親近効果という。

サンクコスト

過去に支払っており、取り戻すことができない費用や時間のこと。年会費や恋人と交際した期間などがある。年会費が残っているのに通うのを辞めたり、別れたりすることは過去の決定を否定することになるため合理的な決断がしにくい。

イノベーター理論

アメリカの社会学者、エベレット・M・ロジャース教授によるイノベーションの普及に関する理論。新奇性の高い商品を購入する際の態度を５段階に分けて説明した。もっとも早期に購入するのがイノベーターで、数は少ない。

ハロー効果

ある特徴に引きずられてその人やモノが実際以上にいい印象を与えること。ハローとは後光、つまり神様などの背後に差している光輪で、有名大学出身の人が優れた人だと思われたり、芸能人が紹介する商品はよいものと判断されたりする。

リスキーシフト

ストーナーによる集団思考のひとつ。普段は穏やかな考え方で、節度もそれなりにある人でも、集団の中では極端な人の意見に同調し、一緒になってそれを主張したりするようになる。最終的にはリスクの高い選択をしてしまうことになる。

アンカリング効果

判断を下す際、最初に見た情報など特定の情報を過度に注目し、選択してしまうバイアスのひとつ。アンカーとは船の錨のことで、船が動かなくなるように思考が固定されてしまう様を表す。

コーシャスシフト

集団思考のひとつ。リスキーシフトは極端な偏りが悪い、危ない方向に向かったが、コーシャスシフトは「現状維持」「何もしない」「新しいことを避ける」といった停滞した状態になりがちである。

バンドワゴン効果

バンドワゴンとは行列を率いる楽隊車のこと。あるモノが多数の人に人気である、流行しているという情報が流れることで、それを支持する人が多くなるという現象を指す。

集団極性化

集団思考が陥りがちな罠のひとつ。集団内で話し合ううちに意見に偏りが生じ、反対意見を述べにくくなることはよくある。結果として、常識ではなかなか考えにくい極端な結論を出しがちなことを指す。

集団思考

集団的浅慮とも言われる。集団で話し合って判断や合意が行われる際、結束力が裏目に出て自集団を過大評価する一方で他集団を過小評価し、結果的に個人で意思決定を行うときよりも不合理な判断をすること。

GDP

ある国で一定期間の間に新しく生みだされた生産物やサービスの金額を足した金額。その国の経済力や成長率を評価する目安となる。好景気のときは伸びが顕著になるが、不景気のときは伸びが少なくなる。

少数の法則

人が何かについて考えるとき、サンプルの数が少なくても、母集団の性質を代表している、理論的に近い数字であると考えてしまうバイアス。例として「ギャンブラーの誤り」がある。

経済人

経済的合理性のみに基づいて行動する人間像として古典学派によって考えられたモデル。個人主義的かつ合理的なのが特徴。近代経済学でも通常は経済人を仮定して理論を展開する。

大数の法則

標本が大きくなればなるほど理論上の値に近づくという定理。たとえばコインを投げて裏表の確率を調べると、はじめはバラつきがあっても次第に1/2の確率に近づいていく。

インフレ期待

インフレを予想すること。インフレを予想することの心理的影響を指すこともある。経済に関する多くの情報を個人，企業がそれぞれ判断して物品を購入するなどの形で市場に影響を与えることがある。

保有効果

自分が所有するモノに高い価値を感じ、手放すことに抵抗を感じさせる心のはたらきのこと。所有するものはお金、権利、持ち物などさまざまなモノが含まれる。

ミクロ経済学

マクロ経済学と併せて経済学の二大理論のひとつに数えられる。分析の対象とするのは経済主体の最小単位である家計と企業、市場で、資源の配分についてさまざまな研究が行われている。

インフレーション

経済全体の財やサービスの価格が継続的に上がり、通貨価値が下落することを言う。戦争やバブル時などの景気に左右されて起こるもの、金融緩和による通貨の供給量に左右されて起こるものがある。

マクロ経済学

ミクロ経済学と併せて経済学の二大理論のひとつに数えられる。一国全体を分析の対象とし、国民所得や失業率、インフレーション、貿易収支などについて適切な経済指標や理想的な経済政策が検討される。

デフレーション

経済全体の財やサービスの価格が継続的に下落し、通貨価値が上昇することを言う。基本的に不景気で、モノが売れず企業の業績も低迷。大規模なリストラや倒産を引き起こす原因にもなる。

ゲーム理論

チェスの分析からはじまった戦略的意思決定に関する理論で、応用数学の一分野である。生物学や心理学、社会学など他の学問分野への応用が積極的に行われ、経済学も大きな影響を受けた。有名なものに「囚人のジレンマ」など。

家計

需要（消費）側の最小単位を意味する。個人個人ではなく、世帯がその対象としてみられる。家庭の中で行われる経済活動と、その結果を貨幣面からとらえたものを指す。

参考文献

『今までで一番やさしい経済の教科書』
小暮太一著（ダイヤモンド社）

『高校生からわかるマクロ・ミクロ経済学』
菅原晃著（河出書房新社）

『図解雑学　行動経済学』
筒井義郎・山根承子（ナツメ社）

『図解　使えるマクロ経済学』
菅原晃著（KADOKAWA／中経出版）

『その損の９割は避けられる』
大江英樹著（三笠書房）

『大学４年間の経済学が10時間でざっと学べる』
井堀利宏著（KADOKAWA／中経出版）

『「なるほど！」とわかる マンガはじめての心理学』
ゆうきゆう監修（西東社）

『人は勘定より感情で決める』
柏木吉基著（技術評論社）

『９割の人間は行動経済学のカモである』
橋本之克著（経済界）

『No.1エコノミストが書いた世界一わかりやすい経済の本』
上野泰也著（かんき出版）

参考サイト

金融広報中央委員会　http://www.shiruporuto.jp/

厚生労働省　http://www.mhlw.go.jp/

国税庁　https://www.nta.go.jp/

財務省　http://www.mof.go.jp/

そのほかの金融機関ホームページ

STAFF

編集	坂尾昌昭、森本順子（株式会社G.B.）
デザイン	森田千秋（G.B. Design House）
デザイン・本文DTP	くぬぎ太郎（TAROWORKS）
イラスト	大野文彰

トキオ・ナレッジ

Tokio Knowledge

誰でも知っていることはよく知らないけれど、誰も知らないようなことには妙に詳しい雑談ユニット。弁護士、放送作家、大手メーカー工場長、デザイナー、茶人、ライター、シンクタンクSE、イラストレーター、カメラマン、新聞記者、ノンキャリア官僚、フリーターらで構成される。著書に『正しいブスのほめ方』『正しい太鼓のもち方 上司を転がす35の社交辞令』（ともに宝島社）など。

盛《も》り合《あ》わせを選《えら》んだらお店《みせ》のカモ！

大人《おとな》の経済学常識《けいざいがくじょうしき》

2015年10月24日 第1刷発行
2021年7月20日 第5刷発行

著者 トキオ・ナレッジ
発行人 蓮見清一
発行所 株式会社 宝島社
〒102-8388
東京都千代田区一番町25番地
営業 03-3234-4621
編集 03-3239-0928
https://tkj.jp
振替 00170-1-170829 ㈱宝島社
印刷・製本 中央精版印刷株式会社

ISBN978-4-8002-4706-3